FRANÇOIS BOURNAND

ANCIEN ÉLÈVE DE L'ÉCOLE DES HAUTES ÉTUDES, LAURÉAT DE L'INSTITUT

RUSSES ET FRANÇAIS

SOUVENIRS HISTORIQUES ET ANECDOTIQUES

1051 — 1897

Préface par M. E. FLOURENS

DÉPUTÉ
ANCIEN MINISTRE DES AFFAIRES ÉTRANGÈRES

PARIS

LIBRAIRIE CH. DELAGRAVE

15, RUE SOUFFLOT, 15

RUSSES ET FRANÇAIS

SOCIÉTÉ ANONYME D'IMPRIMERIE DE VILLEFRANCHE-DE-ROUERGUE
Jules BARDOUX, Directeur.

FRANÇOIS BOURNAND

ANCIEN ÉLÈVE DE L'ÉCOLE DES HAUTES ÉTUDES, LAURÉAT DE L'INSTITUT

RUSSES & FRANÇAIS

SOUVENIRS HISTORIQUES ET ANECDOTIQUES

1051 — 1897

Préface par M. E. FLOURENS

DÉPUTÉ
ANCIEN MINISTRE DES AFFAIRES ÉTRANGÈRES

PARIS
LIBRAIRIE CH. DELAGRAVE
15, RUE SOUFFLOT, 15

1898

PRÉFACE

Le fait de l'importance la plus générale qui, dans tout le cours du dix-huitième et du dix-neuvième siècle, se soit produit en Asie comme en Europe, c'est l'apparition, sur la scène du monde, d'une puissance de plus de cent vingt millions de sujets, de race slave, de religion chrétienne, qui, comme la France d'autrefois, se proclame le soldat de Dieu, fait de toutes ses guerres des croisades, et dans la défaite de ses adversaires, qu'ils soient païens ou bouddhistes comme les Asiatiques, musulmans comme les Tatars et les Turcs, catholiques comme les Polonais ou hérétiques comme les Allemands, poursuit, avant tout, le triomphe de l'Orthodoxie.

Quelles conséquences l'avènement de cette puissance formidable peut-il avoir pour la France ?

Quelle attitude notre pays doit-il observer à son égard ?

La France traverse une crise redoutable, où la moindre erreur de conduite peut avoir les suites les plus graves.

La grandeur de notre patrie, lentement édifiée par le génie et le dévouement d'une série de générations, a été ébranlée, au cours du dix-neuvième siècle, par des fautes inexpiables.

Menacée par le développement prodigieux de la race anglo-

saxonne qui l'enserre sur terre et sur mer, doit-elle chercher dans cette force nouvelle le point d'appui et le contrepoids qui lui manquent?

Voilà le problème que se posent tous les penseurs et tous les patriotes.

Voilà le problème dont la solution doit être éclairée par un travail consciencieux et sincère comme l'ouvrage de M. François Bournand, sur les rapports de la France et de la Russie, pendant huit siècles, de 1061 à 1897.

Quelle étude peut mieux nous faire pénétrer dans la psychologie des deux peuples?

Épris de la grandeur morale plus que de la satisfaction égoïste des intérêts matériels, soucieux de la gloire chevaleresque de délivrer les frères opprimés, et souvent payés d'ingratitude, les deux peuples, en dépit des espaces qui les séparent, se touchent par bien des points. Par combien d'autres diffèrent-ils néanmoins!

A suivre l'histoire de leurs rapports, dictés tantôt par une mutuelle confiance et une sympathie enthousiaste, tantôt par une méfiance aveugle, où les bouderies alternent avec les tendresses, et les colères succèdent aux embrassements, ne dirait-on pas deux êtres qui ne se chérissent jamais plus que lorsqu'ils se sont bien querellés et battus?

Mais le voisin est là qui épie leurs divisions pour accroître son patrimoine, les contre-balancer et les annihiler l'un par l'autre. Il fonde sa grandeur et sa puissance sur leurs désunions.

Certes, entre l'accueil fait en 1654 à Constantin Matchékine *et à ses compagnons, venus pour offrir à notre commerce et à notre industrie le monopole d'un des plus vastes marchés du monde, et qui ne purent seulement réussir à se faire écouter et comprendre, et la réception faite à l'amiral Avellan, il y a encore plus de différence qu'il ne s'est écoulé d'années.*

Nicolas II a remporté de notre hospitalité un meilleur souvenir que son ancêtre Pierre Ier, qui se plaignait qu'on « l'eût fait voltiger ».

Pourtant les propositions qu'il venait nous faire méritaient mieux que le scepticisme et l'indifférence railleuse dont elles furent accueillies.

Elles eussent assuré définitivement la prépotence de la France sur tout l'Occident européen. Le souverain moscovite, épris, suivant l'expression de Saint-Simon, d'une passion extrême de s'unir à la France, posait la question avec cette netteté qui était la caractéristique de son génie : « La France a perdu ses alliés en Allemagne, disait-il au Régent. La Suède, quasi anéantie, ne peut plus lui être d'aucun secours. La puissance de l'Empereur s'est définitivement accrue, et moi, le Tzar, je m'offre à la France pour lui tenir lieu de la Suède. Acceptez mon alliance, qui entraîne celle de la Pologne. »

La France d'aujourd'hui comprend mieux l'importance du concours de la Russie. Mais dans l'entraînement qui pousse les deux peuples l'un vers l'autre n'y a-t-il pas plus d'impulsion instinctive que de connaissance raisonnée des conditions seules capables de rendre une telle alliance durable et fructueuse?

C'est une question qui préoccupe à juste titre les esprits réfléchis.

Les deux nations ont encore besoin d'une éducation réciproque pour apprendre à se comprendre plus intimement.

C'est l'œuvre de l'historien de leur faciliter cette initiation, et nous devons nos encouragements à ceux qui, comme M. François Bournand, apportent leur pierre à cet édifice de propagande patriotique.

FLOURENS,
Député,
Ancien Ministre des Affaires Étrangères.

INTRODUCTION

La Russie et la France sont aujourd'hui deux nations amies.

Le voyage accompli dernièrement en France par les souverains russes n'a fait que fortifier l'union des deux peuples.

A différentes reprises, aux siècles passés, les Russes et les Français se sont trouvés en rapport bien souvent, et alliés même plusieurs fois.

C'est précisément l'histoire anecdotique de ces rapports que nous avons voulu étudier dans ce modeste travail.

Nous y avons étudié la Russie à ses premiers débuts sur la scène du monde, ses relations diplomatiques ou guerrières avec la France depuis le onzième siècle jusqu'à nos jours, depuis le mariage d'une princesse russe avec un Français, jusqu'au voyage de Nicolas II et de la tzarine en France en 1896 et aux événements de 1897.

Si, dans ces courtes pages, nous sommes parvenus à instruire et à intéresser un peu nos lecteurs, ce sera pour nous la meilleure des récompenses.

F. B.

RUSSES ET FRANÇAIS

PREMIÈRE PARTIE

LES PREMIÈRES RELATIONS DE LA RUSSIE ET DE LA FRANCE

LES ORIGINES ET LES DÉBUTS DE L'ALLIANCE FRANCO-RUSSE

Le petit-fils de Hugues Capet, Henri Ier, épousa en 1051 Anne de Russie, petite-nièce de saint Vladimir, qui, converti au christianisme et devenu l'apôtre de son peuple, avait épousé la sœur de l'empereur de Constantinople, descendante du roi Philippe de Macédoine, père d'Alexandre le Grand. Et, chose curieuse, c'est à partir de cette union et pour en rappeler le souvenir que le nom de Philippe, jusqu'alors inconnu en France, s'est introduit et perpétué dans la maison de France.

C'est bien une des histoires les plus curieuses de cette époque reculée des annales de notre vieille France. Si les documents authentiques n'étaient là, dans nos archives, on pourrait croire à une légende.

S'il est une période assez terne de notre histoire nationale, c'est bien le onzième siècle, et le roi Henri Ier, en particulier, n'y a guère laissé de traces.

Mais le fait qui nous occupe suffit à montrer qu'il n'était pas doué d'une intelligence ordinaire, et la préoccupation à laquelle il obéit alors lui prête des idées singulièrement d'accord avec celles que nous avons à l'heure actuelle.

Henri Ier n'avait pas eu de fils de sa première femme, fille de l'empereur d'Allemagne, et qui d'ailleurs mourut prématurément.

Convaincu du danger et du peu d'avenir de toutes ces unions consanguines, il prend soudain un parti grave, imprévu. Il prétend renouveler la race, rafraîchir et fortifier pour longtemps le sang capétien. Il cherche femme sur les confins du monde connu, à l'extrémité orientale de l'Europe, chez un peuple florissant des bords du Dniéper, à la cour du grand-duc de Russie, à Kiev.

On comprend la surprise des historiens superficiels — ou amateurs, comme Voltaire, qui en parle fort dédaigneusement — quand ils se trouvent en présence du fait tout sec que nous venons d'énoncer. Mais cet étonnement cesse quand on examine d'un peu plus près et la renommée de Kiev dès le onzième siècle, et l'importance de la Russie dès cette époque, et la situation personnelle de Iaroslaw parmi les souverains européens.

Sans remonter aux origines, assez controversées, du reste, de la dynastie de Rourik, scandinave très probablement, il convient de rappeler que ce chef n'est pas seulement le fondateur de la souveraineté de Kiev, mais en somme de toute la monarchie russe, jusqu'à l'avènement des Romanof, en 1612, et qu'il pourrait encore compter des descendants nombreux dans la noblesse russe et la noblesse polonaise d'aujourd'hui. Or son arrière-petit-fils, Vladimir le Grand, sut encore ajouter au prestige du vainqueur ou de l'organisateur celui du convertisseur, du régénérateur moral de son peuple. Où avait échoué son aïeule, sainte Olga, Vladimir réussit, parce qu'il avait l'autorité et donnait l'exemple.

Mais, épris des pompes du culte grec et redoutant moins le patriarche de Constantinople, c'est le christianisme orthodoxe qu'il fit embrasser à ses sujets. Il s'allia d'ailleurs à l'empereur byzantin, Romain II, en épousant sa fille (en 988); et la gloire de cette famille sacrée, qui prétendait, en outre, descendre en ligne directe de Philippe de Macédoine, contribua à le rendre inviolable et vénérable aux yeux de toutes les peuplades slaves.

Malheureusement le prestige dont Vladimir avait ainsi décoré son autocratie fut pendant longtemps une cause de discorde et d'ambition entre toutes. Chacun des fils ou neveux du « grand prince » de Kiev érigeait une principauté secondaire, en attendant mieux, et contribuait ainsi à démembrer l'empire. A partir de 1054, date de la mort de Iaroslaw, on trouve toujours au moins dix ou douze principautés à la fois, ce qui donne, jusqu'en 1224, quelque chose comme trois cents souverains, gardant toujours le respect du grand prince, ou grand-duc de Kiev, comme d'un frère aîné, mais ne s'en combattant pas moins avec acharnement pour arriver à porter ce titre envié. Mais notre histoire ne nous mène pas si loin. Arrêtons-nous sur ce Iaroslaw, dit aussi le Grand comme son père Vladimir, qui pour la dernière fois (et déjà après un premier démembrement) sut réunir sous sa main toute la Russie, de 1016 à 1054.

La Russie d'alors ne descendait pas, au sud, jusqu'à la mer Noire, que séparait d'elle le puissant peuple des Kkasars, des ennemis pour les Slaves, mais qui les protégeaient d'ennemis plus redoutables et moins civilisés. Sur le Volga, les hordes turques des Petchnègues, des Polovtsi, eux-mêmes moins à craindre que les Tatars, les Mongols, les Kirghiz, les Kalmouks, qu'ils masquaient. Au nord, en revanche, la Russie compacte n'était bornée que par le golfe de Finlande et la Néva. Sur l'ouest elle avait déjà à peu près sa frontière naturelle : Lithuanie, Pologne, pays de Cracovie et montagnes de la Hongrie.

Le souverain incontesté de tout ce pays qu'habitaient des tribus slaves, bien plus unies qu'aujourd'hui (nous disent les ethnographes), n'était pas sans gloire, même aux yeux des rois plus policés de l'Europe occidentale. Une preuve éclatante nous en est donnée dans les alliances qu'il sut se ménager. Sait-on que Casimir, roi de Pologne, avait épousé la sœur de Iaroslaw et donné une de ses sœurs au second fils de celui-ci? Vladimir, son premier fils, avait, de son côté, épousé la fille de Harold, depuis roi d'Angleterre ; son troisième fils obtint pour lui une sœur de l'évêque de Trèves; enfin son quatrième fils reprit l'alliance byzantine en épousant la fille de l'empereur Constantin Monomaque. Quant aux filles, Iaroslaw en avait trois, qu'il donna à qui? La première au roi de Norvège, la troisième au roi de Hongrie, la seconde, enfin, nous l'avons vu, et qui dès lors songerait à s'en étonner? au roi de France !

Si le « grand prince, le velikiï », étendait ainsi au loin sa renommée, sa capitale, glorieuse pour ses souvenirs, célèbre pour sa beauté, était universellement vénérée comme berceau du christianisme et sanctuaire de pèlerinages. — On sait qu'elle l'est toujours.

Kiev était disposée sur un assez vaste plateau fortifié, dans une belle situation le long du Dniéper, dominant tous les environs où des villes comme Berestov, Vyschgorod, Bjelgorod, Tortchek, Perejaslavl, Vassilijev, lui faisaient une ceinture protectrice. Elle était beaucoup plus près des limites méridionales de l'empire que du centre, et presque toutes les autres principautés, comme Minsk, Smolensk, Rostov, Vladimir, Susdal, Polootsk, sont assez éloignées d'elle, et certaines, comme Pskov et Novgorod-la-Grande, la vieille cité de Rurik, sont tout à fait aux confins du Nord. La conversion de Vladimir et de son peuple, les artistes byzantins qu'il attira, les cérémonies somptueuses qu'il fit célébrer à grands frais pour frapper l'admiration, et par suite la foi de ses sujets, tout avait concouru, dès la fin du dixième siècle, à enrichir et embellir Kiev. Au onzième siècle, à l'époque qui nous occupe, on n'y comptait pas moins de quatre cents églises! Du moins les historiens nous l'affirment. Outre Saint-Basile, fondé par Vladimir, on pouvait admirer, sous Iaroslaw, la magnifique cathédrale de Sainte-Sophie, remplie de mosaïques byzantines, et l'église de Saint-André, remarquable aussi. Aujourd'hui encore, chaque année, un concours de trois à cinq cent mille pèlerins vient vénérer les icones du monastère fondé à cette époque, édifice qui renferme tout un groupe de beaux monuments dans son enceinte, et les reliques des saints, ensevelis dans de vastes catacombes creusées sur le flanc même du plateau, dans le roc escarpé qui domine le Dniéper. Rivale de Byzance, Kiev avait une porte d'or, des palais, des écoles d'artistes...

C'est dans cette ville brillante, somptueuse et bien faite pour surprendre et émerveiller les Occidentaux, même la cour de France, qu'arrivèrent, en l'année 1050 ou 1051, l'évêque de Meaux (Gautier Saveir) et le sire de Chauni, ambassadeurs du roi de France, pour demander à Iaroslaw le Grand sa seconde fille Anne en mariage. On nous rapporte que leur absence parut longue à Henri Ier : le voyage était difficile, les pays à traverser inconnus, les causes de retard nombreuses; puis les splendeurs de la nouvelle Byzance durent les retenir, ainsi que les préparatifs du voyage de la princesse.

Enfin, on les revit à Paris en 1051, avec leur nouvelle souveraine, qui fut couronnée à Reims la même année, d'autant plus solennellement que le roi Henri avait réservé pour cette cérémonie le sacre de l'évêque de Cambrai, qui fut saint Liébert. La reine était âgée de vingt-sept ans, Henri Ier en avait alors quarante-six, étant né en l'année 1005. Il eut assez promptement trois fils de sa nouvelle épouse : Philippe, en 1053, qui lui succéda; puis Hugues, qui fut Hugues le Grand, comte de Vermandois, sans compter un Robert, mort prématurément. Ce nom de Philippe a lieu de surprendre à cette époque; il faisait sa première apparition à la cour de France. Mais nous avons dit que Vladimir, le grand-père de la reine Anne, avait épousé la fille de l'empereur d'Orient, dont la dynastie est dite effectivement macédonienne. C'est en souvenir de ces prétentions, orgueil de sa grand'mère, que l'épouse de Henri Ier demanda et obtint pour son premier-né ce nom de Philippe, devenu depuis si français.

La reine Anne[1] n'a laissé, du reste, d'autres souvenirs que les signatures qu'on trouve encore au bas des actes de son époux ou de son fils. Mais, Henri Ier étant mort de bonne heure, en 1060, et Philippe Ier sacré à Reims dès le 23 mai 1059, n'ayant alors que sept ans, elle se trouva, pendant quelques années, à la tête des affaires. La régence fut cependant partagée par le comte Baudouin V de Flandre, beau-frère du feu roi, qui fut le véritable chef du gouvernement jusqu'à la majorité de Philippe Ier.

*
* *

N'oublions pas de mentionner la venue trop oubliée des ambassadeurs tartares et mongols auprès du fils de Blanche de Castille.

Que venaient-ils faire en France, au XIIe siècle, ces envoyés des pays d'Orient?

Ce que les marins russes viennent essayer maintenant : une *alliance* durable avec la France.

Ne trouvèrent-ils pas ce qu'ils voulaient?

L'histoire ne le dit pas.

---

1. La princesse appartenait au rite grec, et le père exigea que sa fille eût aumônier et chapelle de son culte.
La reine fut inhumée non loin de Senlis, et la tombe est encore visible.
Ne serait-ce pas d'un joli sentiment qu'un pèlerinage franco-russe sur cette tombe, où repose la reine dont l'union fut la première manifestation de la sympathie qui existe toujours entre les deux peuples?

LES RELATIONS FRANCO-RUSSES PENDANT LES SEIZIÈME ET DIX-SEPTIÈME SIÈCLES

Des relations commerciales et militaires suivies s'étaient établies sans caractère officiel dès le seizième siècle ; des marchands français étaient venus s'établir à Moscou ; un certain nombre de jeunes gens étaient venus aussi pour y apprendre la langue russe, pendant que le tzar Boris Goudounof envoyait de jeunes Russes pour s'instruire à Paris[1].

Avec des relations aussi multipliées, il était difficile, bien certainement, que les deux États ne finissent pas par entrer en relations officielles.

Un document très ancien constate ces relations : c'est une lettre du tzar Féodor[2], le fils aîné et le successeur d'Ivan le Terrible. Cette missive est datée d'octobre 1586 et adressée à Henri III[3].

Elle déclare que Féodor avait envoyé au roi de France un interprète du nom de Pierre Ragon, qui devait lui annoncer son avènement au trône, et que ledit roi Henri III lui avait renvoyé Pierre Ragon en le faisant accompagner de l'un de ses gentilshommes nommé François de Carle.

François de Carle serait donc le *premier ambassadeur ou envoyé français en Russie*.

« Les archives des affaires étrangères de France, dit M. Alfred Rambaud, n'ayant conservé aucune trace de la mission de François de Carle, nous ignorons s'il avait reçu des instructions, pas plus que nous ne connaissons le texte de la lettre royale d'introduction. La réponse de Féodor Ivanovitch donne du moins le sens de cette lettre et nous fait assez bien connaître le but de la mission. Elle a été publiée en 1834 par Louis Paris. »

A cette époque, on peut dire qu'il n'y avait plus en France de pouvoir royal.

C'est le temps de la guerre des trois Henri : le Valois, le Guise et le Béarnais. Il n'est pas étonnant que des marchands français,

---

1. Voir *Ancienne Bibliothèque russe*, par Novikof.
2. 1584-1598.
3. Voir *Histoire de l'empire russe*, règne de Boris Goudounof, par Karamsin.

les premiers qui soient allés en Russie, aient cherché à profiter des promesses que le tzar avait faites à François de Carle et à Henri III. C'étaient Nicolas de Renel et Guillaume de la Bistrate, représentants de Jacques Parent et de ses associés de Paris. Le tzar Féodor, en mars 1587, leur octroya une charte qui est un véritable traité de commerce[1].

Henri IV, dont nous avons vu la curiosité à l'égard des choses russes, échangea des lettres avec Féodor Ivanovitch et Vassili Chouïski. Trois d'entre elles nous ont été conservées[2].

L'une, datée du 5 avril 1595, prie le tzar d'autoriser un nommé Paul, « citadin de la ville de Milan », qui servait Féodor en qualité de médecin, à revenir en Occident, vu qu'étant très âgé, « il désirait revoir ses parents et amis qui sont en notre cour ».

Le roi ajoute : « Et, si en son lieu vous en désirez un autre de cette profession, nous tiendrons la main de vous en envoyer un, de la doctrine et de la fidélité duquel vous aurez satisfaction : comme en toute occasion nous serons très aises d'avoir moyen d'user de revanche et faire chose qui vous soit agréable et tourner à votre contentement. »

L'autre a pour objet d'obtenir du tzar, pour un négociant français nommé Moucheron et délégué par de nombreux marchands français, l'autorisation de commercer librement en Russie.

Enfin, il y a une troisième lettre du roi Henri IV au tzar Vassili Chouïski[3]. Elle est datée de 1607.

Cette missive recommande chaleureusement à Chouïski un nommé Bertrand de Cassan. C'était un marchand de la Rochelle avec lequel le faux Dmitri avait contracté une dette (fort grosse pour l'époque, car elle se montait à trois mille roubles) pour achat de bijoux.

---

1. Publiée dans le *Bulletin de la Société de l'histoire de Paris et de l'Ile-de-France*, 1884, p. 132, d'après une copie du dix-septième siècle, conservée à la Bibliothèque nationale dans le manuscrit français 4600, pièce 26, fol. 186 et verso.
2. Louis Paris, p. 310 et 326, et *Lettres missives de Henri IV*, t. IV, p. 113-114 et 332; t. VII, p. 444, dans les documents inédits.
3. 1606-1610.

On peut dire que, malgré la fréquentation du pays par des militaires français, des négociants et même des médecins, la *Moscovie* était toujours un pays bien peu connu en France. On ne s'en occupait même pas au sujet de la politique. C'est ainsi que le célèbre homme d'État Sully, dans le *Grand Projet* attribué au roi Henri IV, parmi les États qui devaient former l'Europe nouvelle[1], ne parlait même pas de la Russie.

Dans son *Histoire du règne de Henri IV*[2], Poirson a ainsi résumé ces idées d'alors sur la *Moscovie* : « Quant à la Russie ou *Moscovie*, dit-il, en partie grecque, en partie païenne, on remettait à Dieu seul le soin d'éclairer ses nombreuses nations, comme on attendait que des rapports plus nombreux, des relations plus intimes, s'établissent entre elles et les autres peuples d'Occident pour la faire entrer dans le concert de l'Europe. »

⁎ ⁎ ⁎

C'est de l'avènement des Romanof que date la *Russie moderne*.

Michel Romanof[3], le fondateur de la dynastie, était issu d'une famille alliée aux descendants de Rurik.

Il monta sur le trône à peine âgé de quinze ans.

Il eut à surmonter de graves difficultés dès le début de son règne, car il lui fallut lutter à la fois contre les Suédois, qui s'étaient emparés de Novgorod-la-Grande et de la Carélie ; contre les Polonais, qui fomentaient des tumultes ; et contre les grands, qui profitaient de sa jeunesse pour s'insurger[4].

1. Ils étaient au nombre de quinze : six monarchies électives, six monarchies héréditaires et trois républiques.
2. T. IV, p. 108.
3. 1613-1645.
4. *Ce fut sous Michel Romanof que des relations sérieuses commencèrent à s'établir entre la Russie et l'Europe occidentale.*
Le roi de Suède Gustave-Adolphe, qui allait commencer en Allemagne ses brillantes campagnes, voulut s'assurer l'appui de la Russie contre la Pologne ; il estimait, en effet, que l'alliance du pape, du roi de Pologne, de l'empereur d'Allemagne, était aussi dangereuse pour la Russie que pour lui-même. Un traité d'amitié et de commerce fut conclu entre *les deux pays*.
Michel Romanof avait envoyé un représentant au roi de France Louis XIII,

Michel signa avec la Pologne une trêve de quatorze ans. Son père, le métropolite Philarète, qui se trouvait entre les main des Polonais, fut de la sorte mis en liberté. Il fut nommé patriarche et, grâce à lui, les boyards révoltés furent mis à la raison.

GUSTAVE-ADOLPHE.

En 1629, un ambassadeur français, nommé Deshayes-Coumesmin, arrive à son tour dans la ville de Moscou et propose au tzar une alliance politique.

« Sa Majesté Tzarienne, disait-il, est à la tête des pays orientaux et de la foi orthodoxe. Louis, roi de France, est à la tête

---

pour lui faire connaître son avènement au trône et lui demander son appui contre la Suède et la Pologne.

des pays méridionaux; que le tzar contracte avec le roi amitié et alliance, il affaiblira d'autant ses ennemis. Puisque l'Empereur ne fait qu'un avec le roi de Pologne, il faut que le tzar ne fasse qu'un avec le roi de France. »

Cette négociation, malheureusement, n'eut pas de suite.

* * *

Alexis[1], le fils de Michel Romanof, lui succéda et resta trente et un ans sur le trône. Il réprima aussi quelques émeutes, reconquit Kiev, Smolensk et tous les territoires appartenant à la Pologne. Les Turcs furent obligés de le respecter, et les Cosaques de l'Ukraine se placèrent sous sa protection.

Alexis fonda les académies de Kiev et de Moscou.

Ce fut sous son règne qu'eut lieu la correction des livres saints par le patriarche Nicon. Cette correction fut l'origine d'un schisme. Ayant vu que des fautes grossières, de nombreuses erreurs, s'étaient glissées dans les copies des manuscrits slaves, le patriarche avait convoqué un *concile national*.

Le concile décida que la correction des livres saints serait faite conformément aux textes originaux. Cette réforme ne fut pas admise par tous, notamment par les *Raskolniks* ou *vieux croyants*, et cette secte a encore aujourd'hui de nombreux adhérents.

* * *

En l'an 1668, le tzar Alexis envoya une ambassade extraordinaire au roi Louis XIV, qui la reçut solennellement au château de Saint-Germain.

Lorsque le maréchal de Bellefond apporta à Paris la réponse du roi à la lettre du tzar, le chef de l'ambassade, Potemkine, brisa son verre en mille pièces aux pieds du maréchal, en s'écriant : « Que tous ceux qui voudront faire rompre l'amitié de mon maître, Sa Majesté le Tzar, avec le roi de France, soient brisés comme ce verre. »

1. 1645-1676.

Le fils aîné et le successeur d'Alexis fut Féodor; il ne régna que six ans[1].

Le château de Saint-Germain.

Il avait laissé deux fils et plusieurs filles.

L'un des fils, Ivan, était malade et incapable d'être empereur. Les boyards proclamèrent tzar l'autre fils, Pierre, sous la régence de sa mère Natalie.

1. 1676-1682.

C'est ce Pierre que l'histoire connaît sous le nom de *Pierre le Grand*.

* *

Une mission extraordinaire conduite par Potemkine vint apporter des présents au roi Louis XIV.

La *Gazette rimée* de Loret parle ainsi de cette mission :

> Après leurs inclinations,
> Ou bien leurs prosternations,
> L'un d'eux fit en leur propre langue
> Une plantureuse harangue.
> Puis on apporta leurs présents,
> Dont l'un, certes, des plus luisants,
> Était un riche cimeterre
> Qui, mieux que celui de saint Pierre,
> Abattrait une oreille net.
> Il est bien monté tout à fait
> Et tout couvert de pierrerie
> Sur une riche orfèvrerie.
> Le reste des présents étaient
> Des vestes qui beaucoup valaient,
> Avec nombre d'autres fourrures
> Qui seront d'utiles parures
> Avant qu'il soit trois mois d'ici.

* *

PIERRE LE GRAND ET LA FRANCE

La visite de Pierre le Grand en France est un des grands faits historiques de l'histoire des deux peuples. De nombreux récits ont été donnés de l'arrivée de Pierre le Grand en France. Le gouvernement du roi de France était très préoccupé de ce voyage.

Comme le dit d'ailleurs fort bien Duclos, « le duc d'Orléans aurait bien voulu se dispenser de recevoir un tel hôte, non seulement à cause des dépenses que son séjour exigeait, mais encore par les inconvénients qui pouvaient naître du caractère et des mœurs encore barbares de ce prince, qui, très populaire avec des artisans et des matelots, n'en serait que plus exigeant avec la cour ». Cela gênait aussi la Régence et Dubois, dont la diplomatie anglophile était en désaccord complet avec celle du tzar.

Du reste, dans son premier voyage en Europe, en 1697, le tzar avait visité l'Allemagne, la Hollande, l'Angleterre, l'Autriche, mais il n'était pas venu en France. Il existe, aux archives des affaires étrangères, toute une correspondance diplomatique qui précède le débarquement du tzar sur les côtes de France et son arrivée à Paris. Cette correspondance commence par des « instructions adressées au dubdélégué du roi à l'intendant, à Dunkerque », en date du 3 avril 1717.

On y lit :

« Il doit arriver vers le 15 de ce mois, à Dunkerque, Monsieur, un seigneur étranger, pour passer ensuite à Calais.

« Je m'adresse à vous en l'absence de M. l'intendant pour vous informer des intentions de Monseigneur le duc d'Orléans sur les mesures qu'il est nécessaire de prendre à cette occasion. Son Altesse Royale veut que le seigneur et sa suite, composée de vingt personnes principales et d'environ vingt domestiques, soient logés à Dunkerque, et l'on prétend que la maison qui était ci-devant occupée par les intendants de la marine serait propre à cet usage, si elle est meublée d'une manière convenable... Il sera nécessaire que, le seigneur dont il est question étant logé dans le principal appartement, il y ait, au second étage et dans d'autres lieux convenables de la même maison, quelques chambres honnêtement meublées, pour les personnes les plus considérables de sa suite...

« Il sera nécessaire que vous preniez aussi des mesures pour disposer de voitures honnêtes et propres pour vingt personnes principales, et de chevaux et chariots pour vingt domestiques de la suite, seulement pour le voyage de Dunkerque à Calais; mais comme ce seigneur pourrait préférer la voie des canaux, sur des barques tirées par des chevaux, à cette fin, tant pour lui que pour ceux qui l'accompagnent et les domestiques, il est bon que vous disposiez toutes choses. »

Le seigneur dont il est question ici n'est autre que Pierre le Grand.

Au commandant des troupes de Dunkerque M. d'Hérouville écrivit :

« Son Altesse Royale veut le faire traiter avec toute la distinction et tous les égards qui peuvent marquer beaucoup de considération de sa part, sans cependant lui rendre les honneurs que ce seigneur paraît lui-même ne pouvoir pas recevoir, pour éviter les embarras de cérémonies. Il sera bon seulement que vous lui en fassiez une honnêteté, en lui faisant connaître que ce n'est que parce qu'il a voulu être dans un entier incognito... »

De Liboy, gentilhomme de la maison du roi, fut chargé de se rendre auprès de Sa Majesté et de préparer son arrivée.

Le gentilhomme ordinaire Liboy fut aussitôt aux prises avec toutes sortes de difficultés. D'abord on avait cru faire assez en mettant à sa disposition la somme de douze cents livres par jour pour défrayer ses hôtes.

La « suite » de Pierre se composait d'une soixantaine de personnes. Liboy, dans une note des archives, en donne la liste :

« Premier ordre : le grand prêtre ; le prince Kourakine ; le baron de Chafirof, vice-chancelier; le prince Dolgaroukif; Boutourline, lieutenant général ; Tolstoï, conseiller privé ; Jagoujinski, général-adjudant et chambellan ; Narychkine, général-adjudant et chambellan ; Areskine, conseiller privé et médecin ; Nakarof, secrétaire du cabinet ; Volkof, secrétaire ; Olsoufief, maréchal de la cour ; Soltykof ; Ostermann, conseiller de chancellerie ; Effim Jagoujinski ; Lefort, chambellan ; Sava Vladisbavovitch Ragoujinski ; plus cinq personnes, toujours « de la suite. »

Quant au second ordre, il comprenait des Tolstoï, des Tatischtchef, etc.; et en outre : un chirurgien ; Jean Vellen, maître de cuisine ; trois cuisiniers ; un lieutenant ; cinq sergents ; deux soldats ; sept chanteurs ; huit domestiques. »

Le prince de Kourakine, dont il est parlé plus haut, était l'ambassadeur du tzar; en Hollande, c'était à peu près le seul de la troupe qui pût parler français. Le tzar l'entendait mal. Or ce Kourakine, en sa qualité de diplomate, « traitait les moindres minuties avec chaleur et comme très grandes ».

Les instructions données à de Liboy lui prescrivaient de se rendre compte des véritables intentions des Russes.

De Liboy écrivait :

« Jusqu'à ce moment, je n'ai pénétré nul motif juste du voyage du tzar qu'une simple curiosité et un peu d'inquiétude naturelle ;

j'entrevois quelques desseins vagues d'établir un commerce, mais je doute que ce soit le point de mire... Je ne suis point encore parvenu à m'apercevoir d'une espèce de conseil ou de conférence d'affaires sérieuses, à moins qu'on en ait traité en gobelotant. »

PIERRE LE GRAND.

Les exigences de Pierre Ier tourmentaient fort Liboy, qui ne sait comment lui donner satisfaction :

Le tzar ne se trouvait pas bien d'une chaise à deux; il voulait qu'on lui fît un brancard dans lequel serait porté le corps de sa chaise. « Voilà, pour le présent, la voiture dans laquelle il veut faire son voyage. Mais ce qu'il y a de plus particulier, c'est qu'il prétend aller aussi vite dans ce brancard qu'avec une chaise de poste. Après lui avoir expliqué que c'était impossible, ou qu'en outre, les chevaux de paysans n'étant point accoutumés à porter de pareilles voitures, il pourrait bien être culbuté, ces raisons ne l'ont point touché, et il a voulu qu'on exécutât ses ordres.

« Ainsi demain il se mettra en route dans cet équipage. Tous ces changements-là me font enrager... Toutes les mesures que l'on prend deviennent inutiles. Il est impossible, Monseigneur, de vous dire le jour qu'il arrivera. »

On devait s'arrêter à Amiens et à Beauvais; mais le tzar traversa ces deux villes sans s'arrêter et alla camper presque dans nos villages. Enfin, il arriva à Paris[1].

Laissons, à ce sujet, la parole à Saint-Simon, qui a raconté tout cela de sa plume si intéressante et si curieuse.

LE RÉCIT DE SAINT-SIMON[2]

Le maréchal de Tessé attendit un jour le tzar à Beaumont à tout hasard pour ne pas le manquer. Il arriva le vendredi 7 mai, sur le midi. Tessé lui fit la révérence à la descente de son carrosse, eut l'honneur de dîner avec lui et de l'amener le jour même à Paris.

Il voulut entrer dans Paris dans un carrosse du maréchal, mais sans lui, avec trois de ceux de sa suite. Le maréchal le suivit dans un autre. Il descendit à neuf heures du soir au Louvre, entra partout dans l'appartement de la reine mère. Il le trouva trop magnifiquement tendu et éclairé, remonta tout de suite en carrosse et s'en alla à l'hôtel de Lesdiguières, où il voulut loger. Il en trouva aussi l'appartement qui lui était destiné trop beau, et tout aussitôt fit tendre son lit de camp dans une garde-robe.

Ce monarque se fit admirer par son extrême curiosité, toujours tendante

---

1. Pierre le Grand était d'une grande simplicité. « Dans sa maison de Pétersbourg, dit de Ségur, qu'un simple artisan trouverait aujourd'hui à peine convenable, tout son mobilier se réduisait à un lit, une chaise, une table, un tour et quelques livres. Hors de sa résidence, le pont d'un vaisseau, le plancher d'une cabane, la terre nue, lui servaient de lit; parfois de la paille; sinon il appuyait sa tête sur son officier d'ordonnance couché en travers de lui. Ses vêtements sont en gros drap uni, sa chaussure solide et grossière a été plusieurs fois raccommodée, son entourage ne se compose que de quelques officiers d'ordonnance. Le luxe en est banni, il se sert lui-même, se lève à quatre heures du matin, et allume son feu de ses propres mains. On s'attend bien qu'un tel prince ait dédaigné la fastueuse étiquette des cérémonies diplomatiques : il donnait une audience à cinq heures du matin à l'ambassadeur d'Autriche, au milieu du désordre et des arrangements de son cabinet d'histoire naturelle. » (*Histoire de Russie*.)

2. Dans ce récit de Saint-Simon, on voit fort bien l'alliance russe hautement et nettement préconisée.
On sait que les *Mémoires* de Saint-Simon ont été rédigés seulement à partir de 1745; mais, à supposer même qu'il magnifie un peu son rôle en 1717, on ne doit pas moins voir en lui un des premiers champions de l'alliance franco-russe. D'ailleurs, le fait des propositions de Pierre Ier au Régent et du refus persistant de celui-ci reste acquis à l'histoire.

à ses vues de gouvernement, de commerce, d'instruction, de police; et cette curiosité atteignit à tout et ne dédaigna rien dont les moindres traits avaient une utilité suivie, marquée, savante, qui n'estima que ce qui méritait de l'être, en qui brilla l'intelligence, la justesse, la vive appréhension de son esprit.

Tout montrait en lui la vaste étendue de ses lumières et quelque chose de continuellement conséquent. Il allia d'une manière tout à fait surprenante la majesté la plus haute, la plus fière, la plus soutenue, en même temps la moins embarrassante quand il l'avait établie dans toute sa sûreté, avec une politesse qui la sentait, et toujours avec tous et en maître partout, mais qui avait ses degrés suivant les personnes. Il avait une sorte de familiarité qui venait de liberté; mais il n'était pas exempt d'une forte empreinte de cette ancienne barbarie de son pays qui rendait toutes ses manières promptes, même précipitées, ses volontés incertaines, sans vouloir être contraint ni contredit sur pas une. Sa table, souvent peu décente, beaucoup moins ce qui la suivait, souvent aussi avec un découvert d'audace et d'un roi partout chez soi, ce qu'il se proposait de voir ou de faire toujours dans l'entière indépendance des moyens qu'il fallait forcer à son plaisir et à son mot. Le désir de voir à son aise, l'importunité d'être en spectacle, l'habitude d'une liberté au-dessus de tout, lui faisait souvent préférer les carrosses de louage, les fiacres mêmes, le premier carrosse qu'il trouvait sous sa main de gens qui étaient chez lui et qu'il ne connaissait pas. Il sautait dedans et se faisait mener par la ville ou dehors. Cette aventure arriva à Mme de Matignon qui était là bayer, dont il mena le carrosse à Boulogne et dans d'autres lieux de campagne, qui fut bien étonnée de se trouver à pied. Alors c'était au maréchal de Tessé et à sa suite, dont il s'échappait ainsi, à courir après, sans le pouvoir trouver.

C'était un fort, un grand homme, très bien fait, assez maigre, le visage assez de forme ronde, un grand front, de beaux sourcils, le nez assez court, sans rien de trop, gros par le bout; les lèvres assez grosses, le teint rougeâtre et brun, de beaux yeux noirs, grands, vifs, perçants, bien fendus; le regard majestueux et gracieux quand il prenait garde, sinon sévère et farouche avec un tic qui ne revenait pas souvent, mais qui lui démontait les yeux et toute la physionomie, et qui donnait de la frayeur. Cela durait un moment avec un regard égaré et terrible, et se remettait aussitôt. Tout son air marquait son esprit, sa réflexion et sa grandeur, et ne manquait pas d'une certaine grâce. Il ne portait qu'un col de toile, une perruque ronde brune, comme sans poudre, qui ne touchait pas ses épaules, un habit brun juste au corps, uni, à boutons d'or, veste, culotte, bas, point de gants ni de manchettes, l'étoile de son ordre sur son habit souvent déboutonné tout à fait, son chapeau sur une table et jamais sur sa tête, même dehors.

Dans cette simplicité, quelque mal voituré et accompagné qu'il pût être, on ne s'y pouvait méprendre à l'air de grandeur qui lui était naturel.

Ce qu'il buvait et mangeait en deux repas réglés est inconcevable, sans compter ce qu'il avalait de bière, de limonade et d'autres sortes de boissons entre les repas, toute sa suite encore davantage; une bouteille ou deux de bière, autant et quelquefois davantage de vin, des vins de liqueur après, à la fin du repas des eaux-de-vie préparées, chopine et quelquefois pinte. C'était à peu près l'ordinaire de chaque repas. Sa suite, à sa table, en avalait davantage, et (ils) mangeaient tous à l'avenant à onze heures du matin et à huit heures du soir. Quand la mesure n'était pas plus forte, il n'y paraissait pas. Il y avait un prêtre aumônier qui mangeait à la table du tzar, plus fort de moitié que pas un, dont le tsar qui l'aimait, s'amusait beaucoup. Le prince Kurakin allait tous les jours à l'hôtel de Lesdiguières, mais il demeura logé chez lui.

Le tzar entendait bien le français, et, je crois, l'aurait parlé s'il eût voulu; mais, par grandeur, il avait toujours un interprète. Pour le latin et bien d'autres langues, il les parlait très bien. Il eut chez lui une salle des gardes du roi, dont il ne voulut presque jamais être suivi dehors. Il ne voulait point sortir de l'hôtel de Lesdiguières, quelque curiosité qu'il n'y eût reçu la visite du roi.

Le samedi matin, lendemain de son arrivée, le régent alla voir le tzar. Ce monarque sortit de son cabinet, fit quelques pas au-devant de lui, l'embrassa avec un grand air de supériorité, lui montra la porte de son cabinet et, se tournant à l'instant sans nulle civilité, y entra. Le régent l'y suivit, et le prince Kurakin après lui, pour leur servir d'interprète. Ils trouvèrent deux fauteuils vis-à-vis l'un de l'autre, le tzar s'assit en celui du haut bout, le régent dans l'autre.

La conversation dura près d'une heure, sans parler d'affaires, après quoi le tzar sortit de son cabinet, le régent après lui, qui, avec une profonde révérence médiocrement rendue, le quitta au même endroit où il l'avait trouvé en entrant.

Le lundi suivant, 10 mai, le roi alla voir le tzar, qui le reçut à sa portière, le vit descendre de carrosse, et marcha le front à la gauche du roi jusque dans sa chambre, où ils trouvèrent deux fauteuils égaux. Le roi s'assit dans celui de la droite, le tzar dans celui de la gauche, le prince Kurakin servit d'interprète.

On fut étonné de voir le Tzar prendre le roi sous les deux bras, le hausser à son niveau, l'embrasser ainsi en l'air, et le roi à son âge, et qui n'y pouvait pas être préparé, n'en avait aucune frayeur.

On fut frappé de toutes les grâces qu'il montra devant le roi, de l'air de tendresse qu'il prit pour lui, de cette politesse qui coulait de source et toutefois mêlée de grandeur, d'égalité de rang, et légèrement de supériorité d'âge; car tout cela se fit très distinctement sentir[1]. Il loua fort le roi, il en parut charmé et il en persuada tout le monde. Il l'embrassa à plusieurs reprises.

Le roi lui fit très joliment son petit et court compliment, et M. du Maine, le maréchal de Villeroy, et ce qui se trouva là de distingué fournirent la conversation. La séance dura un petit quart d'heure.

Le tzar accompagna le roi comme il l'avait reçu et le vit monter en carrosse.

Le mardi 11 mai, le tzar alla voir le roi entre quatre et cinq heures. Il fut reçu du roi à la portière de son carrosse, et conduit de même, eut la droite sur le roi partout. On était convenu de tout cérémonial avant que le roi

---

1. Golikoff tient de Néplonief, témoin oculaire, les paroles que prononça Pierre: « Je souhaite de tout mon cœur que Votre Majesté, parvenue à sa majorité, règne avec gloire et bonheur. Peut-être alors nous serons l'un à l'autre des amis utiles. » Et, sans le mettre à terre, le tzar, ce géant de deux mètres de taille, dit en souriant : « Je porte toute la France dans mes bras. »

l'allât voir. Le tzar montra les mêmes grâces et la même affection pour le roi, et sa visite ne fut pas plus longue que celle qu'il en avait reçue; mais la foule le surprit fort.

Il était allé dès huit heures du matin voir les places Royale, des Victoires et de Vendôme, et le lendemain il fut voir l'Observatoire, les manufactures des Gobelins et le jardin du roi des simples. Partout là il s'amuse beaucoup à tout examiner et à faire beaucoup de questions.

Le jeudi 13 mai, il se purgea et ne laissa pas l'après-midi d'aller chez plusieurs ouvriers de réputation.

Le vendredi 14, il alla, dès six heures du matin, dans la grande galerie du Louvre, voir les plans en relief de toutes les places du roi, dont Asfeld avec ses ingénieurs lui fit les honneurs. Le maréchal de Villars s'y trouva aussi, pour la même raison, avec quelques lieutenants généraux.

Le lendemain samedi, il se jeta dans un carrosse de louage et alla voir quantité de curiosités chez les ouvriers.

Le 16 mai, jour de la Pentecôte, il alla aux Invalides, où il voulut tout voir et tout examiner partout. Au réfectoire, il goûta la soupe des soldats et leur vin, but à leur santé, leur frappant sur l'épaule et les appelant camarades.

Il admira beaucoup l'église, l'apothicairerie et l'infirmerie, et parut charmé de l'ordre de cette maison. Le maréchal de Villars lui en fit les honneurs. La maréchale de Villars y alla pour le voir, comme bayeuse.

Il sut que c'était elle, et lui fit beaucoup d'honnêtetés.

Lundi 17 mai, il dîna de bonne heure avec le prince Ragotzi, qu'il en avait prié, et alla après voir Meudon, où il trouva des chevaux du roi pour voir les jardins et le parc à son aise. Le prince Ragotzi l'y accompagna.

Mardi 18, le maréchal d'Estrées le vint prendre à huit heures du matin, et le mena dans son carrosse, à sa maison d'Issy, où il lui donna à dîner et l'amusa fort le reste de la journée avec beaucoup de choses qu'il lui fit voir touchant la marine.

Mercredi 19, il s'occupa de plusieurs ouvrages et ouvriers.

Mme la duchesse de Berry et Mme la duchesse d'Orléans, à l'exemple de Madame, envoyèrent le matin complimenter le Tzar par leurs premiers écuyers.

Elles en avaient toutes trois espéré un compliment ou même une visite.

Elles se lassèrent de n'en point entendre parler, et à la fin se ravisèrent. Le Tzar répondit qu'il irait les remercier. Des princes et princesses du sang, il ne s'embarrassa pas plus que des premiers seigneurs de la cour, et ne les distingua pas davantage. Il avait trouvé mauvais que les princes du sang eussent fait difficulté de l'aller voir, s'ils n'étaient assurés qu'il rendrait une visite aux princesses du sang, ce qu'il rejeta avec grande hauteur, tellement qu'aucune d'elles ne le vit que par curiosité, en voyeuse, excepté Mme la princesse de Conti, par hasard. Tout cela s'expliquera par la suite.

Jeudi 20 mai, il devait dîner à Saint-Cloud, où M. le duc d'Orléans l'attendait avec cinq ou six courtisans seulement, mais un peu de fièvre qu'il eut la nuit l'obligea le matin de s'envoyer excuser.

Vendredi 21, il alla voir la duchesse de Berry au Luxembourg, où il fut reçu comme le roi.

Après sa visite, il se promena dans les jardins. Mme la duchesse de Berry s'en alla cependant à la Muette pour lui laisser la liberté de voir toute sa maison, qu'il visita fort curieusement.

Comptant partir vers le 16 juin, il demanda des bateaux pour ce temps-là à Charleville, dans le dessein de descendre la Meuse.

Samedi 22, il fut à Bercy, chez Pajat d'Ons-en-Bray, principal directeur de la poste, dont la maison est pleine de toutes sortes de raretés et de curiosités, tant naturelles que mécaniques. Le célèbre P. Sébastien, carme, y était.

Il s'y amusa tout le jour, et y admira plusieurs belles machines.

Le dimanche 23 mai, il fut dîner à Saint-Cloud, où M. le duc d'Orléans l'attendait; il vit la maison et les jardins, qui lui plurent fort, passa, en s'en retournant, au château de Madrid, qu'il visita, et alla de là voir Mme la duchesse d'Orléans au Palais-Royal, où, parmi beaucoup de politesses, il ne laissa pas de montrer un grand air de supériorité, ce qu'il avait bien moins marqué chez Madame et chez Mme la duchesse de Berry.

Lundi 24, il alla aux Tuileries de bonne heure, avant que le roi fût levé. Il entra chez le maréchal de Villeroy, qui lui fit voir les pierreries de la couronne. Il les trouva plus belles et en plus grand nombre qu'il ne pensait, mais il dit qu'il ne s'y connaissait guère. Il témoignait faire peu de cas des beautés purement de richesse et d'imagination, de celles surtout qu'il ne pouvait atteindre. De là, il voulut aller voir le roi, qui, de son côté, venait le trouver chez le maréchal de Villeroy.

Cela fut compassé exprès pour que ce ne fût point une visite marquée,

La machine de Marly.

mais comme de hasard. Ils se rencontrèrent dans un cabinet, où ils demeurèrent.

Le roi, qui tenait un rouleau de papier à la main, le lui donna et lui dit que c'était la carte de ses États. Cette galanterie plut au tzar, dont la politesse et l'air d'amitié et d'affection furent les mêmes, avec beaucoup de grâce, mais de majesté et d'égalité.

L'après-dînée, il alla à Versailles, où le maréchal de Tessé le laissa au duc d'Antin, chargé de lui en faire les honneurs. L'appartement de Mme la Dauphine était préparé pour lui, et il coucha dans la communication de Mgr le Dauphin, père du roi, qui fait à cette heure des cabinets pour la reine.

Mardi 25, il avait parcouru les jardins et s'était embarqué sur le canal dès le grand matin, avant l'heure qu'il avait donnée à d'Antin pour se rendre chez lui. Il vit tout Versailles, Trianon et la Ménagerie. Sa principale suite fut logée au château. Ils menèrent avec eux des demoiselles, qu'ils firent coucher dans l'appartement qu'avait Mme de Maintenon, tout proche de celui où le tzar couchait.

Bloin, gouverneur de Versailles, fut extrêmement scandalisé de voir ainsi profaner ce temple de la pruderie, dont la déesse et lui, qui étaient vieux, l'auraient été moins autrefois. Ce n'était pas la manière du tzar et de ses gens de se contraindre.

Mercredi 26, le tzar, qui s'amusa fort tout le jour à Marly et à la machine, manda au maréchal de Tessé, à Paris, qu'il y arriverait le lendemain matin, à huit heures, à l'hôtel de Lesdiguières, où il comptait le trouver, et qu'il le mènerait en lieu de voir la procession de la Fête-Dieu. Le maréchal lui fit voir celle de Notre-Dame. Le défrai de ce prince coûtait six cents écus par jour, quoiqu'il eût beaucoup fait diminuer sa table dès les premiers jours. Il eut un moment l'idée de faire venir à Paris la tzarine, qu'il aimait beaucoup; mais il changea bientôt d'avis. Il la fit aller à Aix-la-Chapelle ou à Spa, à son choix, pour y prendre des eaux en l'attendant.

Dimanche 30 mai, il partit avec Belle-Garde, fils et survivancier de d'Antin pour les bâtiments, et beaucoup de relais pour aller dîner chez d'Antin, à Petit-Bourg, qui l'y reçut et le mena l'après-dînée voir Fontainebleau où il coucha, et le lendemain à une chasse de cerf, de laquelle le comte de Toulouse lui fit les honneurs. Le lieu lui plut médiocrement, et point du tout la chasse, où il pensa tomber de cheval; il trouva cet exercice trop violent, qu'il ne connaissait point. Il voulut manger seul avec ses gens au retour, dans l'île de l'Étang de la cour des Fontaines. Il revint à Petit-Bourg, seul dans un carrosse, avec trois de ses gens. Il parut dans ce carrosse qu'ils avaient largement bu et mangé.

Mardi 1er juin, il s'embarqua au bas de la terrasse de Petit-Bourg, pour revenir par eau à Paris. Passant devant Choisy, il se fit arrêter, et voulut voir la maison et les jardins. Cette curiosité l'obligea d'entrer un moment chez Mme la princesse de Conti, qui y était. Après s'être promené, il se rembarqua, et il voulut passer sous tous les ponts de Paris.

Jeudi 3 juin, octave de la Fête-Dieu, il vit de l'hôtel de Lesdiguières la procession de la paroisse de Saint-Paul. Le même jour, il alla coucher encore à Versailles, qu'il voulut revoir avec plus de loisir; il s'y plut fort, et voulut aussi coucher à Trianon, plus trois ou quatre nuits à Marly, dans les pavillons les plus près du château, qu'on lui prépara.

Vendredi 11 juin, il fut de Versailles à Saint-Cyr, où il vit toute la maison et les demoiselles dans leurs classes. Il y fut reçu comme le roi. Il voulut aussi voir Mme de Maintenon qui, dans l'apparence de cette curiosité, s'était mise au lit, ses rideaux fermés, hors un qui ne l'était qu'à demi. Le tzar entra dans sa chambre, alla ouvrir les rideaux des fenêtres en y arrivant, puis tout de suite tous ceux du lit, regarda bien Mme de Maintenon tout à son aise, ne lui dit pas un mot ni à elle, ni elle à lui, et, sans lui faire aucune sorte de révérence, s'en alla. Je sus qu'elle en avait été fort étonnée et encore plus mortifiée; mais le feu roi n'était plus. Il revint le samedi 12 juin à Paris.

Le mardi 15 juin, il alla de bonne heure chez d'Antin, à Paris. Travaillant ce jour-là avec M. le duc d'Orléans, je finis en une demi-heure ; il en fut surpris et voulut me retenir. Je lui dis que j'aurais toujours l'honneur de le trouver, mais non le tzar qui s'en allait, que je ne l'avais point vu, et que je m'en allais chez d'Antin bayer tout à mon aise. Personne n'y entrait que les convives et quelques dames avec Mme la duchesse et les princesses ses filles, qui voulaient bayer aussi. J'entrai dans le jardin, où le tzar se promenait. Le maréchal de Tessé, qui me vit de loin, vint à moi, comptant me présenter au tzar. Je le priai de s'en bien garder et de ne point s'apercevoir de moi en sa présence, parce que je voulais le regarder tout à mon aise, le devancer et l'attendre tant que je voudrais pour le bien contempler, ce que je ne pourrais plus faire si j'en étais connu. Je le priai d'en avertir d'Antin, et avec cette précaution je satisfis ma curiosité tout à mon aise. Je le trouvai assez parlant, mais toujours comme étant partout le maître. Il rentra dans un cabinet, où d'Antin lui montra divers plans et quelques curiosités, sur quoi il fit plusieurs questions. Ce fut là où je vis ce tic dont j'ai parlé. Je demandai à Tessé si cela lui arrivait souvent, il me dit plusieurs fois par jour, surtout quand il ne prend pas garde à s'en contraindre. Rentrant après dans le jardin, d'Antin lui fit raser l'appartement bas, et l'avertit que Mme la duchesse y était avec des dames qui avaient grande envie de le voir. Il ne répondit rien et se laissa conduire. Il marcha plus doucement, tourna la tête vers l'appartement, où tout était debout et sous les armes, mais en voyeuses. Il les regarda bien toutes et ne fit qu'une très légère inclination de la tête à toutes à la fois sans la tourner le long d'elles, et passa fièrement ; je pense, à la façon dont il avait reçu d'autres dames, qu'il aurait montré plus de politesse à celles-ci, si Mme la duchesse n'y eût pas été, à cause de la prétention de la visite. Il affecta même de ne s'informer pas laquelle c'était, ni du nom de pas une des autres. Je fus là près d'une heure à ne le point quitter et à le regarder sans cesse. Sur la fin, je vis qu'il le remarquait ; cela me rendit plus retenu, dans la crainte qu'il ne demandât qui j'étais.

Comme il allait rentrer, je passai en m'en allant dans la salle où le couvert était mis. D'Antin, toujours le même, avait trouvé moyen d'avoir un portrait très ressemblant de la tzarine, qu'il avait mis sur la cheminée de cette salle, avec des vers à sa louange, ce qui plut fort au tzar dans sa surprise. Lui et sa suite trouvèrent le portrait fort ressemblant.

Le roi lui donna deux magnifiques tentures de tapisseries des Gobelins. Il lui voulut donner aussi une belle épée de diamants, laquelle il s'excusa d'accepter ; lui, de son côté, fit distribuer environ soixante mille livres aux domestiques du roi qui l'avaient servi, donna à d'Antin et aux maréchaux d'Estrées et de Tessé à chacun son portrait enrichi de diamants, cinq médailles d'or et onze d'argent des principales actions de sa vie. Il fit un présent d'amitié à Verten et pria instamment le régent de l'envoyer auprès de lui, chargé des affaires du roi qui le lui promit.

Mercredi 16 juin, il fut à cheval à la revue des deux régiments des gardes, des gens d'armes, chevau-légers et mousquetaires. Il n'y avait que M. le duc d'Orléans ; le tzar ne regarda presque pas ces troupes, qui s'en aperçurent.

Il fut de là dîner-souper à Saint-Ouen, chez le duc de Tresmes, où il dit que l'excès de la chaleur, de la poussière et de la foule de gens à pied et à cheval lui avait fait quitter la revue plus tôt qu'il n'aurait voulu. Le repas fut magnifique.

Jeudi 17, il alla pour la seconde fois à l'Observatoire, et de là souper chez le maréchal de Villars.

Vendredi 18 juin, le régent fut de bonne heure à l'hôtel de Lesdiguières dire adieu au tzar. Il fut quelque temps avec lui, le prince Kurakin en tiers.

Après cette visite, le tzar alla dire adieu au roi aux Tuileries. Il avait été convenu qu'il n'y aurait plus entre eux de cérémonies. On ne peut montrer plus d'esprit, de grâces, ni de tendresses pour le roi que le tzar en fit paraître en toutes ces occasions, et le lendemain encore que le roi alla lui souhaiter à l'hôtel de Lesdiguières un bon voyage, où tout se passe ainsi sans cérémonies.

Dimanche 20 juin, le tzar partit et coucha à Livry, allant droit à Spa où il était attendu par la tzarine, et ne voulut être accompagné de personne, pas même en sortant de Paris. Le luxe qu'il remarqua le surprit beaucoup ; il s'attendrit en partant sur le roi de France, et dit qu'il voyait avec douleur que ce luxe la perdrait bientôt. Il s'en alla charmé de la manière dont il avait été reçu, de tout ce qu'il avait vu, de la liberté qu'on lui avait laissée, et dans un grand désir de s'unir étroitement avec le roi, à quoi l'intérêt de l'abbé Dubois et de l'Angleterre fut un funeste obstacle dont on a souvent eu et on a encore grand sujet de repentir.

On ne finirait point sur ce tzar si intimement et si véritablement grand, dont la singularité et la rare variété de tant de grands talents et de grandeurs diverses feront toujours un monarque digne de la plus grande admiration jusque dans la postérité la plus reculée, malgré les grands défauts de la barbarie de son origine, de son pays et de son éducation. C'est la réputation qu'il laissa unanimement établie en France, qui le regarda comme un prodige dont elle demeura charmée.

Le tzar avait une passion extrême de s'unir avec la France.

Rien ne convenait mieux à notre commerce, à notre considération dans le Nord, en Allemagne et par toute l'Europe. Ce prince tenait l'Angleterre en brassière par le commerce, et le roi Georges en crainte pour ses États d'Allemagne. Il tenait la Hollande en grand respect, et l'empereur en grande mesure. On ne peut nier qu'il fit une grande figure en Europe et en Asie et que la France n'eût infiniment profité d'une union étroite avec lui. Il n'aimait point l'Empereur, il désirait de nous dépendre peu à peu de notre abandon à l'Angleterre, et ce fut l'Angleterre qui nous rendit sourds à ses invitations jusqu'à la messéance, lesquelles durèrent encore longtemps après son départ.

*
* *

Suivant le récit de Saint-Simon, le 26 mai le tzar vint en toute hâte à Paris, pour assister, le 27, à une procession. Le maréchal de Tessé écrivait aussi à ce sujet :

« Je ne sais pas qui lui a donné la tentation de voir M. le cardinal de Noailles à la procession. Tout ce que j'ai pu faire, c'est de courir à l'archevêché et de convenir d'un lieu où il y a deux balcons et quelques chambres en haut, d'où l'on vit fort bien la procession sortir de Notre-Dame; c'est aux Enfants-Trouvés, vis-à-vis l'Hôtel-Dieu... Avec tous ces dérangements, il n'y a d'homme à qui la tête ne tournât. »

Thomas a chanté la visite de Pierre le Grand aux Invalides en un morceau pompeux de sa *Pétréide* :

> « Entrons ! » dit le héros. Tous étaient dans le temple.
> C'était l'heure où l'autel fumait d'un pur encens...
> Ces vieux soldats épars sous cette voûte sainte,
> Les uns levant au ciel leurs fronts cicatrisés,
> D'autres flétris par l'âge et de sang épuisés
> Sur leurs genoux tremblants pliant un corps débile, etc.

Le tzar les interpelle :

> « Que j'aime à voir, dit-il, ces braves combattants...
> Restes encor fameux de tant de bataillons !
> De la foudre sur vous j'aperçois les sillons.
> Que vous me semblez grands ! Le sceau de la victoire
> Sur vos mines encor semble imprimer la gloire.
> Je lis tous vos exploits sur vos fronts vénérés.
> Temples de la valeur, vos débris sont sacrés ! »

Puis vient le récit de la visite au réfectoire, où le tzar « voulut goûter de la soupe et du vin des soldats, où il but à leur santé en les appelant camarades et en leur frappant sur l'épaule ».

> Bientôt ils vont s'asseoir dans une enceinte immense,
> Où d'un repas grossier la frugale abondance
> Aux dépens de l'État satisfait leur besoin.
> Pierre de leur repas veut être le témoin...
> Tout à coup, le monarque, approchant de leur table,
> Du vin qui des vieux ans réchauffait la langueur,
> Dans un grossier cristal épanche la liqueur,
> Et, la coupe à la main, debout, la tête nue :
> « Mes braves compagnons, dit-il, je vous salue ! »
> Il boit en même temps. Les soldats attendris
> A ce noble étranger répondent par des cris.

N'oublions pas de rappeler que Pierre le Grand fut nommé membre de l'Académie des sciences de Paris.

⁎ ⁎ ⁎

On possède de nombreux détails et documents sur les réceptions faites à Pierre le Grand et sur le séjour du tzar à Paris.

Il faut tout d'abord citer une splendide gravure placée en tête de l'almanach de 1718, et qui retrace la première entrevue de Pierre le Grand et de Louis XV. C'est une estampe des plus précieuses et dont l'exactitude pour la ressemblance des personnages ne paraît pas contestable.

Le roi, qui avait quatre ans à cette époque, salue son hôte avec une grâce adorable, et qui certainement avait dû nécessiter pas mal de répétitions. De grande stature, Pierre se penche comme pour l'embrasser, tandis que le Régent et la duchesse d'Orléans se tiennent debout derrière le petit roi de France.

On y voit aussi Kourakine, l'ambassadeur qui avait négocié l'entrevue et s'était efforcé de resserrer les liens de nos relations avec son maître, escorter celui-ci. Mais rien d'amusant et de curieux comme la physionomie de tous les seigneurs français, qui s'écarquillent les yeux et ne perdent pas un des mouvements du tzar. Pierre le Grand a aussi une perruque, mais elle n'est pas poudrée, et ses lèvres sont entourées d'une grosse moustache.

L'IMPÉRATRICE ÉLISABETH ET LA FRANCE

Le moment ne saurait être mieux choisi pour rappeler qu'il y a un siècle et demi, Russes et Français ont ensemble combattu contre cette même puissance, toujours prête à troubler la paix de l'Europe, qui s'appelait la Prusse et prétend incarner aujourd'hui l'empire allemand.

Louis XV régnait alors sur la France. Le comte de Bernis et, plus tard, le duc de Choiseul dirigeaient la politique extérieure. Sur le trône des tzars était assise l'impératrice Pétrowna.

La fille de Pierre le Grand, préoccupée des ambitieuses menées de Frédéric II, se tourna vers la France, cherchant à cimenter avec elle une alliance qui devait servir de contrepoids à la puissance grandissante du roi de Prusse. Elle se souvint qu'elle avait été un moment la fiancée de Louis XV.

Les négociations aboutirent assez rapidement. Il est vrai qu'une correspondance secrète s'échangeait entre les deux souverains. Élisabeth avait l'âme tendre, et elle la mettait dans ses lettres. Notre ambassadeur à Saint-Pétersbourg recevait, de son côté, les assurances de sa sympathie pour Louis XV, et elle le chargeait de les lui présenter en ces termes :

« Il y a entre le roi et moi une ancienne sympathie depuis notre enfance, et vous pouvez l'assurer que je serai toujours la même et que je lui donnerai constamment des preuves bien sincères de mon amitié, et que je compte également sur la sienne. Vous pouvez assurer le roi que je concourrai de tout mon pouvoir à toutes ses vues, comme je suis bien certaine qu'il sera occupé des miennes, mais qu'en ce moment elles se bornent à faire de nouveaux efforts pour mettre à la raison le roi de Prusse. »

Dans cette correspondance, Élisabeth touchait parfois aux menus détails de la vie. Elle demanda un jour à Louis XV de lui envoyer, pour la distraire, les deux grands acteurs qui faisaient alors la gloire de la Comédie française, Lekain et Mlle Clairon. Le roi ne voulut pas priver sa bonne ville de Paris de ses comédiens préférés, et ne put satisfaire les désirs de son impériale amie. Mais Élisabeth ne lui en voulut pas, et la correspondance amicale continua longtemps encore entre eux.

Dès l'année 1756, un traité d'alliance avait été conclu entre la France, la Russie, l'Autriche et la Suède, contre l'Angleterre et la Prusse. L'Autriche était alors notre alliée; comme la Russie, elle redoutait les empiétements de l'ambitieux Frédéric le Grand, et le traité intervenu entre cette puissance et le gouvernement français avait formellement pour but « de réduire la puissance du roi de Prusse dans de telles bornes, qu'il ne fût plus en son pouvoir de troubler à l'avenir la tranquillité publique ».

Un siècle et demi s'est écoulé depuis cette époque, et la situation n'a guère changé. Les mêmes puissances pourraient encore signer un traité identique, en l'appuyant des mêmes observations.

Au printemps de 1757, tandis qu'une armée russe traversait la Pologne et que Marie-Thérèse lançait ses troupes contre son ennemi Frédéric II, l'armée française franchissait le Rhin. Malheureusement, la bataille de Forbach marquait pour nous d'un point noir cette première campagne.

Quatre années durant, les troupes russes et françaises combattirent avec courage l'ennemi commun, et leur entente amena enfin la victoire sous leurs drapeaux.

En 1759, le maréchal de Broglie battait les Prussiens à Bergen, tandis que les Russes remportaient sur eux la brillante victoire de Künersdorff, leur enlevant cent soixante-douze pièces de canon et vingt-six drapeaux.

L'année suivante, l'armée russe faisait son entrée triomphale à Berlin, et cette même campagne donnait à la France une série de succès dans le Hanovre. La paix fut conclue l'année suivante.

Ainsi fut cimentée, pour la première fois, sur les champs de bataille, cette alliance franco-russe, aussi utile aujourd'hui qu'autrefois pour assurer la paix de l'Europe et opposer une digue à l'Allemagne envahissante.

Frédéric le Grand disait, en parlant de la Russie : « C'est une terrible puissance qui, dans un demi-siècle, fera trembler toute l'Europe. »

Le célèbre batailleur ne se trompait pas, et, en 1875, son successeur, quoique portant le titre sonore d'empereur allemand, dut rentrer au fourreau son épée menaçante, devant le *veto* du tzar Alexandre II.

CATHERINE II ET LA FRANCE

En juin 1762 monta sur le trône de Russie une impératrice qui montra de grandes sympathies pour la France. L'histoire lui a donné le nom de Catherine la Grande.

Elle avait grandi dans la cour minuscule de Stettin, entre son maître d'écriture, M. Wagner, et cette gouvernante française, Mlle Gardel, dont le nom revient si volontiers dans ses lettres à Grimm, a dit M. Maurice Tanneur. Elle doit sans doute à cette institutrice toutes sortes de locutions triviales ou familières qui donnent à sa prose incorrecte et savoureuse un ragoût particulier; elle lui doit surtout de connaître à fond le répertoire de notre théâtre et les livres de nos grands écrivains. Ces lectures seront la suprême consolation de l'exil à peine déguisé d'Aranienbaum que lui inflige la jalousie d'Élisabeth, et, dès qu'elle est parvenue, on sait comment, à s'emparer du sceptre que lui disputait un ivrogne imbécile, l'un de ses premiers soins est d'entrer en relations épistolaires directes avec Voltaire et avec Mme Geoffrin. A tous égards, le choix est bon : Voltaire déclare ne vouloir se mêler des « affaires de famille de personne » ; Mme Geoffrin a par toute l'Europe une inattaquable réputation de vertu et de respectabilité. De l'un elle veut obtenir cette *Histoire de Pierre le Grand* depuis longtemps promise et annoncée, par l'autre elle tient attentif à toutes ses actions le salon le mieux et le plus fréquenté de Paris. Si Rousseau, en qui elle pressent le véritable instigateur des bouleversements futurs, lui inspire une répulsion qu'elle ne prend point la peine de dissimuler, elle adresse à Buffon les produits naturels les plus extraordinaires de la Sibérie ou les vestiges de son antique civilisation. Quand d'Alembert allègue sa mauvaise santé pour refuser d'entreprendre l'éducation du tzarevitch, elle ne lui en témoigne pas directement sa rancune et lui fait décerner le titre de membre honoraire étranger de l'Académie des sciences ; mais, dix ans plus tard, elle oppose une fin de non-recevoir ironique et hautaine à son intercession en faveur d'officiers français tombés au pouvoir des Russes avec les confédérés polonais. Paul Pétrovitch admit, il est vrai, l'humiliation de cet échec, lorsque, renouvelant à d'Alembert le regret de n'avoir pas profité de ses leçons et répondant à sa principale objection, il ajoutait :

« C'est le seul calcul que vous ayez fait inexact. »

L'acquisition de la bibliothèque de Diderot en 1765 eut, dans toute l'Europe lettrée, un retentissement considérable. En tirant ainsi de peine un homme de génie, dont, sans se ruiner, elle dotait la fille, Catherine mettait un terme aux transes et aux dangers que l'achèvement clandestin de l'*Encyclopédie* lui faisait avoir chaque jour. La Russie avait alors pour ambassadeur à Paris le prince Dmitri Galitzine, que Voltaire appelle quelque part « l'espoir du mérite et de l'infortune ».

Ce fut lui qui désigna Étienne-Maurice Falconet comme l'artiste le plus capable de donner corps et vie au monument que

Catherine voulait élever à son glorieux prédécesseur Pierre Iᵉʳ. Les bases du traité furent promptement arrêtées de part et d'autre; dès le mois de septembre 1766, Falconet put partir pour Saint-Pétersbourg avec son élève favorite, Mˡˡᵉ Collot, et une équipe d'ouvriers recrutés par ses soins.

Tout d'abord, les choses marchèrent au mieux : Catherine admit aussitôt le statuaire dans sa familiarité, aplanit les premières difficultés inhérentes à une entreprise aussi colossale, et ne dédaigna pas d'échanger durant plusieurs années avec l'artiste des billets où tantôt elle apaisait ses méfiances, tantôt le consultait sur une acquisition future ou sur un embellissement projeté, tantôt enfin s'informait avec une curiosité flatteuse des progrès de la maquette. La jalousie de Betzki, président de l'Académie des beaux-arts, qui suscitait à Falconet d'incessantes tracasseries; le caractère irritable et soupçonneux du statuaire, les angoisses que lui causa la fonte de son groupe, dont il surveillait lui-même l'exécution, ne tardèrent pas à lui rendre odieux le séjour de Saint-Pétersbourg, et de son côté l'impératrice, prévenue ou lassée, ne lui donnait plus que de loin en loin quelques marques d'intérêt; si bien que Falconet, abreuvé de dégoût, n'assista point à l'inauguration de son œuvre, et qu'il était rentré depuis cinq ans en France quand, le 22 août 1782, les derniers voiles tombèrent, aux applaudissements de la foule et au fracas des mousqueteries.

Diderot n'avait pas toujours la main heureuse : il crut faire merveille en obtenant du prince Galitzine que l'économiste Pierre-Paul Le Mercier de La Rivière fût invité à se rendre en Russie pour y appliquer les théories de son gros livre *de l'Ordre naturel et essentiel des sociétés politiques*. Arrivé à Pétersbourg en 1757, durant un séjour de l'impératrice à Moscou, La Rivière installa pompeusement des bureaux dans le palais qu'il avait loué, manifesta très haut son opinion sur des réformes selon lui indispensables, et se fit une foule d'ennemis, au premier rang desquels il faut citer Falconet. Vainement Diderot proclamait, dans une de ses lettres au vindicatif sculpteur, que « Montesquieu a connu les maladies, et que celui-ci (La Rivière) indiquait les remèdes ». Après quelques audiences, Catherine invita La Rivière à chercher ailleurs un champ d'expérience :

« Il nous supposait à quatre pattes, écrivait l'impératrice à Vol-

taire, et très poliment il s'était donné la peine de venir de la Martinique pour nous dresser sur nos pieds de derrière. » Catherine n'entendait pas raillerie sur ce chapitre. On en eut de nouveau la preuve quand parut le *Voyage en Sibérie* de l'abbé Chappe d'Auteroche (1768, 2 vol. in-4° et atlas). Chargé par notre Académie des sciences d'aller observer à Tobolsk le passage de Vénus sur le soleil (1761), il fut gratifié par l'impératrice Élisabeth, à son passage à Saint-Pétersbourg, d'une somme de mille roubles. Le *Voyage* mit Catherine si fort en colère, que l'abbé n'osa plus reparaître en Russie. Diderot entreprit le voyage, ou plutôt le pèlerinage de Saint-Pétersbourg. Il en revint, chose rare, avec la même ferveur. Durant ce séjour, qui, pensait-il, durerait quelques semaines et qui se prolongea cinq mois (septembre 1773 à février 1774), il vit librement l'impératrice presque chaque jour, et de ces entretiens sont sortis de nombreux feuillets, comme il les appelait, où il condensait les réflexions, les aveux ou les conseils provoqués par cette causerie. L'un de ces feuillets, encore inédit, trouvera ici sa place tout indiquée, car Diderot y préconise un soin que les souverains et les hommes de génie soucieux de leur gloire n'ont en aucun temps dédaigné.

SUR LES GENS DE LETTRES DE FRANCE

Il n'y a presque pas un homme de lettres en France, excellent, médiocre, mauvais, qui ne pense à faire un hommage de ses productions à Votre Majesté Impériale.

J'ai souvent été leur commissionnaire : il est difficile que Votre Majesté Impériale ait eu pour tous ces pauvres diables-là plus de mépris que moi.

Cependant, je pense qu'il serait bien de leur ordonner un mot de réponse par l'un de vos secrétaires; ils s'en tiendraient, et avec juste raison, si honorés!

Il n'est si mince auteur en France qui ne soit remercié de son ouvrage s'il s'avise d'en adresser un exemplaire au roi ou au ministre. Quant aux bons auteurs, je crois la chose presque indispensable. Les grands hommes font les grandes actions, mais ce sont les grands auteurs qui les immortalisent.

Il y eut certainement des héros avant Achille et Agamemnon, mais leur mémoire est restée ensevelie dans la nuit des temps, parce qu'ils ont manqué d'une bouche sacrée qui les célébrât. L'historien transcrit le fait à la postérité, l'orateur le célèbre, le poète le chante, et le statuaire le représente.

Ces hommes sont les trompettes de la Renommée; sans eux, ou les faits s'oublient, ou la tradition, qui altère tout, les rend fabuleux.

Grimm avait accompagné Diderot en Russie. De ce premier voyage (il en fit un second en 1777) date ce rôle de « factotum » et de « souffre-douleur » qui lui valut la confiance de l'impératrice et qui, si l'on en juge par les deux volumes de lettres qu'a publiés M. J. Gras, n'était point du tout une sinécure.

Lorsque la Révolution éclata, l'impératrice Catherine admit Bouillé au nombre de ses généraux et donna l'hospitalité au comte d'Artois; mais là s'arrêtèrent ses sympathies. Elle détestait le mouvement révolutionnaire qui venait d'éclater.

*
* *

Le comte de Ségur nous a tracé le tableau suivant de la vie d'intérieur que l'impératrice Catherine II menait à Tzarskoé-Sélo[1] : « Catherine II, dit-il, eut l'extrême bonté de me montrer elle-même toutes les beautés de cette magnifique maison de plaisance, dont les eaux limpides, les frais bocages, les pavillons élégants, la noble architecture, les meubles précieux, les cabinets lambrissés en porphyre, en lapis-lazuli, en malachite, avaient un air de féerie et rappelaient aux voyageurs qui les admiraient les palais et les jardins d'Armide. La liberté complète, la gaieté de la conversation, l'absence de tout ennui et de toute gêne, auraient pu me faire croire, en détournant mes regards de la majesté imposante du palais de Tzarskoé-Sélo, que j'étais à la campagne chez les particuliers les plus aimables. M. de Gobenzel y montrait la plus intarissable gaieté; M. Titz-Herbert, un esprit fin et orné; le général Potemkin, une originalité qui le rendait toujours nouveau, même dans ses fréquents moments d'humeur et de rêverie. L'impératrice causait familièrement sur tous les sujets,

---

1. Sa nature était essentiellement bonne : le fait s'impose par l'indulgence même dont elle faisait preuve envers ses serviteurs. « Les domestiques sont ses enfants gâtés. On connaît l'histoire du ramoneur. Toujours tôt levée pour travailler plus à son aise dans le silence des heures matinales, l'impératrice se plaît parfois à allumer elle-même son feu pour ne déranger personne. Un matin, en faisant flamber ses fagots, elle entend dans la cheminée des cris perçants, suivis d'une bordée d'injures. Elle comprend ce qui arrive, et d'éteindre vite le foyer et d'adresser humblement ses excuses au malheureux petit ramoneur qu'elle a manqué de faire griller. La légende a conservé par milliers des traits semblables. »
Un jour la comtesse Bruce, entrant dans la chambre de toilette de l'impératrice, trouve Sa Majesté seule, habillée et se croisant les bras dans l'attitude de quelqu'un qui prend en patience une attente forcée. Comme elle s'étonne, Catherine lui explique son cas. « Que voulez-vous ! mes femmes de chambre m'ont toutes abandonnée. Je venais d'essayer ma robe, qui allait si mal que j'en ai pris de l'humeur; alors elles m'ont plantée là... et j'attends qu'elles soient défâchées. »

hors la politique... Elle aimait à entendre des contes, se plaisait elle-même à en faire, et si par hasard la conversation languissait un peu, le grand écuyer Marychkine, par des folies un peu bouffonnes, rappelait inévitablemement le rire et les saillies... »

UN PRINCE FRANÇAIS AU SERVICE DE LA RUSSIE
(Dix-huitième siècle.)

La Russie était devenue, au dix-huitième siècle, la terre promise des chercheurs d'aventures : elle séduisait rapidement l'un des plus brillants des aventuriers, le prince de Nassau-Siegen.

En dépit de son nom allemand, ce prince était natif de la Picardie; il avait une mère française, et sa grand'mère était une Mailly de Nesle. Il se considéra d'ailleurs toute sa vie comme un sujet français, et il n'allait jamais servir sous un drapeau étranger sans la permission des rois de France.

Ce fut, pour ainsi dire, un Français russophile. Après avoir fait le tour du monde avec Bougainville et essayé de fonder à son profit un royaume français dans le Dahomey, il se maria avec une princesse polonaise, ce qui lui fournit l'occasion d'intervenir dans les affaires de la Pologne, de prendre parti pour le roi Stanislas Poniatowski contre les confédérés de Bar, ce qui fixa de suite sur lui l'attention bienveillante de Catherine.

Lorsqu'il arriva en Russie, il s'occupa tout d'abord de gagner les bonnes grâces du tout-puissant ministre Potemkin. Ce fut lui qui proposa à M. de Ségur, notre ambassadeur à Saint-Pétersbourg, et, par son intermédiaire, au cabinet de Versailles, le plan d'une quadruple alliance entre la Russie, l'Autriche, l'Espagne et la France, pour tenir en échec la Prusse et l'Angleterre, également intéressées à empêcher le démembrement de l'empire ottoman.

Cela se passait en 1787, à la veille de notre Révolution, quand la France, ruinée par une crise financière, ne pouvait plus songer aux affaires extérieures.

Les Turcs ayant pris l'initiative des hostilités, le prince français prit place à la tête d'une escadre chargée d'évoluer dans les eaux du lac Dniester et d'enlever, si possible, aux Turcs la place forte d'Otchakof. Le prince se couvrit de gloire. « Nassau-Siegen, dit le prince de Ségur, son ami, est devenu Nassau-Siéger (le vainqueur) par ses exploits. »

L'impératrice Catherine le gratifia de la patente de vice-amiral, du collier de Saint-Georges, d'une épée enrichie de diamants, avec un cadeau de belles et bonnes terres. Ce Français russifié devint même un objet de jalousie pour les véritables Russes, et, les Suédois ayant menacé d'attaquer Cronstadt et Saint-Pétersbourg, ce fut lui qu'on chargea de chasser leur flotte de la Baltique. Il s'en tira encore avec bonheur et honneur, et l'impératrice Catherine le combla des témoignages de la confiance la plus glorieuse et de la reconnaissance la plus fructueuse et la plus sincère. C'est ce Français qui assura à Catherine la conquête de la Crimée et lui prépara celle de la Finlande.

Ce héros, ce paladin français, était choyé partout, à Varsovie, à Vienne, à Kiev, à Saint-Pétersbourg, aux soirées de l'Ermitage; il joue dans toutes les comédies et il en écrit même à ses heures; il aurait été le plus heureux des héros de la France, si la Révolution n'était venue mettre des nuages dans le bleu d'azur où il vivait.

« Les nouvelles de Paris, écrivait-il à la date du 1ᵉʳ août 1789, m'ont fait une peine extrême. J'aime le roi, et beaucoup le comte d'Artois. Vous jugerez combien je souffre de les voir dans la situation où ils sont. M. Necker a bien joué le roi et le ministère tremblant qui a perdu la France ; car je crains que ce malheureux pays ne tombe dans l'anarchie la plus complète. »

Comme on le voit, le prince de Nassau-Siegen était aussi un peu prophète.

LE MARQUIS DE TRAVERSAY AMIRAL RUSSE

Puisque nous venons de parler du dix-huitième siècle, rappelons qu'un Français fut amiral russe.

« La Révolution française, disait l'empereur Alexandre Iᵉʳ, a fait bien du mal. Je dois cependant lui savoir gré de m'avoir donné trois hommes tels que Richelieu, Traversay et Largeron. »

De ces trois émigrés, le marquis de Traversay, descendant d'une vieille famille du Poitou, est sans aucun doute celui qui rendit le plus de services à l'empire du tzar. Alexandre II, et surtout son fils Alexandre III, sont les véritables créateurs de la puissance russe dans la mer Baltique. Mais il faut dire avec justice que c'est au marquis de Traversay que la Russie doit de dominer la mer Noire. Ancien officier de la marine royale, le marquis de Traversay avait pris du service à la cour de Saint-Pétersbourg, lorsque l'œil exercé d'Alexandre Paulovitch distingua chez le noble et brillant officier émigré de remarquables qualités d'organisateur ; il s'empressa aussitôt de lui confier, après un stage fort court, le commandement en chef des flottes du sud de l'empire.

C'est alors que le nouvel amiral russe commença l'établissement des formidables arsenaux de Sébastopol et de Nicolaïev, véritables boulevards de l'empire contre les invasions des Turcs et les pirates de l'Archipel. Lorsque cette œuvre fut presque terminée, le tzar rappela le marquis de Traversay à Saint-Pétersbourg et le nomma ministre de la marine.

En outre, pour reconnaître ses importants services, il voulut l'élever à la dignité de prince ; mais le brillant officier refusa cet honneur, voulant, disait-il, garder le titre de marquis, qu'il avait reçu du roi Louis XVI et qui devait servir à rappeler à ses descendants qu'il était né Français.

Cette descendance n'est d'ailleurs pas encore éteinte : le petit-fils du marquis est mort, il y a peu de temps, à Kalish, où il servait comme général de brigade. La branche cadette est restée française. Un des enfants de cette branche, qui est colonel, a été présenté à l'amiral Avellan, lors de la visite de l'escadre russe en France. L'amiral s'est rappelé, en présence de l'arrière-petit-neveu, les souvenirs glorieux qu'évoque en Russie le nom de Traversay.

Ce mélange de race a d'ailleurs déjà occasionné une rencontre moins pacifique et plus piquante sous les murs mêmes de Sébastopol.

En effet, le comte de Traversay, aujourd'hui marquis, a fait la campagne de Crimée ; il a assiégé la ville qu'avait fortifiée son arrière-grand-oncle.

En même temps se trouvait dans l'armée russe un Traversay qui défendait la place.

Et chacun de lutter avec énergie pour la défense de son drapeau.

C'était alors l'époque des légendaires estocades.

Paul 1er.

LA REINE CAROLINE ET PAUL 1er

Il n'est peut-être pas hors de propos de rappeler l'incident suivant, qui montre ce qu'ont été ces relations au commencement du siècle, entre le tzar Paul Ier et la République française. Peu de temps après les victoires remportées par Bonaparte et Desaix à Marengo, et à Hohenlinden par Moreau, la reine Caroline, se souvenant que, dans la campagne précédente, les armées de la Russie avaient puissamment contribué au rétablissement du trône de Naples et craignant, à juste titre, la prochaine invasion du royaume des Deux-Siciles par l'armée française, dont le commandement était confié à Murat, se rendit à Saint-Pétersbourg pour solliciter l'intervention de Paul Ier.

Elle pensait que le tzar s'efforcerait, par ses relations amicales avec la France, de sauvegarder ce qu'il devait considérer comme son œuvre personnelle.

La souveraine s'embarqua donc à Palerme pour se rendre à Saint-Pétersbourg, « nouvelle reine de Saba quittant sa cour pour visiter un autre Salomon », d'après l'expression d'un journal allemand.

Ce voyage, elle l'entreprenait d'ailleurs au moment où l'Angleterre et l'Autriche pressaient à Naples les préparatifs d'une nouvelle guerre contre la France.

Paul Ier ne pouvait être que flatté d'une démarche ainsi faite par une princesse des Habsbourg dans la saison la plus rigoureuse, malgré la distance, pour implorer sa protection.

Aussi envoya-t-il immédiatement à Paris son grand veneur, le général Lewachew, comme ministre plénipotentiaire spécialement chargé de représenter le nouveau médiateur.

Le salut du royaume de Naples ne dépendait plus que de cette amicale intervention ; car les Autrichiens l'avaient laissé en dehors de l'armistice de Trévise, et les Anglais n'avaient point fourni les renforts qu'ils avaient promis.

L'envoyé russe fut reçu à Paris avec éclat, et Bonaparte, intéressé à faire connaître à toute l'Europe la bonne intelligence qui l'unissait au plus puissant des monarques du Nord, s'empressa d'accepter la médiation de ce dernier. Il ordonna aussitôt à Murat, qui allait marcher contre les États pontificaux, occupés par l'armée napolitaine, de suspendre les opérations actives.

Il informa le ministre de la guerre que le représentant du tzar devait bientôt se rendre à Naples en passant par la Romagne, et lui enjoignit de recommander au maréchal Brune, commandant en chef de l'armée d'Italie, de tout disposer « pour que M. Lewachew soit partout reçu avec honneur, escorté et défrayé tant qu'il se trouvera sur le territoire occupé par les armées françaises ».

Le ministre plénipotentiaire du tzar se mit alors en route pour Naples ; les mêmes honneurs qui avaient signalé son arrivée lui furent rendus à son départ. D'après un chroniqueur du temps, « son voyage à travers les départements de la France fut une espèce de marche triomphale, qui se continua alors même qu'il fut arrivé en Italie. Murat, qui reçut lui-même le général Lewachew à Bologne, s'empressa de renchérir sur ces témoignages de sympathie, au grand ébahissement des Italiens, stupéfaits de la soudaine harmonie de deux États dont les soldats se combattaient avec tant d'acharnement peu de temps auparavant, sur ce même théâtre de guerre où commandaient Souvarow et Joubert.

Le général français se rendait alors à Florence avec une partie de ses troupes.

Quand le général Lewachew, qui le suivait, arriva dans le chef-lieu du grand-duché de Toscane, il trouva, à son arrivée, toute la ville pavoisée et illuminée comme pour une fête ou un triomphe. Le soir, au spectacle, comme on saluait l'envoyé du tzar avec un drapeau russe, il y joignit lui-même un drapeau français et s'écria :

« Que les deux plus grandes nations de l'Europe soient unies pour la paix du monde et le bonheur de l'humanité ! »

*
* *

Dans l'*Exposé de la situation de la République*, présenté au corps législatif le 1er frimaire an X, nous trouvons un ancien document où il est dit :

Paul Ier avait aimé la France, il voulait la paix de l'Europe, il voulait surtout la liberté des mers. Sa grande âme fut émue des sentiments pacifiques que le premier consul avait manifestés ; elle le fut depuis de nos succès et de nos victoires : de là les premiers liens qui l'attachèrent à la République.

Huit mille Russes avaient été faits prisonniers avec les alliés ; mais le ministère qui dirigeait alors l'Angleterre avait refusé de les échanger contre des prisonniers français. Le gouvernement s'indigna de ce refus; il résolut de rendre à leur patrie de braves guerriers abandonnés de leurs alliés : il les rendit d'une manière digne de la République, digne d'eux et de leur souverain. De là, des nœuds plus étroits et un rapprochement plus intime.

Tout à coup, la Russie, le Danemark, la Suède, la Prusse, s'unissant, une coalition est formée pour garantir la liberté des mers ; de grandes, de vastes opérations se préparent ; mais Paul Ier meurt subitement.

. . . .

La paix avec la Russie a été signée, et rien ne troublera désormais les relations des deux grands peuples *qui, avec tant de raisons de s'aimer*, n'en ont aucune de se craindre, et que la nature a placés aux deux extrémités de l'Europe pour « être le contrepoids au nord et au midi »...

DEUXIÈME PARTIE

RUSSES ET FRANÇAIS AU COMMENCEMENT DU DIX-NEUVIÈME SIÈCLE

RUSSES ET FRANÇAIS SOUS NAPOLÉON Ier

Dès la première année du siècle, les relations s'annoncent très cordiales entre Russes et Français. C'est ainsi que, le 12 décembre de l'année 1800, l'un de nos préfets, M. de Pontécoulant, offrait au général russe baron de Sprengtporter une superbe fête, au cours de laquelle furent chantés les couplets suivants, sur l'air de la *Soirée Agence* :

I

Des géographes je me ris,
De leur méthode je m'écarte ;
Moscou, Pétersbourg et Paris
Sont très rapprochés sur ma carte ;
J'éloigne Portsmouth de Riga,
Je place Vienne près de Gêne,
Et je maintiens que le Volga
Doit communiquer à la Seine.

II

Que j'aime à revoir sur ce bord
Les fiers guerriers de la Russie !
Parmi nous, ces enfants du Nord
Sont encore dans leur patrie !
Redoutables dans les combats,
Grands, généreux, pleins de vaillance,
A ces titres ne sont-ils pas
Les meilleurs amis de la France ?

On croirait vraiment, à la forme près, que ces couplets ont été écrits en 1893.

⁎⁎⁎

Il me faut raconter ici que lorsque Napoléon Ier végétait dans les grades inférieurs de l'armée, il avait songé un jour à quitter l'épée pour le négoce ou à prendre du service hors de France, afin de hâter la fortune ou tout au moins l'avancement. Il faillit servir sous le drapeau russe.

Le fait est ainsi raconté pour M. Alfred Rambaud, le savant historien, ancien ministre de l'instruction publique :

« On enrôlait aussi, dit-il, des volontaires corses. Un fait curieux et, je crois, ignoré des historiens de Napoléon, c'est que celui-ci adressa une pétition à Zaborovski en vue de prendre du service dans l'armée russe. La pétition n'eut pas de suite, parce que la tzarine[1] avait prescrit de n'accepter les étrangers que dans un grade inférieur à celui qu'ils occupaient, et que le jeune Bonaparte ne voulut pas consentir à déchoir. »

⁎⁎⁎

Sous Napoléon Ier, les Russes et les Français devaient se trouver souvent en présence sur les champs de bataille, soit que la Russie combattît la France comme alliée d'autres puissances, et surtout de l'Autriche, soit qu'elle se défendît seule, comme elle le fit durant la terrible campagne de Russie.

Cependant plusieurs tentatives de rapprochement et même d'alliance avaient été faites entre Napoléon et le tzar Alexandre ; des témoignages de sympathie avaient été échangés entre les armées des deux pays :

Après avoir été battus à Austerlitz (2 décembre 1805), à Eylau et à Friedland (1807), les Russes devaient signer la paix de Tilsitt (1807) et fraterniser avec les Français.

---

1. C'est de l'impératrice Catherine II qu'il s'agit ici.

TILSITT

C'est en 1806-1807 qu'eut lieu la campagne dite de Pologne, entreprise par Napoléon contre les Russes.

Elle fut remarquable par la *bataille d'Eylau* (8 février 1807) et celle de *Friedland* (1ᵉʳ juin 1807)[1].

Le tzar Alexandre, dont l'empire pouvait être envahi, demanda la paix à Napoléon. Les deux souverains se rencontrèrent à Tilsitt, sur le Niémen, le 7 juillet 1807.

Très curieuse, l'entrevue d'Alexandre et de Napoléon à Tilsitt.

A propos de cette entrevue, parut une curieuse chanson de Piis dont voici quelques couplets :

> Ils se sont embrassés !
> Telles sont les nouvelles.
> Dites-m'en de plus belles
> Si vous en connaissez.
> Ils se sont embrassés !

> Ils se sont embrassés !
> Que la plus grande joie
> Sur nos fronts se déploie !
> Vous, Anglais, pâlissez !
> Ils se sont embrassés !

. . . .

> Ils se sont embrassés !
> Leurs regards débonnaires
> Au feu de leurs tonnerres
> Semblaient dire : « Cessez ! »
> Ils se sont embrassés !

> Ils se sont embrassés !
> Qu'ont fait alors nos braves,
> Et les Russes, plus graves,
> Par l'exemple pressés ?
> Ils se sont embrassés !

. . . .

> Ils se sont embrassés !
> Je veux voir à la fête,
> Que sans doute on apprête,
> Partout ces mots tracés :
> Ils se sont embrassés !

---

1. « C'est un jour de bonheur, avait dit l'empereur, l'anniversaire de Marengo. »

> Ils se sont embrassés !
> Ce refrain pacifique
> Vaut un poème épique,
> Et nous en dit assez :
> Ils se sont embrassés[1] !

. . . .

« Pourquoi nous faisons-nous la guerre ? » se demandèrent l'un à l'autre les deux monarques en commençant leur entretien. Napoléon, en effet, ne poursuivait dans la Russie qu'un allié de l'Angleterre, et la Russie, de son côté, bien que justement inquiète de la domination continentale de la France, servait les intérêts de l'Angleterre beaucoup plus que les siens, en s'acharnant dans cette lutte autant qu'elle venait de le faire. « Si vous en voulez à l'Angleterre, et rien qu'à elle, dit Alexandre à Napoléon, nous serons facilement d'accord, car j'ai à m'en plaindre autant que vous. » Il raconta alors ses griefs contre la Grande-Bretagne, l'avarice, l'égoïsme dont elle avait fait preuve, les fausses promesses dont elle l'avait leurré, l'abandon dans lequel elle l'avait laissé, et tout ce que lui inspirait enfin le sentiment d'une guerre malheureuse qu'il avait été obligé de soutenir avec ses seules forces.

Napoléon, cherchant quels étaient chez son interlocuteur les sentiments qu'il fallait flatter, s'aperçut bien vite que deux surtout le dominaient actuellement : d'abord une humeur profonde contre les alliés, ou pesants comme la Prusse, ou égoïstes comme l'Angleterre, et ensuite un orgueil très sensible et très humilié. « Il s'attacha donc à prouver au jeune Allexandre qu'il avait été dupe de ses alliés, et en outre qu'il s'était conduit avec noblesse et courage. Il s'efforça de lui persuader que la Russie se trompait en voulant patronner des voisins ingrats et jaloux comme les Allemands, et servir les intérêts de marchands avides comme les Anglais. Il attribua cette erreur à des sentiments généreux poussés à l'excès, à des malentendus que des ministres inhabiles ou corrompus avaient fait naître. Enfin, il vanta singulièrement la bravoure des soldats russes et dit à l'empereur Alexandre qu'en réunissant les deux armées qui avaient si vaillamment lutté l'une contre l'autre à Austerlitz, à Eylau, à Friedland, mais qui toutes deux s'étaient comportées dans ces journées en vrais géants,

---

1. Œuvres choisies de A.-P.-A. de Piis, t. IV, Paris, Brasseur aîné, 1810.

combattant un bandeau sur les yeux, on pouvait maîtriser le monde, le maîtriser pour son bien et pour son repos. Puis, mais

BONAPARTE, PREMIER CONSUL, par L. David.

très discrètement, il lui insinua qu'en faisant la guerre contre la France, c'était sans dédommagement possible que la Russie dépensait ses forces; tandis que si elle s'unissait avec elle pour dominer en Occident et en Orient sur terre et sur mer, elle se ménagerait autant de gloire et certainement beaucoup plus de profit[1]. »

Le tzar Alexandre témoignait d'un véritable enthousiasme pour Napoléon, et ce sentiment était alors bien naturel, après les résultats qu'il obtenait : « Qu'on se figure le jeune tzar, humilié la veille, venant demander la paix au camp de Napoléon, n'ayant sans doute aucune inquiétude pour ses propres États, que l'éloignement sauvait des désirs du vainqueur, mais s'attendant à perdre une notable portion du territoire de son allié le roi de Prusse, et à se retirer déconsidéré de cette guerre ; qu'on se le figure transporté soudainement dans une sorte de monde à la fois imaginaire et réel, imaginaire par la grandeur, réel par la possibilité, se voyant, au lendemain d'une défaite éclatante, sur la voie de conquérir la Finlande et une partie de l'empire turc, et de recueillir d'une guerre malheureuse plus qu'on ne recueillait jadis d'une guerre heureuse, comme si l'honneur d'avoir été vaincu par Napoléon équivalait presque à une victoire et en devait rapporter les fruits ; qu'on se figure ce jeune monarque avide de gloire, la cherchant partout, depuis sept années, tantôt dans la civilisation précoce de son empire, tantôt dans la création d'un nouvel équilibre européen, et ne rencontrant que d'immortelles défaites, puis trouvant tout à coup cette gloire si recherchée dans un système d'alliance avec son vainqueur, alliance qui devait le faire entrer en partage dans la domination du monde, au-dessous mais à côté du grand homme qui voulait bien la partager avec lui et valoir à la Russie les belles conquêtes promises par Catherine à ses successeurs, tombées depuis Catherine dans le royaume des chimères ; qu'on se le figure, disons-nous, passant si vite de tant d'abattement à de si hautes espérances, et on comprendra sans peine son agitation, son enivrement, sa subite amitié pour Napoléon, amitié qui prit sur-le-champ les formes d'une affection enthousiaste et assurément sincère, au moins dans ces premiers instants[2]. »

« A Tilsitt, dit le prince de Valois, le projet de Pierre le Grand fut repris par Napoléon et le tzar. Une occasion unique s'offrit

---

1. A. Thiers.
2. A. Thiers.

à Napoléon d'anéantir la puissance anglaise et de partager l'empire du monde avec la Russie... » Sa politique fit avorter l'entreprise.

Napoléon voulait que la Russie lui prêtât ses armes pour un

L'ENTREVUE DE TILSITT.

suicide immédiat. Il demandait le partage de la Turquie, et dans ce partage il se réservait Constantinople. Napoléon voulait Constantinople, de sorte que, pour lui donner les Indes, les Russes non seulement déchiraient le testament de Pierre le Grand, mais substituaient à l'empire britannique des Indes, éloigné de leurs frontières, l'empire immédiat et colossal de la France napoléonienne déjà ébranlé et qu'ils allaient consolider de la plus dangereuse façon.

Napoléon voulait Constantinople ; sa grande erreur fut de croire que Constantinople était la clef du monde, et que celui qui la possède en est le maître. L'alliance ne put dès lors aboutir.

LA CAMPAGNE DE RUSSIE

L'essai d'alliance franco-russe, qui se prolongea de Tilsitt à la rupture de 1812, est un sujet passionnant à l'époque actuelle.

Rappelons, à cet égard, l'essai d'alliance proposé par Napoléon Ier, qui avait choisi Savary pour être son interprète auprès du tzar.

La mission de Savary, plus tard duc de Rovigo, n'a duré que pendant les cinq derniers mois de l'année 1807. Elle est intéressante comme la première mise en contact des deux grands empires, de deux grands empires qui étaient un étonnement l'un à l'autre ! C'était l'époque des espérances infinies et des illusions intactes. Essayons de raconter en abrégé les principales phases de cette mission :

« C'est un mois après Friedland, — la bataille est du 14 juin, — vingt et un jours après Tilsitt, — l'entrevue est du 24 juin, — c'est de la ville royale des Hohenzollern, Kœnigsberg, que Napoléon, par une lettre du 15 juillet, informa Savary de la mission qu'il lui confiait : Savary ne serait auprès du tzar que comme aide de camp de l'empereur, comme « militaire et sans aucun « caractère diplomatique ». Ainsi que Savary le dira lui-même au souverain russe, il n'a d'autre commission « que de faire ses « efforts pour être agréable à Sa Majesté ». Il ne devra séjourner à Pétersbourg que le temps nécessaire pour que, de part et d'autre, on ait pu faire choix d'un ambassadeur en titre.

« La lettre de Napoléon étant aussi brève qu'impérieuse, il y aura profit à se reporter aux Mémoires de Rovigo pour y retrouver les instructions orales de l'empereur : « Dans vos conversations, « évitez soigneusement ce qui peut choquer. Par exemple, ne « parlez jamais de guerre. Ne frondez aucun usage ; ne remar- « quez aucun ridicule... J'ai confiance dans l'empereur de Russie.

« Il n'y a rien entre les deux nations qui s'oppose à un entier
« rapprochement : allez y travailler. »

« Cette situation d'aide de camp détaché auprès du tzar, cette
absence de tout caractère diplomatique, avait ses avantages. Cela
permettait de tout voir, de tout entendre, sans être obligé de
s'expliquer à fond. La mission était comme un service de reconnaissance. De plus, un militaire avait accès là où peut-être un
ambassadeur n'aurait pu facilement se produire : à la parade, par
exemple, cette cérémonie presque quotidienne et si importante
à la cour de Russie, cette sorte de liturgie militaire, où les profanes, j'entends dire les dignitaires civils, n'avaient point leur
place marquée.

« La mission de cet aide de camp, que son service attachait si
directement à la personne de Napoléon, avait aussi quelque
chose de plus intime qu'une ambassade. Auprès du tzar il était
l'homme de l'empereur, un vrai légat *à latere*, presque une émanation du César français; et, puisqu'il avait eu à combattre les
Russes sur les champs de bataille de 1807, et assisté à l'entrevue du Niémen, il était comme l'incarnation du nouvel état de
choses, le *memento* vivant de cette histoire si mouvementée,
la personnification même de Tilsitt.

« Savary a été un bon militaire; plus tard il fut un assez habile
ministre de la police; sous la monarchie de juillet, un médiocre
gouverneur général de l'Algérie; ses Mémoires et sa Correspondance ne le révèlent pas écrivain brillant. Sa courte mission de
Pétersbourg est peut-être la plus belle page de sa carrière. Il y
fut exactement ce que Napoléon avait désiré qu'il fût.

« De tout cela, il sut s'acquitter à merveille. Il plut si bien au
tzar, qu'Alexandre lui demanda un jour s'il ne consentirait pas
à être accrédité auprès de lui. Savary répondit avec franchise :
« Accoutumé depuis si longtemps à servir l'empereur de si près,
« il me manquerait toujours quelque chose aussi loin de sa per-
« sonne. » Il démêla si nettement les partis et les coteries de la
cour, la structure de la société russe, que ses *Tableaux de Saint-
Pétersbourg* resteront un document précieux à consulter sur la
civilisation du grand empire à cette époque. Il donna les plus
sages conseils à son gouvernement sur la façon dont un ambassadeur devrait procéder pour que la France « régnât » en Russie.

Il fraya les voies à son successeur en écartant les premiers obstacles, en brisant les résistances, en faisant « chasser » l'ambassadeur d'Angleterre et les ministres russes hostiles à l'alliance. Il se vantera d'avoir, dans cette tâche, accompli « les douze « travaux d'Hercule ».

« Au sortir de la première audience impériale, le grand maréchal du palais dit à Savary : « Général, l'empereur n'aime pas « les cérémonies, surtout avec un envoyé de l'empereur Napo- « léon. Il me charge de vous dire de venir dîner demain avec lui, « et que là vous serez présenté à l'impératrice. » Ou bien, à l'issue de la parade, c'était le tzar lui-même qui se chargeait de l'invitation : « Vous dînez avec moi aujourd'hui, et ne partez pas « ce soir; j'ai à vous entretenir. »

« A table, il était toujours à la droite du tzar. Les jours de parade, il trouvait à sa porte un cheval tout harnaché que lui envoyait Alexandre. Il était traité à la fois comme un intime de la maison et comme l'hôte de distinction. Toutes les prévenances, toutes les attentions délicates dont le tzar eût voulu accabler Napoléon, c'était Savary qui les subissait. C'était par lui qu'à distance on essayait d'enjôler son maître. Il était la tête de Turc de l'amabilité impériale.

« Rien de plus aisé, au début, que sa mission. Il n'entendait que paroles louangeuses à l'adresse de celui qui l'envoyait. Et certes, à ce moment, l'admiration d'Alexandre pour Napoléon était sincère. Dès la première audience, il disait à Savary : « L'empereur « m'a donné à Tilsitt des marques d'attachement que je n'ou- « blierai jamais. Plus j'y pense, plus je suis content de l'avoir vu. « Je crains toujours d'oublier un seul mot de l'énorme quantité « de choses qu'il m'a dites dans un si court intervalle de temps. « C'est un homme extraordinaire. » Comme le tzar avait entendu parler du tableau de Gros, *les Pestiférés de Jaffa,* il s'en faisait expliquer le sujet par Savary : « Et il a touché le pestiféré ! Pour « le coup, c'est fort. J'eusse mieux aimé aller à cent batailles que « de faire cela. »

« Sa confiance en son nouvel allié s'épanchait en effusions : « Je veux que l'empereur sache que je ne veux rien faire sans lui « communiquer jusqu'à la moindre de mes actions qui peut l'in- « téresser. » Sérieusement il rêvait de faire le voyage de France, d'aller admirer Napoléon au milieu de ses glorieuses créations. Il aimait à calculer qu'en vingt jours il pourrait être à Paris. Il voulait assister à des séances du conseil d'État, à celles du conseil des ministres, étudier le législateur après avoir vu à l'œuvre le conquérant.

« Les affaires les plus épineuses semblaient n'avoir plus d'épines, Alexandre, qui, au fond, portait le plus sérieux intérêt à la famille royale de Prusse, avait à peine hasardé un mot en sa faveur qu'aussitôt il le retirait. A propos des contributions de guerre que Napoléon exigeait de la Prusse, le tzar disait : « Je « ne veux pas que vous parliez à l'empereur de ceci ; il est occupé « de trop grandes choses pour que je veuille le distraire ; mais, « vous-même, ne pourriez-vous écrire aux maréchaux ou aux « intendants qui sont restés en Prusse pour arranger tout cela? » Jamais il n'insistait,... mais sans cesse il y revenait : « Quant à « la Prusse, dites à l'empereur ce que je vous en ai dit. Ce n'est « plus mon affaire. Je vous en parle d'amitié, mais n'y mets rien « d'officiel. » Il communiquait à Savary les pièces relatives aux différends franco-prussiens ; mais il affectait de « les regarder « comme bonnes à rien ». L'envoyé français, si fin cependant, s'y trompait.

« Il crut pouvoir affirmer à son gouvernement que « tout ce « qui concerne la Prusse est devenu fort indifférent ici ».

« C'était, entre les deux souverains, des échanges de cadeaux. Alexandre, connaissant Napoléon un peu frileux, lui envoyait des pelisses de quatre-vingt mille roubles. Il ne faisait, en échange, que des demandes qui, elles-mêmes, étaient un délicat hommage à la supériorité du jeune Français. Par exemple, il souhaitait tel service en porcelaine de Sèvres, qui représentait la série des batailles de Bonaparte en Égypte, ou bien il exprimait le désir d'avoir à Saint-Pétersbourg des artistes de la Comédie française. Il demandait cinquante mille fusils, et non des fusils trouvés sur le champ de bataille, mais bien des fusils français, modèle de 1777. Et il se hâtait d'ajouter : « Si l'em-« pereur ne juge pas à propos de m'en céder, nous n'en serons « pas moins bons amis, mais je vous répète que c'est lui-même « qui me l'a promis. »

Malheureusement, si les relations étaient si cordiales avec le tzar, il n'en était pas de même avec la société russe, et ce fut une des causes que la mission n'aboutit pas à un résultat efficace.

Les efforts mêmes de Savary pour implanter à Saint-Pétersbourg le commerce français ne purent aboutir.

En résumé, l'alliance franco-russe, en 1807, a été purement un fait de surface : elle ne liait vraiment que les deux empereurs, elle n'avait pas de racines profondes dans la nation française et en Russie ; d'autre part, elle rencontrait dans l'aristocratie l'hostilité, et dans les masses du peuple l'indifférence.

Tilsitt avait été une surprise, ou plutôt un coup de théâtre ; mais ce coup de théâtre devait être le premier grand signal du rapprochement qui s'opère aujourd'hui entre la France et la Russie, et qui n'est, en somme, que le résultat, ou plutôt le commencement d'une longue évolution commencée depuis près d'un siècle.

En 1808, malgré les erreurs de la guerre d'Espagne[1], la plus funeste certainement, la plus impolitique de celles du premier Empire, ne répondant qu'à la manie qu'avait Napoléon Ier de créer des trônes pour les membres de sa famille, le tzar Alexandre affirmait hautement *l'intention de soutenir son allié, dans la bonne comme dans la mauvaise fortune.* La cordialité de l'entrevue est restée légendaire ; l'enthousiasme, ainsi que les belles fêtes organisées pour célébrer le rapprochement des deux empereurs, et par suite des deux empires, rappellent ceux dont nous venons d'être les témoins pendant le séjour en France des offi-

---

1. « L'entreprise d'Espagne se rattache par un lien étroit, facilement saisissable, à tous les événements qui entraînèrent Napoléon à sa perte. C'est le point de départ d'une succession fatale, le premier anneau d'une chaîne ininterrompue, de même que le partage de la Pologne, en faisant redouter continuellement aux Russes une résurrection de leur victime, en les troublant par une crainte obsédante comme un remords, se retrouve à l'origine de tous les mouvements qui jetèrent leur politique hors de ses voies naturelles. Reconnaissons ici cette justice providentielle qui se dégage tôt et tard des événements, sait rejoindre et frapper les coupables. Si Napoléon et la Russie reprirent une lutte funeste qui ensanglanta le monde, qui mena nos troupes dans Moscou en flammes et plus tard, par un formidable reflux, attira dans Paris les armées du tzar, qui anéantit la puissance de Napoléon, et fit peut-être manquer à la Russie la royauté de l'Orient, ce fut moins l'effet d'une opposition véritable d'intérêts, d'injures réelles et réciproques, que la conséquence indirecte d'abus de pouvoir respectivement commis aux dépens des faibles. En 1812, Napoléon porta la peine d'avoir, en 1808, arbitrairement disposé de l'Espagne et la Russie d'avoir participé un demi-siècle plus tôt au démembrement de la Pologne. » (ALBERT VANDAL.)

ciers de l'escadre russe. M. Thiers a minutieusement rapporté les détails de ces représentations de la Comédie française, données devant un *parterre de rois*. Le soir où elle joua *Œdipe,* un fait bien caractéristique frappa l'auditoire d'étonnement et de satisfaction.

A ce vers d'*Œdipe* :

L'amitié d'un grand homme est un bienfait des dieux,

Alexandre, de manière à être aperçu de tous les spectateurs, prit la main de Napoléon et la serra fortement.

La question d'Orient. — Alexandre rêvait alors de reconstituer l'empire de Byzance. La question d'Orient fut la pierre contre laquelle semblaient venir se heurter les projets d'entente des deux empereurs; il n'en fut rien, toutefois : le tzar se contenta de la promesse de lui laisser posséder la Moldavie et la Valachie.

La cause à laquelle l'acte diplomatique du 12 octobre dut sa durée éphémère fut la non-exécution de cet engagement.

L'entrevue d'Erfurth fut marquée par un fait d'une importance sur laquelle il est inutile d'insister : l'ouverture de Napoléon à son allié pour consacrer, par un mariage avec une princesse russe, leur inaltérable amitié.

M. de Talleyrand, qui a raconté cette partie de l'entrevue, dit que les deux empereurs s'y promirent d'être, un jour, *plus que des amis,* des *frères.* « Une expression de joie, ajoute le célèbre diplomate, éclata sur leurs visages, et plus que jamais ils parurent enchantés l'un de l'autre. »

Jamais l'union de la France et de la Russie n'avait paru si bien cimentée, et cependant... leurs souverains ne devaient plus se revoir, et, de leurs beaux projets d'un moment, aucun ne devait, malheureusement, se réaliser.

*
* *

Les avertissements ne manquèrent pas à Napoléon contre cette campagne de Russie : l'empereur les avait tous méprisés. « Nul, dit M. L. de Lauzac de Laborie[1], ne lui en prodigua avec plus de

---

1. *La Fin d'une alliance franco-russe,* dans le *Correspondant.*

constance et d'indépendance que son ambassadeur en Russie... Conquis par le génie de Napoléon, Caulaincourt lui pardonnait tout : les reproches injustes, les rebuffades discourtoises, et jusqu'à l'inqualifiable désignation qui l'avait fait concourir à son insu à l'enlèvement du duc d'Enghien, lui, le descendant d'une famille attachée aux Condés. Mais, convaincu que tant d'abnégation lui donnait des droits à la franchise, il ne dissimulait à Napoléon rien de ce qu'il croyait utile à ses intérêts. Partisan déterminé de l'alliance, trop facilement persuadé par les serments pacifiques d'Alexandre, il pénétra du moins, une fois les relations tout à fait tendues, le plan de farouche destruction que dissimulait le sourire du tzar. Il dit à Napoléon, dans une audience qui dura sept heures, il lui répéta à diverses reprises que, pour avoir raison de son adversaire, il faudrait le poursuivre jusqu'aux confins de la Sibérie, que la distance et le climat seraient des ennemis invincibles. L'empereur, parvenu à ce faîte où l'on est déshabitué de la contradiction, ripostait en riant au duc de Vicence qu'il était devenu Russe de sentiment et de sympathies. Il renouvela cette plaisanterie de mauvais goût à Wilna, devant Balachof : Caulaincourt pâlit sous l'outrage, et, à peine ce Russe parti, il s'emporta en reproches devant Duroc et Berthier épouvantés, prophétisant les malheurs qui allaient suivre, réclamant son congé de grand écuyer et un commandement obscur en Espagne. Napoléon, secrètement contrit, se garda de faire un éclat et, après quelques tentatives conciliantes, se contenta de rentrer dans son cabinet. C'est auprès de Caulaincourt qu'il fallut multiplier les instances pour le déterminer à reprendre son service... »

***

L'union des Russes et des Français devait subir des revirements. L'année 1811 se passa en vives discussions entre les deux empereurs, Alexandre Ier et Napoléon Ier, d'une part au sujet du royaume de Pologne, et d'autre part au sujet d'un ukase des douanes prohibant les marchandises françaises.

On se prépara des deux côtés à la guerre, et la campagne de Russie commença en mars 1812.

Les premiers succès furent pour l'armée française, qui remporta plusieurs victoires sur l'armée russe et qui finit par arriver aux portes de Moscou.

Le comte de Ségur nous a laissé un brillant tableau de l'impression de joie que ressentit l'armée française à la vue de Moscou :

> Napoléon monte à cheval à quelques lieues de Moscou. Il marchait lentement, avec précaution, faisant sonder les bois et les ravins, et gagner le sommet de toutes les hauteurs pour découvrir l'armée ennemie. On s'attendait à une bataille ; le terrain s'y prêtait, des ouvrages étaient ébauchés, mais tout avait été abandonné, et l'on n'éprouvait pas la plus légère résistance.
>
> Enfin, une dernière hauteur reste à dépasser ; elle touche à Moscou, qu'elle domine : c'est le *mont du Salut*.
>
> Nos éclaireurs l'eurent bientôt couronné. Il était deux heures ; le soleil faisait étinceler de mille couleurs cette grande cité. A ce spectacle, frappés d'étonnement, ils s'arrêtent, ils crient : « Moscou ! Moscou ! » Chacun alors presse sa marche ; on accourt en désordre, et l'armée entière, battant des mains, répète avec transport : « Moscou ! Moscou ! » comme les marins crient : « Terre ! terre ! » à la fin d'une longue navigation.
>
> A la vue de cette ville dorée, de ce nœud brillant de l'Asie et de l'Europe, de ce majestueux rendez-vous où s'unissent le luxe, les usages et les arts des deux plus belles parties du monde, nous nous arrêtâmes saisis d'une orgueilleuse contemplation. Quel jour de gloire était arrivé ! Comme il allait devenir le plus grand, le plus éclatant souvenir de notre vie entière ! Nous sentions qu'à ce moment toutes nos actions devaient fixer les yeux de l'univers surpris, et que chacun de nos moindres mouvements serait historique.

Hélas ! la joie devait faire place à la tristesse, quand l'armée française entra dans Moscou désert, le 14 septembre. Le lendemain, les Russes mirent le feu à la ville, et Napoléon dut quitter précipitamment le Kremlin, où il était établi.

Pendant que Napoléon installait son état-major au *couvent d'hommes du Miracle* ou *Tchoudo-Sabov*[1], dans les faubourgs et les villages environnants, la muse populaire improvisait ces strophes :

Avec notre mère Moscou — ne badine pas, ouvre l'œil ! — Tu es venu chez nous avec ta tête, — tu auras de la peine à en retirer les talons. — La poigne russe n'est pas tendre ; — si elle t'attrape à la nuque, — tu en auras de l'éblouissement, eusses-tu sept empans dans le front. — Elle ne te laissera ni peau ni souffle. — Elle secouera tes os comme dans un sac. — Tu verras trente-six chandelles, — les étincelles te jailliront des yeux, quand le Russe, avec sa trique, — te renfoncera ton tricorne sur le front !

---

1. Dans ses jours de remords, Ivan le Terrible venait prier dans ses ruines sombres et silencieuses.

Napoléon était à peine installé au Kremlin que le feu fut mis à la ville, qui devint un enfer épouvantable.

Alors, dit le général de Ségur[1], s'offrit le spectacle le plus lamentable que l'imagination puisse se figurer.

Une grande partie de la population de Moscou, par la crainte que causait notre arrivée, était demeurée cachée dans l'intérieur des maisons; elle en sortit du moment que l'incendie eut pénétré dans ses asiles. On voyait tous ces infortunés, tremblants, sans proférer la moindre imprécation, tant la stupeur rendait leur douleur muette, sortir de leurs retraites, emportant avec eux leurs effets les plus précieux. Les vieillards, encore plus accablés par la douleur que par les années, rarement pouvaient suivre leur famille, et beaucoup, pleurant sur la ruine de leur patrie, se laissaient mourir auprès de la maison qui les avait vus naître. Les rues, les places publiques et surtout les églises étaient remplies de malheureux qui, couchés sur le reste de leur mobilier, gémissaient sans donner le moindre signe de désespoir; on n'entendait aucun cri, aucune querelle. Le vainqueur et le vaincu étaient également abrutis, l'un par l'excès de misère, l'autre par l'excès de fortune.

L'embrasement, poursuivant ses ravages, eut bientôt atteint les plus beaux quartiers de la ville. En un instant, tous les palais que nous avions admirés, pour l'élégance de leur architecture et le goût de leur ameublement, furent ensevelis sous des torrents de flammes. Leurs superbes frontons, décorés de bas-reliefs et de statues, venant à manquer de support, tombaient avec fracas sur les débris de leurs colonnes. Les églises, quoique couvertes en tôle et en plomb, tombaient aussi, et avec elles ces dômes superbes que nous avions vus, la veille, tout resplendissants d'or et d'argent.

Les hôpitaux, où se trouvaient plus de douze mille blessés, ne tardèrent pas à être incendiés; la scène qui s'offrit alors révoltait l'âme et la glaçait d'effroi. Presque tous ces malheureux périrent, et l'on voyait le peu de vivants qui respiraient encore se traîner à moitié brûlés sous des cendres fumantes; d'autres gémissaient sous des monceaux de cadavres, les soulevaient avec peine pour chercher à revoir la lumière. Bientôt le feu eut gagné la totalité des quartiers de Moscou, et la ville entière ne forma plus qu'un immense bûcher.

C'était le gouverneur de la ville lui-même, Rostopchine, qui avait allumé cet épouvantable incendie, qui dura cinq jours. Les habitants se sauvèrent dans les environs, où la plupart périrent de misère. La Grande Armée n'avait plus pour quartier d'hiver qu'un amas de décombres.

Napoléon perdit plus d'un mois à négocier avec le tzar, qui repoussa ses propositions de paix. Pendant ce temps, Kutusof, établi à Kalouga[2], menaçait nos communications. Il fut battu par Murat à Winkowa[3].

1. *Histoire de la campagne de Russie.*
2. Sur l'Oka.
3. Sur la rive gauche de la Néva.

Puis, l'hiver, l'adversaire le plus redoutable, arrivait à son tour.

« Votre guerre est finie, avait dit le vieux Kutusof aux Français, et la nôtre commence. »

Il n'y avait pas de temps à perdre, et c'était déjà bien tard.

Napoléon ordonna la retraite le 19 octobre 1812. Elle ne devait être terminée que le 9 mars 1813.

On peut juger de l'acharnement apporté des deux parts à la lutte et des difficultés inouïes que présentaient les opérations dans cette campagne de retraite, par ce passage d'une lettre de Napo-

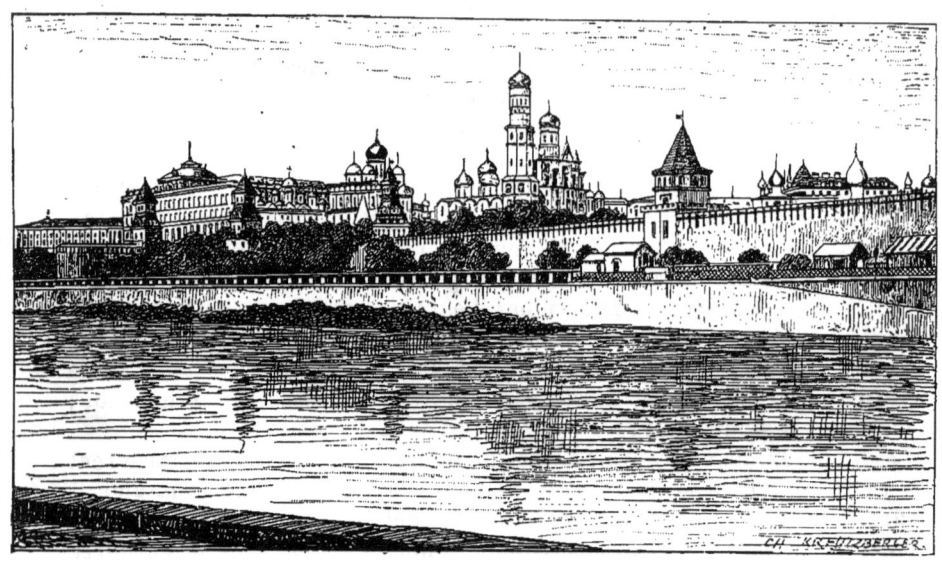

Moscou. — Le Kremlin

léon à son frère Joseph, alors roi de Naples, qui se plaignait des souffrances de son armée en Italie.

« Mes officiers d'état-major ne se sont pas déshabillés depuis deux mois, et quelques-uns depuis quatre mois; j'ai moi-même été quinze jours sans ôter mes bottes. Nous sommes au milieu de la neige et de la pluie, sans vin, sans eau-de-vie, sans pain, mangeant des pommes de terre et de la viande, faisant de longues marches et contremarches, sans aucune espèce de douceur, et nous battant ordinairement à la baïonnette et sous la mitraille, les blessés obligés de se retirer en traîneau, en plein air, pendant cinquante lieues.

« Nous faisons la guerre, ajoutait-il, dans toute son horreur. »

L'armée était diminuée et ne comptait plus que quatre-vingt mille hommes, douze mille chevaux, six cents canons et deux cents caissons. Et, pour comble de malheur, il y avait plus de cinquante mille combattants.

UNE ANECDOTE DE LA CAMPAGNE DE RUSSIE

En dehors des grands épisodes historiques, il y a une foule de détails individuels qui ont fait s'estimer mutuellement soldats russes et soldats français alors en guerre.

En voici un curieux, qui a trait à la campagne de Russie.

Pendant l'incendie de Moscou, un lieutenant de grenadiers à cheval de la garde impériale française, Bouvier-Destouches, accourut avec des hommes de son escadron au palais d'un prince russe et, après des efforts inouïs, parvint à arrêter le feu qui envahissait les appartements. Il sauva ainsi d'immenses richesses.

Le gentilhomme, heureux de l'acte de courage de l'officier français, lui offrit un plateau chargé de vaisselle d'or. Le lieutenant Bouvier-Destouches refuse et, sur l'insistance du Russe, il lui prit le plateau des mains et, en riant, il le lança d'une fenêtre du palais dans la Moskova. Ému d'un pareil acte, le prince russe tendit la main au soldat français et se sépara de lui en disant qu'il était vraiment malheureux pour les deux nations que deux peuples semblables ne fussent pas amis.

ALEXANDRE Ier EN FRANCE

La campagne de Saxe remit de nouveau en présence les Russes et les Français.

Chose curieuse, pendant la campagne de Saxe, ce fut Alexandre qui fut le plus acharné après Napoléon Ier. Ce fut lui qui fit manquer les négociations engagées à Francfort après la bataille de Dresde (26-27 août) et qui n'aboutirent pas plus que les négociations de Prague. Le tzar voulait venger l'entrée des Français à Moscou par l'entrée des Russes à Paris. Mais il faut ajouter que,

LA RETRAITE DE RUSSIE (tableau de Yvon).

s'il est alors le plus acharné, il se montra certainement le plus humain après la victoire et le moins dur envers la France vaincue.

A son entrée en France, il avait adressé les paroles suivantes à son armée :

« Oublions le mal que les Français nous ont fait ; portons chez eux, non la vengeance et la haine, mais l'amitié, une main tendue pour la paix. La gloire du Russe est de terrasser son ennemi en armes, de combler de bienfaits son ennemi désarmé, la population paisible. »

L'écrivain russe Tourguéneff, attaché en 1815 au quartier général de l'armée d'occupation, alors installé à Nancy, avait déjà constaté, à cette époque, les bons rapports qui s'établirent entre les Russes et les habitants lorrains.

« Les *soldats russes*, dit-il, se conduisirent envers les Français infiniment mieux que les soldats allemands. Que de fois n'ai-je pas entendu les citoyens de Nancy et des environs dire qu'ils regardaient comme leur enfant le *soldat russe* logé chez eux ! Leur confiance en lui était telle qu'ils lui mirent entre les mains les clefs de la maison, qu'ils lui confièrent le soin de veiller sur les petits enfants, et le soldat russe les aidait volontiers dans leurs travaux domestiques. Aussi, quand le bruit se répandit à Nancy que la ville devait être évacuée par les Russes et occupée par les Bavarois, les habitants dirent qu'ils aimeraient mieux avoir à loger dix Russes qu'un Bavarois. »

*
* *

Un historien de talent, M. de Vaulabelle, a ainsi raconté l'entrée du tzar et des troupes russes à Paris le 31 mars :

> Un nombreux détachement de trompettes ouvrait la marche. Un corps épais de cavalerie, dont les hommes marchaient quinze de front, suivait. Les souverains et leur état-major venaient ensuite. Tous les yeux cherchaient Alexandre ; l'instinct public devinait en lui le maître de la situation. Ce prince, revêtu d'un uniforme vert avec des épaulettes d'or et coiffé d'un chapeau surmonté d'une touffe de plumes de coq, marchait en avant du groupe des généraux, ayant à sa droite le généralissime Schwarzenberg, qui représentait l'empereur d'Autriche, et à sa gauche le roi de Prusse. La figure grave et triste de ce dernier contrastait avec le visage ouvert d'Alexandre, qui souriait à la foule et saluait en s'inclinant les femmes qui, du haut des

fenêtres, agitaient leurs mouchoirs à son passage. Derrière eux marchaient, rangs pressés, une foule de généraux, parmi lesquels on distinguait l'hethman Platoff, le général Muffin et plusieurs Anglais que signalaient leur habit écarlate et leur petit chapeau plat. Le cortège mit près de cinq heures à défiler ; toutes ces troupes se rendirent aux Champs-Élysées.

Le sentiment qui dominait la foule était la stupeur ; cette foule était énorme ; elle inspirait les craintes les plus sérieuses aux généraux alliés. « Notre inquiétude fut grande tant que dura le défilé, ont dit des officiers russes ; nous redoutions à chaque pas de voir s'ébranler l'effroyable masse d'hommes qui se pressait de chaque côté des boulevards ; il leur suffisait

Moscou. — La grosse cloche.

de se rapprocher pour nous étouffer ; nos soldats n'auraient pu faire usage de leurs armes. Ce fut seulement en arrivant aux Champs-Élysées que nous commençâmes à respirer ; encore n'étions-nous pas fort tranquilles. » En effet on voyait, à l'attitude de la majorité des spectateurs, que la population prise dans sa généralité ressentait profondément l'abaissement national. Sur plusieurs points, à la vérité, un petit nombre de voix faisaient entendre avec force des cris de colère contre le despotisme impérial et des injures contre l'empereur ; mais ces insultes et ces cris témoignaient plus de haine contre le régime despotique de l'empire que de sympathie pour les alliés. Seuls les royalistes manifestaient une joie dont les éclats insultaient non seulement au deuil, mais à la pudeur publique, car les cadavres des quatre à cinq mille Français tués la veille, et sur lesquels les alliés avaient dû passer pendant la nuit et le matin pour entrer dans Paris, étaient encore gisants sans sépulture au pied des collines de Belleville et de Chaumont ou dans les champs de Pantin.

Alexandre avait promis que les troupes alliées se conduiraient de leur mieux avec les Parisiens ; aussi observèrent-elles une exacte discipline. Le tzar ne venait pas en ami des Bourbons ; l'ennemi le plus acharné de Napoléon fut le moins âpre contre les Français ; il entendait leur laisser le choix de leur gouvernement, n'avait favorisé aucune des intrigues des émigrés, et avait dit dédaigneusement à Jomini : « Que me sont les Bourbons ? » — « Il y a longtemps que nous attendions Votre Majesté, disait un émigré. — Je serais venu plus tôt si je n'avais été retenu par la bravoure de vos soldats, » répondit Alexandre. Il envoya un détachement protéger contre les tentatives de l'émigré Maubreuil la colonne de la Grande Armée. Au Sénat, il répéta qu'il ne faisait pas la guerre à la France et qu'il protégerait la liberté de délibérations tendant à l'établissement d'institutions libérales et durables conformes au progrès du siècle. Il céda lorsque Talleyrand lui assura que la république était une impossibilité, la régence Bernadotte une intrigue, les Bourbons seuls un principe.

En 1814, Alexandre Ier passa une semaine entière à Langres, où il séjourna à l'évêché actuel. Un écrivain de Langres a retrouvé ce curieux document sur l'histoire des dits et faits du tzar Alexandre Ier pendant ce séjour à Langres. Voici la partie la plus intéressante de ce récit :

Le 22 janvier, vers les dix heures du matin, le bruit se répandit que l'empereur Alexandre allait arriver à Langres, où son logement était préparé dès la veille chez M. le baron de Chalancey, en face de la rue des Carmes. Ce monarque fit effectivement son entrée à midi.

En entrant dans son appartement, Alexandre aperçut, parmi les tableaux dont il était décoré, un portrait de l'infortuné Louis XVI. Il s'en approcha, le considéra attentivement, et se retournant vers les assistants : « Ah ! s'écria-t-il d'un ton très ému, je porte cette image gravée dans mon cœur. »

Le grand chambellan de Russie, comte de Tolstoï, accompagnait l'empereur et occupait dans la même maison une galerie au rez-de-chaussée. Il s'entretenait avec M. de Chalancey, tandis qu'un menuisier de la ville, nommé Vincent Raby, lui montait un lit dans cette même galerie. La conversation roulait sur les Bourbons. M. de Chalancey venait de plaider avec chaleur la cause de la légitimité, lorsque le grand chambellan lui répliqua : « Je conçois fort bien, Monsieur, que ce soit là votre opinion, celle de la majeure partie des émigrés et même d'un grand nombre de familles qui ont été plus ou moins froissées par la Révolution ou par le régime impérial ; mais la masse du peuple ne connaît plus les Bourbons. » Alors Vincent, qui avait prêté l'oreille à la conversation, s'approcha du grand chambellan et lui dit : « Monseigneur, je ne suis qu'un simple ouvrier, obligé de gagner ma vie par mon travail ; mais je donnerais de bon cœur un doigt de ma main pour revoir un Bourbon sur le trône de France. » M. le comte de Tolstoï, se retournant vers M. le baron de Chalancey : « Voilà, dit-il, ce que je n'aurais jamais cru, et je vais de ce pas en faire part à l'empereur. »

TROISIÈME PARTIE

RUSSES ET FRANÇAIS PENDANT LA RESTAURATION ET SOUS LE SECOND EMPIRE

Au mois d'octobre 1818, lorsque les Russes quittèrent le sol français, les habitants de Givet, reconnaissants envers le baron de Lœwenstein de la bienveillance qu'il leur avait témoignée pendant l'occupation, lui offraient une épée d'honneur.

La requête qui suit, adressée à Louis XVIII par M. Gérard, maire de Givet, pour obtenir l'autorisation de faire ce cadeau, est très curieuse. *M. Gérard prédit que le peuple russe est destiné à devenir notre ami.* Voici le texte de cette requête, conservée aux archives départementales des Ardennes :

AU ROI

Sire,

Le maire des villes de Givet et de Charlemont, chevalier de l'ordre royal et militaire de Saint-Louis, prend la respectueuse liberté d'exposer à Votre Majesté que M. le baron de Lœwenstein, colonel-commandant d'armes desdites villes pour Sa Majesté l'empereur de toutes les Russies, pendant le temps de l'occupation, a rempli les fonctions de cette place en digne représentant de son magnanime souverain.

Investi du commandement dans des moments difficiles, ce commandant a fait cesser pour nous les malheurs de la guerre ; il a diminué autant qu'il était en son pouvoir le fardeau des charges militaires, et, par la fermeté de son caractère autant que par l'influence des qualités sociales dont est doué cet estimable officier, a concilié ses devoirs avec les égards que méritait une ville ruinée par un blocus de six mois.

Si M. le commandant de Givet a su faire estimer en sa personne un *peuple destiné à devenir notre ami*, il s'est aussi montré l'appréciateur de nos vertus. Sire, il a participé à l'allégresse de nos fêtes publiques avec des sentiments vraiment français.

Aussi le maire soussigné ne craint pas d'assurer à Votre Majesté, Sire, que le vœu général de ses administrés est de vous supplier d'accorder aux habitants des villes de Givet et de Charlemont l'autorisation, voulue par votre ordonnance du 10 juillet 1816, d'offrir une épée à M. le baron de Lœwenstein, en témoignage de leur estime et de leur reconnaissance.

Le Maire de Givet,
Gérard.

LE DUC DE RICHELIEU PARTISAN D'UNE ALLIANCE RUSSE

(Sous Charles X.)

On sait que les souverains actuels de la Russie sont des Holstein-Golberth, qui ne descendent que par les femmes de la dynastie des Romanof. Mais, en revanche, ce sont des Capétiens directs. Ceci explique en grande partie les liens étroits qui les attachaient à la Restauration. Aussi l'on sait qu'il existait à cette époque une alliance secrète sans laquelle Charles X, contrecarré par l'Angleterre, n'aurait jamais osé entreprendre la conquête de l'Algérie, ce dernier legs de l'ancien régime au nouveau.

En 1821, un des hommes d'État les plus considérables de la Restauration, le duc de Richelieu, exposait nettement combien l'alliance franco-russe serait préférable à la décevante politique de l'alliance anglaise, qui devait trouver, quelques années plus tard, de si nombreux partisans.

Voici des pages bien peu connues qui sont extraites d'un rapport personnel de M. de Richelieu. Elles ajoutent encore au témoignage des historiens sur les services rendus à la France par l'empereur Alexandre Iᵉʳ en 1815.

On sait que le duc de Richelieu fut, de 1815 à 1818, ministre des affaires étrangères et président du conseil. Rappelé au ministère en février 1820, il y demeure jusqu'en décembre 1821. Ses ennemis, qui le renversèrent alors, s'accordaient à lui reprocher ce qu'ils appelaient « son dévouement à l'empereur de Russie ». M. de Richelieu, tout en se faisant honneur de ce reproche, s'en expliquait comme il suit :

> Il faut que je dise quelques mots de ce reproche banal qui se trouve toujours dans la bouche de ceux qui se déclarent mes ennemis. C'est celui d'un dévouement si absolu à l'empereur de Russie, que je suis toujours prêt à lui sacrifier la France et ses plus chers intérêts. Je ne nie point que je suis attaché à ce pays, où j'ai passé vingt-cinq ans de ma vie, où j'ai trouvé un asile dans les temps malheureux et une existence honorable ; à un souve-

rain qui m'a constamment comblé de ses bontés et honoré de sa bienveillance particulière. Mais dans quelle circonstance aurais-je pu lui sacrifier les intérêts de la France, si même j'avais été capable de cette lâcheté? Avons-nous été en mesure de lui rendre des services, et a-t-il eu besoin d'en réclamer de notre part depuis l'époque des Cent jours et depuis celle où j'ai été appelé à la tête des affaires?

N'est-ce pas à lui plutôt que nous avons été obligés d'avoir recours pour échapper aux exigences rigoureuses et aux prétentions sans bornes des autres puissances? Je possède une carte, titre d'honneur et de gloire, dont je ne me séparerai jamais. Elle me fut donnée par l'empereur Alexandre après la signature du traité du 20 novembre; il me l'avait fait voir plusieurs fois pendant les négociations, et quand nous nous séparâmes, il m'en fit présent avec les paroles les plus touchantes. Sur cette carte est tracée la ligne des provinces qu'on voulait arracher à la France : ce que l'appui seul de l'empereur Alexandre parvint à empêcher. Cette ligne comprenait une partie de la Franche-Comté, toute l'Alsace, une grande partie de la Lorraine et les Trois-Évêchés, Nancy, Servan, Mézières, Givet, tout le Hainaut, et la Flandre française jusqu'à la mer. On sait à quoi furent réduits les sacrifices qui nous furent imposés.

Lorsqu'il fut question de diminuer l'armée d'occupation de trente mille hommes, c'est à l'empereur que nous avons dû cet allégement; c'est encore lui qui prévint et écarta toutes les difficultés lorsqu'il s'agit de l'évacuation de notre territoire, avant même l'expiration des trois premières années. Toutes les facilités que nous obtînmes pour l'acquittement de la contribution de guerre et la liquidation des créances étrangères, nous les devons à son influence. Qu'avons-nous fait et pu faire pour lui en compensation de si grands services? Je le dis hautement, en défiant hardiment de me contredire. Rien, absolument rien! L'empereur lui-même, fidèle jusqu'au scrupule à la quintuple alliance et craignant par-dessus tout d'être accusé de préférence pour l'une des puissances qui en font partie, aurait refusé toutes les avances que nous aurions pu lui faire depuis que nous sommes rendus à nous-mêmes. Cependant je dois dire ici toute ma pensée : si la quintuple alliance venait à être dissoute, s'il fallait avoir recours à des alliances séparées et choisir entre l'Angleterre et la Russie, j'ajoute que je n'hésiterais pas un moment et que je conseillerais de se lier avec la Russie de préférence. Séparées l'une de l'autre par d'immenses espaces, que la frénésie seule d'un conquérant enivré de sa fortune pourrait essayer de franchir, la France et la Russie ne peuvent jamais avoir de motifs de se nuire; leurs intérêts ne sont jamais en opposition, aucune rivalité ne peut exister entre elles. La prospérité de l'une ne peut faire du tort à l'autre, et la réunion de leurs forces suffit pour maintenir la paix du monde.

. . . .

Jamais union de la France avec l'Angleterre ne saurait être durable ni porter aucun fruit; celle avec la Russie, au contraire, peut être également utile aux deux nations, et ce n'est qu'à cette condition que les alliances peuvent êtres solides. Au reste, cette question n'existe pas pour le moment, et c'est à maintenir la quintuple alliance, seul moyen de préserver le monde de l'invasion des principes révolutionnaires, qu'il faut s'attacher aujourd'hui. Toute autre pensée serait chimérique ou ne pourrait avoir que des suites funestes. Cette digression m'a un peu écarté de mon sujet ; j'ai été bien aise de répondre une bonne fois à ces allégations si absurdes, au reste, que c'est presque un bonheur de n'avoir à repousser que des reproches de cette nature.

UNE VISION DE CHATEAUBRIAND

En 1828, Chateaubriand, alors ambassadeur de France à Rome, écrivait cette prophétique vision :

« Il y a *sympathie* entre la Russie et la France; la dernière a presque civilisé la première dans les classes élevées de la société; elle lui a donné sa langue et ses mœurs. Placées aux deux extrémités de l'Europe, la France et la Russie ne se touchent point par leurs frontières; elles n'ont point de champ de bataille où elles puissent se rencontrer; elles n'ont aucune rivalité de commerce, *et les ennemis naturels de la Russie sont aussi les ennemis naturels de la France*. En temps de paix, que le cabinet des Tuileries reste l'allié du cabinet de Saint-Pétersbourg, et rien ne peut bouger en Europe. En temps de guerre, l'union des deux cabinets dictera des lois au monde. »

*
* *

Donnons maintenant quelques vers extraits d'une pièce de Jean Reboul, le poète populaire de Nîmes, envoyée le 12 novembre 1828 à la comtesse de Circourt, née de Klustine. Ces vers sont accompagnés de la traduction en français, faite par Reboul lui-même.

Voici ces vers :

    Oué, de Paris Sain-Pétersbourg es frèro :
    Es souven bou de sé veyré de près.
    Nou sèn broussa, certo, mé y a de guerro
    Qué valoun may que dé traita de pès.
    La *bouno entento* és aqui pu solido
    Qu'éntré d'ami que volé pas nomma,
    Qué, per un iar, vous saouvarièn la vido,
    Et que per dous vous farièn assaouma.

    Russo e Francés, quoiqué la pénchinado
    Aguè laissa lou lourié plén de san,

Davoun un jour estré boun camarado.
Nou sèn battu presqu'en nous embrassan.
Lou tén m'és lon, Madamo; quoiqu'indigne,
Per mé distrayre e per miel lou tuya,
En attendan que lou traita sé signe,
Permettè mé d'estré vost'alia.

Voici maintenant la traduction française :

Oui, Saint-Pétersbourg de Paris est le frère :
Il est souvent bon de se voir de près.
Nous nous sommes peignés, certes, mais il y a des guerres
Qui valent mieux que des traités de paix.
La *bonne entente* est là plus solide
Qu'avec des amis que je ne veux pas nommer,
Amis qui, pour un liard, vous sauveraient la vie,
Et qui pour deux vous feraient assommer.

Russes et Français, quoique la peignée
Ait laissé le laurier plein de sang,
Doivent un jour être bons camarades.
Nous nous sommes battus presque en nous embrassant.
Le temps m'est long, Madame; quoique indigne,
Pour me distraire et pour mieux le tuer,
En attendant que le traité se signe,
Permettez-moi d'être votre allié.

*
* *

En 1832, M. Thiers était pour l'alliance anglaise, mais il ne put s'empêcher de reconnaître qu'à cette époque déjà l'alliance avec la Russie avait un grand nombre de partisans en France.

Voici à ce sujet un court extrait de son livre *la Monarchie de 1830*[1] :

« ... Nous avons eu l'Angleterre pour amie et médiatrice. A cela, certains politiques font une objection : la Russie, disent-ils, est plus naturellement notre alliée que l'Angleterre; les territoires étant plus éloignés, les intérêts ne sont pas contraires, et, par exemple, ajoute-t-on, la Russie nous aurait laissés prendre la Belgique, l'Angleterre jamais... »

En 1840, Balzac donnait l'opinion suivante sur l'alliance franco-russe.

---

1. Paris, Mesnié, 1831.

Nous la puisons dans la *Revue parisienne*[1], qu'il avait fondée à cette époque et dont il était le directeur :

« ... Chez elle, la Russie est presque invincible ; hors de chez elle, elle serait battue. Ni le centre ni le midi de l'Europe ne se laisseront subjuguer. Le péril pour le monde était dans une alliance entre la Russie et la France.

« L'alliance anglaise est un moyen ; *l'alliance russe est un but*.

« Il n'y a que l'alliance russe qui donne à la France une politique. M. de Lamartine a parlé en homme de génie, et il est évident qu'il est pour l'alliance russe, *la seule qui puisse faire avoir à la France et la Belgique et le Rhin*. »

RUSSES ET FRANÇAIS A NAVARIN

C'est un souvenir bon à rappeler que celui de cette bataille, où Français et Russes combattirent côte à côte pour la liberté d'un peuple. « Les traits d'héroïsme, dans cette journée, ne se comptent pas, a raconté M. Alfred Rambaud. Le général Bydauvitch rend hommage à la bravoure des nôtres, amiral, officiers ou marins. Je ne relèverai dans son récit que ce qui concerne les siens. L'*Azof*, que conduisait Lezarof, fut si maltraité par l'artillerie ottomane, que plus tard il fallut le rayer des contrôles ; on le fit se survivre à lui-même dans une série de successeurs, tous appelés *Pamyat Azof* (*Souvenir d'Azof*)[2].

« Sur l'*Azof*, on avait vu le lieutenant Boukmef, le bras fracassé par un boulet, s'obstiner à rester à son poste et y subir l'amputation ; tout à coup, il s'arrache aux opérateurs pour aller contempler l'explosion du vaisseau amiral turc. Un autre, le capitaine-lieutenant Baranof, comme il appliquait le porte-voix à ses lèvres, se le voit arracher par un biscaïen, qui lui brise les dents et lui casse le poignet droit ; il demande un nouveau porte-voix, et de la main gauche l'approche de sa bouche ensanglantée. Le sous-officier Tankine, le bras cassé, refuse l'aide de ses compagnons pour descendre à l'ambulance, disant qu'il regrettait seulement la perte de son bras droit, parce qu'il ne pouvait plus faire le signe de la croix pour remercier Dieu de cette grande victoire sur les infidèles.

« Les vaisseaux russes avaient beaucoup souffert, car, pour venir prendre position, ils avaient à passer sous le feu, déjà commencé, des batteries que

1. *Revue parisienne*, numéro du 25 septembre 1840, p. 385.
2. Le troisième, lancé en 1888, a été notre hôte à Toulon.

les Turcs avaient sur le littoral. L'entrée en ligne des Russes s'était produite au moment le plus critique pour les Français et les Anglais. « Dieu soit loué, » s'écria Codington, quand il les vit paraître et éteindre le feu des batteries à terre. A leur tour, les Français rendirent aux Russes un grand service ; c'est un de nos vaisseaux, le *Breslau*, commandé par La Bretonnière, qui dégagea l'*Azof* serré de près par trois frégates turques.

« Le capitaine du *Gangout*, Amiof, voyant approcher de son bord une frégate turque transformée en brûlot, la prévint en l'abordant vigoureusement, et l'homme qui allait mettre le feu fut tué, la mèche à la main. L'*Alexandre-Nevski* capture une frégate. Sur une autre, on voyait Smikine, le capitaine, qui, blessé grièvement, s'était fait attacher à un mât, et qui continuait à commander agenouillé sur le pont et se tenant à un câble.

« L'empereur Nicolas combla de distinctions les trois amiraux ; il écrivit à de Rigny une belle lettre très flatteuse pour lui et pour la valeur qui de tout temps a certainement distingué la nation française. »

UN SOUVENIR DE NAVARIN

Le vaisseau amiral qui commandait à Navarin en septembre 1829 avait le nom d'*Azof*. Ce nom fut remplacé plus tard par celui de *Pamyat Azof* (*Souvenir d'Azof*).

Or, c'est sur ce vaisseau (souvenir de la gloire de Navarin) que le tzar a donné ses dernières instructions à l'amiral Avellan, devant Copenhague, au moment où Sa Majesté l'envoyait rejoindre l'escadre qu'il devait conduire à Toulon.

Il y a quelques années, un illustre soldat, qui est en même temps un éminent écrivain, le général Bogdanovitch, a décrit en des pages émouvantes tout le drame de cette bataille navale, à laquelle il a pris part lui-même sur le pont de l'*Azof*, et voici en quels termes chaleureux il dédie son livre à la marine et à l'armée françaises :

Puisse la généreuse nation française, et particulièrement sa brillante marine et sa belle armée, accepter l'hommage de la *Bataille de Navarin*, où le sang russe a coulé mêlé au sang français, comme l'expression des sentiments qui animent et animeront toujours l'armée russe.

Ce livre est offert à l'armée française par un frère d'armes et un ami dévoué.

Général Eugène BOGDANOVITCH.

Paris, janvier 1887.

JUGEMENT D'UN GÉNÉRAL RUSSE SUR LES FRANÇAIS DE LA RESTAURATION

Le général russe comte Rostopchine, qui fit beaucoup pour favoriser le rapprochement des Français et des Russes, a laissé dans les lettres qu'il écrivait à sa femme des *Anciennes Notes sur la société française vers 1825*.

Nous ne pouvons résister à la tentation d'en citer des extraits, car il se montre là à la fois une curieuse observation et un *véritable sentiment de sympathie pour la France et les Français*.

L'illustre voyageur, dit de Ségur, rendit, dès le premier jour, pleine justice aux qualités aimables du caractère français, et nul peut-être n'y fut plus sensible que lui. Il y était préparé par l'antipathie que lui inspirait la société allemande, dont il écrivait plaisamment à l'une de ses filles : *Je puis m'abandonner à mon aise au silence au milieu de la société allemande, taciturne et philosophe. Car chez eux, ne penser à rien, c'est réfléchir. Je ne sais ce qu'ils y gagnent, mais les autres n'y perdent rien, et je suis bien aise d'être du nombre des autres.* Il ne nous déplaît pas de recueillir ce trait d'une observation exacte, fine et railleuse. Poursuivons.

Dès son premier pas en France, la scène change, et, avant le second jour, il est déjà sous le charme. « J'ai mis quatre jours, écrit-il à sa femme, pour venir à Paris de Strasbourg, couchant toutes les nuits. Il a plu sans cesse, et je faisais monter alternativement Jean et Robert dans la voiture. Les chemins sont superbes, quoique sous l'eau. La bonne poste! Sans que les chevaux fussent commandés d'avance, on dételait et on attelait en dix minutes; mais ce qui te surprendra, c'est qu'on ne mettait que trois chevaux, tandis qu'en Allemagne on bataillait pour n'en avoir que six. J'ai fait de bon cœur ma paix avec les Français; ils sont tout autres chez eux que hors du pays! Cette politesse banale est dans leur esprit, et cet esprit est instinctif, car des paysans, des mendiants, des postillons, vous disent de très jolies choses, et naturellement. Hier, par exemple, par un temps affreux, onze heures du soir, une femme vint éclairer avec une lanterne : elle proposa des poires excellentes, des bouts de chandelle parfaits, et, voyant que rien ne prenait, elle se mit à aider Jean et Robert qui graissaient les roues.

« Elle raconta son histoire, celle de ses enfants, et quand on rapporta le suif, elle dit : « Voilà quelque chose qui n'est ni musc ni ambroisie. » Comment ne pas lui donner une pièce de vingt sous? A chaque maîtresse de poste, j'ai cru voir une *madame* qui avait achevé ou allait commencer une éducation dans le Nord...

« ... J'ai eu une scène fort drôle à Châlons. En attendant que l'on chauffât ma chambre, je me tenais dans la salle à manger, où soupaient deux officiers, lesquels passaient en revue leurs succès passés; ils parlaient de

Cosaques, de Borodino, de Moscou. Arrive un homme de la police pour les passeports ; il me demande mon nom, et voilà que mes deux officiers se parlent à l'oreille ; puis l'un d'eux se lève, s'approche de moi, et me dit qu'il a été à mon château que j'ai brûlé, que c'est fort ce que j'ai fait là, etc. Nous avons parlé de guerre, et nous nous séparâmes bons amis. Tous les Français vous diront que, l'année 1814, les traîtres ont ouvert les portes de Paris, et que, l'année passée, Bonaparte lui-même perdit la tête, les perdit et perdit la France : le verbe *perdre* joue un grand rôle là dedans. »

Telle est la physionomie de la province et de son peuple, esquissée en traits rapides, mais caractéristiques et d'un pittoresque achevé, par un observateur attentif et d'humeur quelque peu gouailleuse ; telle aussi dut la voir Mme Swetchine, dont la chaise de poste s'arrêta sans doute aux mêmes relais, courut les mêmes chemins que celle de Rostopchine. Celui-ci arrive enfin à Paris, où il décrit à sa femme l'aspect de la capitale de la France à cette époque de notre histoire :

« Paris a produit sur moi deux impressions bien différentes : j'ai reconnu en cette ville la maîtresse de l'Europe, car on a beau dire, tant que la bonne compagnie parlera français, que les femmes aimeront les modes, que la bonne chère fera les délices de la vie et que l'on aimera les spectacles, Paris influera toujours sur les autres pays. Mais le souvenir des horreurs de la Révolution est venu m'attrister ; tout y rappelle des forfaits, et, si le sang a cessé de teindre les pavés de cette ville, on n'a pas cessé d'avoir sous les yeux la place de la Révolution, l'Abbaye, les Tuileries... »

Dans cette peinture, voici, à son tour, le *Parisien* pris sur le vif. Rostopchine, pour l'habitant de la capitale comme pour celui de la province, a démêlé le trait saillant et l'a su rendre :

« La chose la plus commune ici, c'est l'esprit ; on le trouve dans tout individu ; tu sais comme j'aime à observer, et j'aurai un vaste champ d'observations. Ce qu'il y a de sûr, c'est que, depuis une semaine que je suis entré en France, je n'ai pas entendu l'apparence même d'une grossièreté. On me dira : « Tout cela, c'est par intérêt. » Sans doute ; mais dans quel pays du monde un aubergiste, un ouvrier, un maître de poste, ont-ils donné quelque chose gratis ?... Demain j'irai voir Notre-Dame et le Temple, où on a élevé un autel expiatoire dans la chambre habitée par la reine victime. Je n'ai pas demandé où est la place de la Révolution ; peut-être y ai-je déjà passé sans m'en douter, » etc.

Tel est bien le Parisien : spirituel et poli, même et surtout quand il présente la note à payer. Mais, comme l'observe justement Rostopchine, non sans une pointe d'ironie, en quel pays du monde n'y a-t-il point de note à payer ? — Voici encore un détail caractéristique, qui achève cette *pourtraicture* de l'habitant de Paris. Rostopchine narre à sa femme l'envahissement des curieux de toutes les classes dont il ne peut se garer, dès son arrivée : « On a mis dans les journaux que le comte *Rostopsin*, général russe dont on a tant parlé en 1812, est arrivé ou doit arriver sous peu à Paris. Plus de vingt personnes, avec lesquelles j'ai parlé sans qu'elles me connussent, m'ont témoigné le désir de voir le *prince Rostopsin*... J'ai vu Mme Swetchine, elle m'a nommé une dizaine de personnes qui l'ont suppliée de m'amener chez elle ; mais je me garderai bien de me mettre sur le pied d'une bête rare.

« Il m'arrive de dix à vingt lettres chaque matin, de la part d'historiens, de poètes, de chansonniers, d'artistes, de dames ; tout reste sans réponse, mais je suis obligé de faire des paquets pour renvoyer les pièces que l'on soumet à mon approbation, ou, pour parler plus juste, à ma bourse : on serait ruiné en quinze jours... Dès mon arrivée on a été envieux de me voir, et j'ai inspiré l'intérêt qu'aurait causé un monstre marin, un éléphant. On a été surpris de trouver un homme comme un autre, simple, bonhomme et assez original. On me traite avec distinction, et j'en suis reconnaissant... Aux émigrés, aux gens de lettres, aux avocats, aux journalistes, se sont joints les Anglais et les Espagnols, et on chante mes louanges partout.

« Je suis connu ici sous le nom tout court de *gouverneur*, et j'ai appris que, depuis que je suis ici, la recette des Variétés est plus forte qu'à l'ordinaire, parce que c'est le seul théâtre que je fréquente, et on y va pour voir le gouverneur dans la loge grillée des ambassadeurs... » — « Les gazettes, écrit-il à sa fille, me font l'honneur de s'occuper de moi, surtout en Angleterre et en Allemagne. Dans le *Courrier*, gazette anglaise, on a publié ma biographie, où on me fait descendre en ligne droite de Gengis-Khan, de quoi je vous félicite. On me traite avec une bonté et une distinction particulières, on me prête l'esprit des autres, et, en mettant de côté les grandes qualités que l'on m'accorde, on est frappé de la modestie, de la simplicité et du naturel que l'on trouve dans mon être, transporté des bords de la Néva sur ceux de la Seine. »

Cette peinture n'est-elle pas lestement enlevée, et, surtout, ressemblante ? Cet engouement pour le noble étranger, cette mode de l'aller voir, cette avalanche de curieux et de quémandeurs, et jusqu'à cette hausse des recettes aux Variétés, tout cela n'est-il pas saisi sur le vif, et vrai aujourd'hui comme hier, — tout cela n'est-il point Paris ?

RUSSES ET FRANÇAIS SOUS NAPOLÉON III

SOUVENIRS DE LA GUERRE DE CRIMÉE

Sous le règne de Napoléon III, une guerre devait avoir lieu avec la Russie. Cette dernière puissance voulant s'emparer de Constantinople, la France et l'Angleterre firent une alliance (1854).

Une armée franco-anglaise alla attaquer les Russes dans la Crimée ; elle assiégea Sébastopol, grand port militaire russe et grande place de guerre. Elle s'empara de cette ville après un long siège, où notre armée et celle des Russes se montrèrent héroïques.

Les Russes vaincus signaient le *Traité de Paris*[1].

* * *

Les Russes et les Français se sont battus, durant la guerre de Crimée, d'une manière chevaleresque et ont su s'apprécier mutuellement. Nous donnons ici quelques feuillets détachés des Mémoires inédits que le général de division de Lacretelle a laissés et qui, suivant les dernières volontés du vaillant soldat, ne devaient paraître que dans quelques années. Ces fragments des *Souvenirs* du général de Lacretelle se rattachent aux derniers coups de fusil échangés en Crimée entre les Russes et les Français, et montrent que c'est sur les champs de bataille de cette campagne que se sont manifestées les premières sympathies entre les deux peuples, qui aboutissent aujourd'hui à leur union.

I

... Le 1er mars[1], j'étais informé que des pourparlers avaient lieu en vue d'un armistice, et j'avais l'ordre de continuer le service d'avant-postes, en évitant tout acte d'hostilité.

Nous occupons les crêtes tous les jours, du matin au soir, afin qu'il soit bien établi qu'elles sont à nous.

Le 2 mars, on m'amène une patrouille de plusieurs Cosaques, qu'un sergent a faits prisonniers dans une reconnaissance.

Je fais au sergent une remontrance, en lui rappelant que l'ordre a été donné d'éviter tout acte d'hostilité.

« C'est vrai, mon colonel, mais ils ne se gardaient pas, et je les ai trouvés si bien en prise que je n'ai pu y résister. »

Je donne l'ordre de les traiter en amis, de leur faire faire un bon repas, et je les fais conduire aux postes avancés, où on les met en liberté.

Le lendemain, vers midi, les postes avancés me font prévenir qu'un parti de cavaliers russes assez considérable se montre sur les crêtes. Il ne peut être question d'un acte d'hostilité; l'ordre de les éviter a été renouvelé le matin même.

Je fais monter à cheval mon escadron de chasseurs d'Afrique, et vais à la rencontre des Russes. Nous les trouvons sur le plateau, et nous nous arrêtons en face d'eux, à la distance de cent mètres.

Un de leurs officiers s'avance vers moi :

1. 1856.
2. 1856.

« M. le commandant X..., qui est avec cette reconnaissance, vous prie de venir lui parler.

— Dites au commandant X... que le lieutenant-colonel commandant les avant-postes français est ici, et qu'il va mettre pied à terre pour l'attendre. »

Un intant après, le commandant, ayant aussi fait mettre pied à terre à sa troupe, s'avance seul, et je vais au-devant de lui. Je pensais bien qu'il était envoyé pour demander des explications sur l'enlèvement de leur patrouille, qui avait eu lieu l'avant-veille. Je ne me trompais pas. Je lui explique cette méprise, que nous avons été les premiers à regretter.

« Mais, commandant, ça nous a fourni une occasion de témoigner combien nous sommes heureux de n'être plus de vos ennemis et de commencer avec vous des relations amicales. Vos soldats sont en route en ce moment pour rejoindre leur régiment. Je suis certain qu'ils ne se plaindront pas de la manière dont ils ont été traités parmi nous. »

J'avais donné, en effet, avec l'ordre de les traiter en amis, celui de leur faire accepter quelques objets qui pourraient leur faire plaisir. Un sous-officier de chasseurs d'Afrique m'ayant demandé à les accompagner à leur départ, je l'avais autorisé à prendre avec lui quelques chasseurs et à les conduire jusqu'aux crêtes.

Le commandant, témoignant combien il était heureux de nos procédés envers leurs soldats :

« Il me semble, lui dis-je, que nous avons ici une belle occasion de montrer quels sont nos véritables sentiments. Nous avons subi une guerre dans laquelle Russes et Français se sont conduits avec honneur. Ils y ont trouvé de nouveaux motifs d'estime réciproque, et leur sympathie mutuelle s'en est accrue. Voulez-vous que nous permettions à nos soldats de se mêler ! Je suis certain que ce sera un vrai plaisir pour les nôtres de fraterniser avec leurs ennemis d'hier. »

Un instant après, les deux groupes étaient confondus, et c'était un spectacle curieux que celui que nous avions sous les yeux : les chasseurs d'Afrique, coiffés des bonnets des Cosaques, échangeaient avec eux les gourdes d'eau-de-vie et la blague à tabac, et tous ces braves gens, qui ne parlaient pas la même langue, bavardaient avec entrain et semblaient se comprendre parfaitement.

Nous prenions plaisir à cette entrevue, et je la prolongeai pendant plus d'une heure.

Enfin, il fallut penser au retour, et mes officiers, qui étaient déjà avec les officiers russes dans les termes d'une vieille amitié, ne les quittèrent qu'avec mille promesses de se revoir bientôt.

Je fis un rapport détaillé des incidents de cette journée, qui, certes, ne manquaient pas d'intérêt. Jusqu'au 17 mars, nous continuons de servir d'avant-postes ; nos patrouilles parcourent pacifiquement les montagnes sur le versant de la Tchernaïa, jusqu'aux crêtes inclusivement, et les patrouilles des Russes font leur service sur le versant de Bolbak.

Le 18, un parti de cavalerie russe descend par la route de Cordoue-Bell, et s'arrête à hauteur d'une de nos grand'gardes. L'officier qui le commande est chargé de me remettre une lettre du commandant des avant-postes russes.

Je vais au-devant de lui, et l'invite à descendre jusqu'à Orkousta; je serais heureux de le recevoir chez moi, lui et son escorte. Il ne se croyait pas autorisé à pousser jusque-là; mais, après quelques insistances de ma part, il céda, et nous descendons vers le village.

C'était un capitaine de hussards de la garde impériale, détaché, me dit-il, auprès du commandant des avant-postes, avec plusieurs autres, pour apprendre la guerre.

Il était escorté de deux cent cinquante cavaliers environ et d'un certain nombre d'officiers qui avaient demandé à l'accompagner. Je prends connaissance de la missive qu'il me remet : le colonel Oklobgia m'écrivait une lettre de simple courtoisie et de bon voisinage. Le capitaine m'informa aussi verbalement que le colonel Oklobgia venait d'être promu au grade de général.

Tandis que nous descendions vers Orkousta, j'avais envoyé en avant un jeune lieutenant très actif et intelligent pour préparer la réception de nos hôtes. Il y a deux cantinières à Orkousta; il va faire main basse sur tout ce qu'elles ont de vin chaud pour tous les officiers, et les compagnies de chasseurs à pied hébergeront l'escorte et lui feront un repas copieux de rata et de café.

La réception dura deux heures, au milieu de la plus grande joie et de la plus franche cordialité. C'était l'admirable explosion de sentiments longtemps contenus par un devoir rigoureux, et maintenant je ne pouvais m'empêcher de faire cette réflexion que rien de pareil ne se produisait dans nos relations avec les Anglais, nos alliés.

La plus grande politesse avait toujours existé, mais une politesse froide, et les officiers anglais, sauf de rares exceptions, n'avaient jamais eu d'intimité avec les nôtres...

II

... Le 23 avril, le général d'Autemare, pour reconnaître les avances des Russes et répondre aux nombreuses visites que j'avais reçues, me donna l'ordre de rendre visite moi-même au commandant de leurs avant-postes.

Il me recommanda d'entourer cette démarche d'un certain appareil, de prendre pour escorte l'escadron de chasseurs d'Afrique, et d'emmener avec moi tous les officiers montés de la division qui voudront m'accompagner. Je leur donne un rendez-vous à deux jours de là, et, le 30 avril, à huit heures du matin, je quitte Orkousta avec l'escadron de chasseurs et une trentaine d'officiers.

Nous passons par le col de Cordoue-Bell et descendons sur le Dolbeck par la route de Koklozi, et Yeni-Sala.

A Koklozi, un poste commandé par un officier est sous les armes. A Yeni-Sala se trouve un deuxième poste : tous deux nous rendent les honneurs à leur passage, et ensuite se joignent à notre escorte.

A ce dernier poste m'attendait, en outre, un jeune officier, qui s'avance vers moi et se présente sous le nom de Roumanoff.

« Mon colonel, je suis envoyé au-devant de vous par le général Oklobgia, avec ordre de vous servir de guide et d'interprète, et de vous accompagner partout où vous voudrez.

— Allons! »

C'était un jeune homme de manières distinguées, qui connaissait Paris et parlait parfaitement le français.

« Monsieur Roumanoff, je serai enchanté de marcher en votre compagnie. Je vais faire une visite au général Oklobgia, et je me place sous votre direction. »

En approchant de la rivière, je remarque que plusieurs détachements, dont les campements sont voisins, se tiennent sous les armes.

« Monsieur Roumanoff, c'est sans doute l'heure de l'appel qui se fait dans ces détachements?

— Non, mon colonel; ils ont reçu l'ordre de prendre les armes à votre approche, et de vous rendre les honneurs à votre passage. »

Nous traversons la rivière au pont de Capan, et trouvons, au delà, le régiment de Smolensk-réserve en bataille sur le bord du chemin.

Un officier supérieur s'avance, m'adresse quelques paroles en russe et me remet un papier.

« Monsieur Roumanoff, voulez-vous me traduire ce que vient de dire Monsieur, et m'expliquer ce qu'est le papier qu'il me présente?

— Mon colonel, Monsieur est le major du régiment de Smolensk; il vous remet la situation et le rapport de la journée et vous prie de passer la revue du régiment. »

Smolensk-réserve est un régiment d'élite, qui porte la grenade sur ses gibernes. Je passe lentement devant son front, et fais compliment au major sur l'attitude et l'air martial de ses soldats. Ce n'était que justice : avec leurs longues barbes et leurs figures bronzées, ces braves gens étaient bien la représentation des rudes défenseurs de Sébastopol.

Nous montions les pentes qui conduisent à Aügül; un groupe de cavaliers se montrent en avant de nous :

« Mon colonel, voici le général Oklobgia qui vient au-devant de nous. »

Je m'arrête, et fais mettre pied à terre à tous les miens; le général russe en fait autant; et nous nous avançons l'un vers l'autre.

« Mon général, je suis heureux d'être des premiers à vous apporter des paroles de paix; je me fais l'interprète de l'armée française, en vous assurant de notre profonde sympathie et de la joie avec laquelle nous vous tendons les mains.

— Mon cher colonel, les sentiments que vous m'exprimez au nom de l'armée française sont aussi ceux de l'armée russe; et croyez bien que nous nous réjouissons, comme vous, de la signature de la paix. »

Nous laissons le temps aux officiers de se serrer la main et d'échanger les premières paroles de politesse, et nous remontons à cheval :

« Mme Oklobgia, dit le général, est venue me rejoindre dès les premiers jours de l'armistice; je vais avoir l'honneur de vous présenter à elle. »

Nous arrivons à Aügül et mettons pied à terre devant la maison occupée par le général.

Mme Oklobgia est une jeune femme de vingt-deux ans, appartenant à la famille Orbéliani, qui régnait en Géorgie avant l'annexion de cette province à l'empire russe. Elle porte le costume national de son pays, costume si élégant et si riche, qu'elle rehausse encore par sa grâce et par l'éclat de sa beauté.

« Colonel, me dit-elle, promettez-moi d'apprendre le russe, pour que nous puissions, une autre fois, causer sans interprète. »

Je le promis. Mais le russe n'est pas une langue répandue en Occident et qu'un Français ait l'occasion d'apprendre. Je n'en ai jamais su le premier mot, et, d'ailleurs, je n'ai pas eu la fortune de revoir de nouveau la princesse.

Sur une plate-forme, qui s'étend en avant d'Aügül, de grandes tables ont été dressées avec des tréteaux et des planches, et sur ces planches, et sur ces tables, des rafraîchissements attendaient mon escorte; d'autres tables sont préparées, non seulement pour les officiers français, mais pour les officiers russes, qui sont venus en très grand nombre, même de campements éloignés.

S'attendant à une visite, ils avaient demandé au général Oklobgia de les faire prévenir, et étaient accourus pour voir les Français et passer quelques heures avec eux.

Le lunch était largement servi. J'étais assis à côté de la princesse, et Roumanoff, un peu en arrière, remplissait son office d'interprète. Quoique cette manière de converser ne fût pas très commode, la princesse se montrait femme de beaucoup d'esprit et d'amabilité.

« Colonel, vous avez fait passer à mon mari de bien mauvaises nuits; mais je ne vous en veux pas, et ne pense plus qu'au plaisir d'être en paix avec vous. »

Mais la journée s'avançait. Je voulais regagner mes cantonnements avant la nuit. Je pris congé de la princesse, du général et de quelques personnages qui m'avaient été présentés. L'un d'entre eux, le comte Koulchou-Bey, descendant d'une famille princière de Tartarie, m'engagea à ne pas quitter le pays sans l'avoir visité :

« Je ne vous conseille pas, me dit-il, d'aller à Simféropol, quoique ce soit la capitale de la Crimée; c'est une ville moderne qui ne vous offrirait pas d'intérêt; mais allez à Batchi-Seraï, l'ancienne capitale des Slaves de la Tartarie; elle a conservé son cachet et son originalité. »

Je lui promis de suivre son conseil.

« Eh bien, je ne sais pas, et vous ne savez pas non plus, probablement, quand vous mettrez ce projet à exécution, mais j'ai des propriétés et une habitation sur la route que vous devez suivre. Promettez-moi de vous y arrêter. Je vais donner l'ordre à mon intendant de se tenir prêt à vous recevoir. »

Les adieux sont terminés : je vais me mettre en selle. A ce moment, le général Oklobgia s'avance et m'offre un magnifique sabre cosaque : le damasquinage de la poignée et des garnitures du fourreau est d'un travail merveilleux : la lame est d'une trempe incomparable.

C'était un souvenir précieux; mais que donner en échange d'une arme d'aussi grand prix? Un sabre est une arme de service en usage chez tous les officiers montés; il n'est vraiment pas digne d'être offert en échange de celui que j'ai reçu. Mais j'ai d'assez beaux pistolets; je les tire de leurs fontes, et les offre au général.

Enfin, je me mets en route.

Pendant cette visite, un maréchal des logis de chasseurs d'Afrique, M. Achet, qui avait un modeste talent de dessinateur, avait pris des vues et dessiné quelques groupes sur son album. A la demande du général Oklobgia, qui voulait lui faire faire un portrait de la princesse, je lui donnai la permission de rester aussi longtemps qu'on aurait besoin de lui.

Je doute qu'il ait pu faire une œuvre digne de son modèle. Après son retour, il fit pour moi deux croquis du général et de sa femme. Je les ai gardés, et ils me rappellent une époque et des incidents auxquels je me reporte toujours avec plaisir.

∗ ∗ ∗

L'absence de haine se manifesta merveilleusement pendant cette guerre de Crimée.

« Nos officiers furent traités dans les villes russes avec bienveillance et respect. Sur les vaisseaux de la rade, les officiers de la garnison faisaient avec eux la conversation et leur servaient de partenaires aux jeux.

« Les prisonniers russes n'eurent pas non plus à se plaindre de nous. On leur donnait une somme égale à celle de nos militaires de même grade, outre le secours que leur faisait parvenir leur gouvernement.

« Leurs soldats étaient nourris comme les nôtres; seulement ils trouvaient le pain trop blanc et regrettaient le pain noir du village et du régiment[1]. »

∗ ∗ ∗

Dans son *Journal*[2], Edm. de Goncourt rappelle cette « jolie anecdote », que le général Abbatucci racontait lui-même pendant la campagne de Crimée :

« Lors du siège de Sébastopol, dans les trêves entre les deux armées, des bals furent donnés, où les officiers français tentèrent de plaire à des femmes russes. Et pour plaire, en ce moment, où l'on avait une chemise lavée à la diable par un brosseur, c'était difficile. Le jeune officier n'imagina-t-il pas de repasser le col et les manches de cette chemise avec ses étriers, dont il fit adroitement des fers à repasser, — repassage qui lui valut les plus grands succès ? »

1. Alfred Rambaud, *Moscou et Sébastopol*.
2. *Journal des Goncourt*, VII, 1885-1888, p. 267.

Le 11 septembre 1855, trois jours après la prise de Malakoff, l'amiral Bruat écrivait à l'amiral Hamelin :

« Hier j'ai visité le plateau de Malakoff et fait le tour de Sébastopol. Les traces d'une résistance prolongée jusqu'à la dernière

Prise de Malakoff.

extrémité sont présentes partout. Les pertes subies par la garnison dépassent probablement nos calculs. La Russie n'a reculé devant aucun sacrifice pour défendre ce poste avancé d'une politique non moins avancée que prévoyante ; mais dans la lutte d'opiniâtreté qui s'était engagée entre elle et nous, l'avantage devait rester aux puissances maîtresses de la mer. Nous avions, pour réparer nos pertes et pour amener nos forces sur le théâtre de la guerre, le chemin le plus prompt et le plus facile. Aussi, malgré les jours d'épreuve qu'il nous a fallu traverser, n'ai-je jamais douté de l'issue du siège. »

* * *

A la suite de la signature du traité de paix qui termina la guerre de Crimée, de nombreuses manifestations sympathiques se firent remarquer entre les deux peuples russes et français.

Citons-en quelques-unes :

En 1875, lors du banquet international des sciences géographiques, le général Bogdanovitch porta un toast à la France qui fit grand bruit à Saint-Pétersbourg. Il y avait prononcé ces paroles : « Nous autres, Russes, nous n'avons jamais fait, nous ne ferons jamais la guerre pour des milliards[1]... »

* * *

Dans l'*Annuaire illustré de l'armée française*[2], le général de Bornis a raconté ce curieux souvenir de la guerre de Crimée :

Ceci se passait en 1855. Je venais d'être nommé lieutenant-colonel du 6ᵉ dragons. On m'avait envoyé à Narmouska, dans la vallée de Baïdar (Crimée), rejoindre mon régiment.

Le 15 août, nous fîmes une grande reconnaissance offensive sur les cimes dominant les sources de la Bilbec. Nous arrivons sur une crête que les Russes avaient abandonnée. En face de nous, un taillis épais d'où ils entretenaient un feu assez vif; plus près, une tranchée découverte venant jusqu'à nous. Plusieurs détachements russes avaient déjà traversé cette tranchée pour s'établir sur un mamelon que nous occupions et qui dominait notre droite.

M. de Narbonne-Lara, un commandant de zouaves, réunit une douzaine de ses meilleurs tireurs, leur fit mettre la hausse à six cents mètres, en leur recommandant de tirer tous ensemble aussitôt qu'un nouveau détachement franchirait le passage. Ils n'attendirent pas longtemps; les capotes des fantassins russes apparurent bientôt sur la crête, et d'un bond la tranchée fut noire de soldats; les zouaves firent feu, et quand la fumée fut dissipée, ceux des Russes qui n'étaient pas atteints regagnèrent à la hâte le fourré, où ils disparurent.

Seul, dans la tranchée, leur officier était resté debout, rappelant ses soldats et s'efforçant de les rallier.

---

1. C'était un jugement indirect, mais terrible, porté en quelques mots par un Russe sur cette Prusse besogneuse pour qui la guerre est toujours le commerce dont parlait Mirabeau, en 1784, et où les patriotes sont tous plus ou moins mâtinés de mercenaires.
2. Par Roger de Beauvoir, Plon éditeur.

Les fusils étaient baissés vers lui ; impossible, il attendait, point de mire immanquable ; mais les coups ne partirent pas.

Émerveillés de tant de bravoure et de sang-froid, tous nous applaudîmes en criant : « Bravo ! » à ce héros inconnu.

Le commandant de Narbonne-Lara, qui avait applaudi comme nous, fit cesser le feu.

Alors, toujours calme, l'officier russe se tourna vers nous, salua, et, tranquille, rentra dans le fourré.

Le combat, suspendu un instant, recommença.

UNE ESCADRE RUSSE A TOULON EN 1857

En 1857, après la guerre de Crimée, et pour sceller le rapprochement des deux nations russe et française, qui avaient vraiment appris à s'estimer en se faisant la guerre, une escadre russe, commandée par le grand-duc Constantin, vint dans cette même rade de Toulon où l'amiral Avellan a été si bien reçu. La réception resta, pour ainsi dire, toute maritime, et la population ne s'y associa guère que par une bienveillante et sympathique aménité.

Le grand-duc Constantin Nicolaevitch, frère de l'empereur Nicolas, arriva à Toulon le 20 avril, à trois heures du soir.

L'escadre russe qui l'escortait était composée de quatre navires, trois à vapeur, *le Viborg*, *l'Olaff*, *le Polkau*, et un à voiles, *le Castor*.

Le grand-duc montait *l'Olaff*, qui, le premier, suivi des trois autres, fit son entrée en rade, salué par les canons de la Grosse-Tour et ceux de la flotte française, placée sous le commandement de l'amiral Tréhouait.

Sept vaisseaux, *la Bretagne*, *l'Ulm*, *l'Arcole*, *l'Algésinos*, *le Tourville*, *l'Eylau*, *le Suffren*, et les trois frégates, *l'Isly*, *la Duchayla* et *l'Audacieuse*, formèrent cette flotte entièrement pavoisée, dont les équipages poussèrent le cri de : « Vive l'empereur ! » lorsque passèrent les vaisseaux russes.

Les amiraux français Tréhouait et Dubourdieu se rendirent à bord de *l'Olaff* et, à cinq heures du soir, le grand-duc, que la foule, massée à la porte de l'arsenal, attendait avec impatience, mit pied à terre.

Toutes les autorités étaient présentes pour le recevoir au

débarcadère. Rapidement, il passa en revue les troupes échelonnées sur la place, et se rendit immédiatement en voiture à la préfecture maritime, où eut lieu la présentation des différents corps.

Le séjour du prince à Toulon dura jusqu'au 27 avril. Il visita l'arsenal, le vaisseau *la Bretagne,* qui était considéré alors comme un véritable chef-d'œuvre de l'art nautique, et le chantier de construction de la Seyne, où la Russie venait de commander à la Société des forges et chantiers de la Méditerranée quatre grands steamers, dont un devait porter le nom de *Constantin.*

Le prince assista au lancement du *Quirinal,* paquebot des Messageries impériales, puis partit pour Paris, où des fêtes splendides furent données en son honneur.

Les journaux de l'époque constatent tous la dignité et le tact parfaits avec lesquels la population toulonnaise reçut le grand-duc Constantin.

La cessation des hostilités était alors trop récente pour que de bruyantes manifestations fussent de mise. Elles auraient pu blesser ce généreux vaincu, il faut bien dire le mot, qui était l'hôte de ses vainqueurs.

*
* *

Quelques jours après, le frère d'Alexandre II vint à Paris, aux accents de l'hymne national russe, que la musique des gardes lui fit entendre à sa descente de wagon et au milieu d'une affluence énorme de population, et il se rendit par les grands boulevards et par l'arc de triomphe du Carrousel au château des Tuileries, où il fut installé dans le pavillon Marsan. Il y resta quinze jours, visitant avec assiduité la grande ville et ses environs, assistant aux courses du bois de Boulogne et allant dans les principaux théâtres. On donna de grandes fêtes en son honneur.

C'est la *Russie* qui, *la première, après la guerre de Crimée, a tracé le programme d'une entente franco-russe.* Dès 1865, le journal russe *le Nord,* fondé par la chancellerie russe, adressait à la France des avances significatives et marquait ainsi le caractère de l'accord qui aurait pu changer la face de l'Europe :

« L'*entente franco-russe,* écrivait *officiellement* le diplomate russe, c'est la réunion d'intérêts assez distincts pour ne pas dégénérer en coalition préjudiciable à l'Europe, assez semblables pour ne pas se traduire en antagonisme stérile ; c'est, dans un moment où cette entente existait virtuellement, sinon effectivement, la guerre d'Italie localisée et terminée sans que l'intervention armée de l'Allemagne vînt ouvrir au conflit un champ illimité ; c'est, lors de l'annexion de Nice et de la Savoie, le danger d'une résurrection de la Sainte-Alliance contenu et conjuré ; ce serait la question d'Orient, cette tour de Babel de la politique, aménagée dans l'intérêt de l'Europe et non confisquée au profit de telle ou telle ambition ; c'est l'équilibre européen, non pas seulement l'équilibre continental dont on parle beaucoup, mais l'équilibre maritime, dont on ne parle pas assez et qui est encore à créer. »

ALEXANDRE II ET SON FILS A PARIS EN 1867

On sait avec quel enthousiasme les Parisiens accueillaient, en 1867, le tzar de Russie Alexandre II, lors de sa visite à l'Exposition universelle.

D'autres souverains nous visitèrent également à cette époque ; mais pour aucun d'eux la sympathie populaire ne s'épanouit comme au-devant de l'empereur de Russie.

C'est qu'aussi c'était un imposant spectacle que celui du tzar autocrate, d'allure souveraine, et cependant au bienveillant sourire, entouré de ses fils, superbes comme lui, le grand-duc Vladimir et le tzarevitch Alexandre, ataman en chef des Cosaques de la garde, général de la garde de l'empereur, colonel de ce fameux régiment de Preobrajinski, institué par Pierre le Grand et composé à l'origine de tous ses compagnons de jeunesse.

L'empereur et ses fils ne connaissaient point Paris. Mais ce n'était pas cependant la première fois qu'ils touchaient le sol de la France.

Deux années ne s'étaient pas écoulées depuis que la famille impériale de Russie s'était réunie, à Nice, autour du cercueil du tzarevitch Nicolas, le fils aîné du tzar, enlevé aux siens dans la fleur de la jeunesse et du bonheur, à la veille de pouvoir contracter une belle union, dans laquelle il n'avait écouté que le choix de son cœur. Le grand-duc Nicolas, beau comme son père, comme lui doué d'une rare élégance et d'une distinction accomplie, était le prince le plus séduisant que l'on puisse rêver.

Il offrait dans toute sa pureté le beau type des Romanoff. Il était passionnément aimé de l'impératrice Marie, sa mère, dont il était l'orgueil ; du tzar et de son frère cadet, le grand-duc Alexandre, qui, plus jeune de deux ans, voyait en lui le type accompli de tout ce qui plaît dans la jeunesse.

Les deux frères étaient intimement unis. Ils étaient allés ensemble à la cour de Copenhague, où les fiançailles du tzarevitch Nicolas et de la princesse Dagmar, la sœur cadette de la princesse de Galles, avaient été annoncées officiellement en novembre 1865.

Le tzarevitch Alexandre était marié quand il vint à Paris en 1867.

Très grand, la taille déjà un peu massive, les cheveux châtains, les traits forts, le visage pâle, la lèvre à peine ombragée d'une légère moustache d'un blond clair, tel était, à cette époque, le tzarevitch Alexandre.

*
* *

En 1867, la plupart des princes qui vinrent à Paris, entraînés dans un tourbillon de fêtes, goûtèrent à l'envi de tous les plaisirs de la capitale. Le tzarevitch, grave et timide, s'intéressait surtout aux questions militaires et administratives.

Le général Vaubert de Genlis, aide de camp de Napoléon III, avait été spécialement attaché à sa personne, et, en dehors des fêtes et des représentations officielles, il l'accompagnait dans ses visites à tous les établissements d'intérêt public, musées, manufactures, où il se faisait tout expliquer avec un minutieux intérêt !

Sa physionomie, fermée habituellement, s'animait, s'éclairait alors, et il était tout autre que dans les salons officiels, où son aspect sérieux et froid contrastait avec l'animation, l'entrain du grand-duc Vladimir, à peine âgé de vingt ans, mais très épanoui, très gai, dansant et s'amusant de tout, comme il est naturel de le faire à cet âge. Ce qui le frappa surtout, ce fut la vivacité d'expansion de nos troupes.

« Chacun de vos hommes a sa physionomie originale, disait-il à des officiers de Napoléon III. Chez nous, dans le rang, tous

Alexandre III.

les hommes sont pareils, et on ne voit pas cette ligne des yeux qui éclaire le front des troupes françaises. »

La belle et grande revue, où cinquante escadrons chargèrent pour s'arrêter tout d'un coup, avec une merveilleuse précision, à la ligne exacte où se trouvaient les souverains, l'avait transporté, et au retour il exprimait son admiration à l'empereur Napoléon III dans les termes les plus enthousiastes, lorsque retentit le coup de pistolet de Berezovski, tuant le cheval de l'écuyer de l'empereur, qui escortait du côté du tzar. Dans un élan spontané, irréfléchi, le tzarevitch se jeta sur son père, le couvrant de son corps, l'enveloppant de ses bras, pleurant et cherchant de ses mains éperdues si quelque blessure ne l'avait point atteint.

Alexandre II ne manifesta aucune émotion. Très maître de lui, il calma avec un grand sang-froid le grand-duc et excusa son fils, auprès de l'empereur, d'un élan filial qu'il paraissait condamner comme une faiblesse.

Le tzarevitch s'informa auprès de l'impératrice Eugénie, qui s'était attachée à le faire sortir un peu de sa froideur et de sa réserve, quelles seraient les nouveautés à la mode qu'il pourrait rapporter à la jeune grande-duchesse.

Et, admirant beaucoup le luxe et la grâce de certaines toilettes, il les fit copier pour elle.

Il emporta aussi de rares tapisseries anciennes, désireux, avait-il dit, de faire aménager pour sa femme, dans leur résidence d'été, un cabinet semblable à celui que l'impératrice Eugénie s'était fait faire à Compiègne, qu'il visita.

*
* *

N'oublions pas de rappeler la soirée de gala que l'empereur Napoléon III offrit, le 4 juin 1867, au tzar Alexandre II. Il y avait, ce soir-là, dans la loge d'honneur trois souverains, ceux qui étaient alors les plus puissants, et autour d'eux les héritiers des plus illustres couronnes d'Europe, les plus grands princes et les plus nobles princesses de l'univers. Sous un dais monumental qui rappelait les magnificences du sacre, et dont les panaches montaient à la hauteur des troisièmes loges, trois trônes avaient été dressés, sur lesquels prirent place l'empereur Napoléon III, l'impératrie Eugénie et le tzar Alexandre II, leur auguste hôte. Sur quinze sièges aux armes de France, situés à droite et à gauche, se tenaient, selon l'étiquette, les satellites de ces trois astres glorieux. Dans le fond, c'était un étincellement d'uniformes, de plaques, de bijoux et de merveilleuses toilettes. Détail très remarqué : dans la décoration, les fleurs ne jouaient aucun rôle. A ce moment l'impératrice, qui les avait tant aimées, n'en pouvait pas souffrir le parfum.

Des fauteuils d'orchestre, c'était un coup d'œil féerique.

Voici d'ailleurs, à titre de document, comment la loge impériale était disposée :

S. A. le prince Murat,
S. A. I. le duc de Leuchtemberg,
S. A. I. la princesse Eugénie,
S. A. I. le grand-duc Wladimir,
S. A. R. la princesse Louise de Hesse,
S. A. I. le grand-duc héritier,
S. A. R. la princesse royale de Prusse,
S. M. l'empereur Napoléon,
S. M. l'empereur Alexandre,
S. M. l'impératrice,
S. A. R. le prince royal de Prusse,
S. A. I. la grande-duchesse Marie,
S. A. R. le prince Louis de Hesse,
S. A. I. la princesse Mathilde,
S. A. le prince F. de Hesse,
S. A. la princesse L. Murat,
S. A. le prince de Saxe-Weimar,
S. A. I. le Taïcoun.

*
* *

En parlant d'Alexandre II, mentionnons cette réponse qu'il faisait à quelqu'un qui, devant lui, dénigrait la France, pendant l'Exposition de 1867 :

« Vous me dites que les Français ont leurs défauts; moi je veux surtout apprécier les qualités qu'ils possèdent et qu'on ne trouve au même degré nulle part; c'est un peuple de cœur; son Paris est toujours une ville fée, et c'est aussi une bonne ville. »

QUATRIÈME PARTIE

LA RUSSIE ET LA FRANCE APRÈS 1870

Le nom du général Fleury, notre ancien ambassadeur à Saint-Pétersbourg, est intimement lié aux origines de la dernière alliance franco-russe.

Quand M. Thiers s'en fut à Saint-Pétersbourg, après nos désastres, le 4 septembre 1870, il fut tout étonné — c'est lui-même qui le raconte — des extraordinaires manifestations de bienveillance qu'il rencontra à la cour impériale russe, alors qu'il n'espérait y trouver qu'un accueil tout au plus charitable et compatissant[1].

On y déplorait vivement nos malheurs, avec une sincérité qui le frappa, et dans les quarante-cinq milliards qui nous furent si spontanément offerts par le monde entier pour le payement de l'indemnité exigée par l'Allemagne, la Russie prouva cette réelle sincérité.

M. Thiers ne chercha pas longtemps pour savoir à qui on devait cette réconfortante réception. Le nom du général Fleury était dans toutes les bouches, et c'était à lui que la France devait cette inattendue et touchante sympathie.

[1]. Le marquis de Gabriac, notre ambassadeur à Saint-Pétersbourg après le départ du général Fleury, a écrit :

« Une bonne partie de la nation russe nous resta jusqu'au bout fidèle. Un comité de secours s'était établi à Saint-Pétersbourg pour venir en aide à nos blessés. Le concours de l'ambassade fut réclamé. Je m'empressai de le donner. En deux jours, on recueillit dans les deux capitales, Pétersbourg et Moscou, environ 50,000 roubles. Ce sont des chiffres qui ne sont pas sans valeur, car ils étaient fournis par de petites souscriptions. Je me souviendrai toujours de l'émotion que j'éprouvai et que j'éprouve encore au souvenir d'une pauvre femme qui vint nous apporter un bracelet, son seul trésor, et qu'elle voulait absolument vendre pour venir en aide à nos blessés. Je tiens à consigner ici ces souvenirs, qui sont tout à la fois un grand honneur pour la France et pour la Russie. Si la politique n'avait pu les rapprocher efficacement, la solidarité chrétienne les avait réunies. »

Ce sont là de ces témoignages qui consolent ; M. de Gabriac a raison d'aimer à s'en souvenir, car ils ne furent pas très nombreux.

En 1869, Napoléon III l'avait rappelé d'auprès du roi Victor-Emmanuel pour l'envoyer comme ambassadeur à Saint-Pétersbourg, où il devait remplacer M. de Talleyrand.

La tâche n'était pas des plus faciles.

Quelques mois après son arrivée, le général Fleury était devenu le favori envié du tzar Alexandre II ; il était de toutes les fêtes, de toutes les chasses ; il devint l'ami et l'indispensable conseiller de l'empereur.

Profitant habilement de l'ascendant extraordinaire qu'il avait pris, il modifia adroitement et insensiblement les sentiments hostiles que professait Alexandre II à l'égard de la France.

D'ailleurs il faut lire ce fragment de lettre de l'attaché militaire de Fleury, M. de Vendière, du 15 janvier 1870, à la veille de nos revers, missive confidentielle saisie aux Tuileries et conservée aux Archives nationales.

> Une seule chose fait des progrès chez nous, et c'est le principal, c'est-à-dire la faveur croissante du général près de l'empereur de toutes les Russies.
>
> Il l'a pris tout à fait en goût ; il l'emmène sans cesse dans ses chasses à l'ours et le fait voyager avec lui sur une seule fesse, dans son traîneau à une place. C'est le suprême de la faveur, et je pense que la politique s'en trouvera bien, si des entraves ne nous viennent pas de Paris. Déjà de grands résultats sont obtenus, c'est-à-dire le resserrement des liens d'amitié entre le tzar et la France, et l'assurance que la Russie pèsera de son influence très grande sur la Prusse pour empêcher cette dernière de donner prétexte à des difficultés nouvelles. Je suppose même que d'ici à peu de temps on verra les effets de ces démarches instantes et personnelles de l'empereur sur le roi de Prusse...

Aussi bien que son père, le tzar Alexandre III avait connu et apprécié Fleury.

Fleury quitta Saint-Pétersbourg à la proclamation de la République, n'y laissant que des regrets, après y avoir semé la bonne semence qui porte encore ses fruits actuellement.

*
* *

De 1875 à 1879, il ne se produit aucun fait qui puisse faire croire que les grands résultats réalisés treize ans plus tard seront jamais obtenus, ni même qu'on les poursuive. Alexandre II, bien qu'il ait étendu sa main sur la France pour la protéger, bien qu'il ait ressenti déjà quelques froissements d'amour-propre de la part de l'Allemagne, surtout pendant la guerre russo-turque et lors des arrangements territoriaux qui en furent la conséquence, n'en est pas encore à regretter d'être lié à elle. Il veut la paix en Europe ; il ne veut pas que la France soit attaquée, mais c'est parce qu'il tient à l'équilibre continental. D'autre part, en France le duc Decazes a fait place à M. Waddington, partisan lui, de l'alliance anglaise et opposé, ainsi qu'il le déclarera un jour, « à traiter entre la France et la Russie » ; et le maréchal de Mac-Mahon a été remplacé à la présidence de la République par M. Grévy, étonnamment indifférent aux questions extérieures.

Heureusement, en dehors de l'action gouvernementale, des actions individuelles s'exercent déjà pour rapprocher Français et Russes. En France, c'est Mme Adam qui entreprend de convertir Gambetta à l'idée de l'alliance russe; Paul Déroulède par ses audacieuses tentatives; le général Boulanger, en dépit de ses imprudences et de ses folies ; Melchior de Vogüé par ses belles études sur la littérature russe. En Russie, c'est Kalkon, le directeur de la *Gazette de Moscou,* qui, jugeant désavantageuse à son pays l'union avec l'Allemagne, devient le défenseur de l'alliance française; ce sont les généraux Gourko, Dragomirov, Ignatiev, Skobelev, Obrutschev.

ALEXANDRE III ET LA FRANCE

L'avènement au trône de Russie du tzar Alexandre III devait avoir une grande importance au point de vue de l'histoire, car il fut le monarque qui fit le plus pour la paix européenne. La France devait profiter de la sympathie qu'il allait lui témoigner.

Déjà en 1883, pendant les fêtes du couronnement du tzar à Moscou, les journalistes invités par le tzar recevaient les membres de la presse russe en une fête pleine de cordialité.

Avant de se séparer, des toasts nombreux furent échangés, et voici en quels termes M. le colonel russe Kaskow fit allusion à ces vieilles sympathies qui unissaient autrefois la France à la Russie :

« En France, alors qu'il s'agissait du sacre des rois, chacun d'eux, la main étendue sur l'Évangile, prenait Dieu à témoin de ses serments. Le livre en usage à Reims pour cette cérémonie n'était autre que l'Évangile écrit en russe et offert à Henri Ier par le grand prince de Moscovie, Iaroslaw, alors qu'accédant à son désir il lui donnait sa fille, la « moult souève royne Anne », mère de Philippe Ier. »

ALEXANDRE III, L'ALLEMAGNE ET LA FRANCE

Partisan résolu de l'alliance germano-russe, Alexandre II tournait ses regards vers l'Allemagne, et, bien qu'en 1875 il crût devoir s'interposer entre cette puissance et la France, il n'entendait pas renoncer à la politique qu'il avait toujours suivie.

Son fils, au contraire, regardait au delà de cette politique, calculait ce qu'elle avait valu à l'Allemagne et coûté à la Russie, gémissait de voir les emplois et les fonctions envahis dans son pays par les Allemands.

Ces sentiments, qu'entretenait la tzarine, il les avait parfois manifestés. Un jour, dans un banquet donné à l'occasion de la Saint-Georges, il avait brisé son verre pour ne pas s'associer à un toast à l'Allemagne qu'il considérait comme cruel pour la France. Un autre jour, après une revue, tandis que les officiers d'un corps d'armée, nominativement présentés, défilaient devant lui, impatient de n'entendre annoncer que des noms allemands, et un nom russe ayant été annoncé tout à coup, il s'était écrié : « Enfin, en voilà un ! »

De telles manifestations paraîtraient chez nous peu importantes. Mais dans un pays d'autocratie comme la Russie, où tout tremble et s'incline devant le maître, où nulle voix ne s'élève quand il a parlé, les paroles du fils d'Alexandre II avaient un grand retentissement. Celui qui devait être Alexandre III semblait donc déjà décidé à faire d'un rapprochement étroit avec la France la pensée maîtresse de son règne.

Tout le monde jouissait chez le grand-duc héritier d'une grande liberté de paroles. Une seule consigne limitait cette liberté : le tzarevitch défendait à ses hôtes d'employer la langue allemande. Pour un mot, un seul mot, le délinquant était mis à l'amende, et le produit de cette cagnotte était envoyé aux ambulances françaises. Un soir, le tzar Alexandre II entra subitement au palais d'Aniehkoff et dit devant le grand-duc et sa belle-fille : *Wilhem, noch eine Schlacht gewonnen,* ce qui voulait dire : « Oh ! Guillaume, encore une bataille de gagnée. »

« Cent roubles ! s'écria la princesse impétueusement.

— Comment cela ?

— C'est l'amende pour avoir parlé allemand chez nous. Nous envoyons cet argent aux blessés de France ; ils seront contents de nous. »

Alexandre II avait un faible pour sa belle-fille : il paya. Nicolas l'eût mise aux arrêts.

On raconte aussi que le tzarevitch, pendant la guerre de 1870, quitta la table un jour où le tzar Alexandre II, son père, proposait un toast au succès des armées prussiennes, déjà campées sous les murs de Paris[1].

En 1871, après nos désastres, raconte M. le comte de Guverville, une troupe française, sous la direction de Dupuis, jouait à la cour de Russie. Le tzarevitch proposa, au lieu d'offrir un cadeau à l'impresario, selon la coutume, de faire une collecte pour les blessés français. Le tzar refusa, invoquant la neutralité qu'il devait observer. Le tzarevitch fit alors acheter à Moscou de grossières tabatières en carton-pâte et les offrit aux comédiens. Chacune d'elles contenait plusieurs billets de mille francs.

« Vous garderez ces tabatières comme souvenir, dit-il aux comédiens. Quant à la somme qu'elles contiennent, vous en ferez l'usage que vous voudrez. »

La somme fut versée pour les blessés français. L'auteur de cette délicate prévenance devint l'empereur de Russie.

Dès les premiers mois de son règne, Alexandre III réagit contre l'invasion des Allemands, qui avaient littéralement envahi la Russie, se glissant dans les fonctions les plus importantes et surtout les mieux rétribuées, créant en bien des endroits de petites colonies.

---

1. Rappelons aussi que les excès de la Commune lui avaient inspiré des réflexions amères et pleines de dégoût. « Voilà où mènent de trop grandes libertés... Mon cœur saigne en pensant à ce beau Paris mis à feu et à sang ! » dit-il en apprenant le détail des atrocités commises par les fédérés.

Un ukase interdit aux Allemands d'acquérir des propriétés dans les provinces comprenant l'ancien royaume de Pologne, la Bessarabie et le voisinage de la mer Baltique. Il leur fut aussi défendu de gérer des propriétés appartenant à des Russes.

Il est inutile de dire avec quelle joie cette expulsion des Allemands fut accueillie par tous les Slaves. Déjà, lorsqu'il s'était agi du choix d'un précepteur pour le fils d'Alexandre II, il avait été question de désigner un professeur de cette nation, et un écrivain célèbre, Herzev, traduisant le sentiment de ses compatriotes, avait osé écrire à la tzarine :

« Si votre fils était appelé à monter sur un trône allemand, même alors je le plaindrais d'être entre les mains d'un précepteur de cette nationalité. Or, cet élève est destiné à devenir un tzar russe. Qu'est-ce que son précepteur allemand lui apprendra de la Russie? Est-ce qu'il la comprend? est-ce qu'elle l'intéresse? Ne se serait-il pas chargé d'aussi bon cœur de l'éducation du fils du dey d'Alger, pourvu qu'on lui offrît des émoluments convenables? Le cœur de cet Allemand vibre-t-il lorsqu'il entend une chanson russe? Ce cœur saigne-t-il à la vue des misères du pauvre moujik? Les vers de Pouchkine lui disent-ils quelque chose, et comprend-il les aspirations de notre peuple? Qu'est-ce que cet Allemand enseignera donc à votre fils russe? Peut-être ignorez-vous la haine hautaine des Allemands contre tout ce qui est russe, leur mépris pour nous, haine qu'ils ne réussissent même pas à dissimuler sous le masque de courtisan rampant qui rappelle les esclaves rhéteurs du monde antique. »

Ce sentiment d'Herzev est celui de la nation tout entière, qui entend à bon droit ne pas être éternellement exploitée par une autre race, à laquelle elle ne reconnaît aucun mérite qui lui permette de prétendre à cette supériorité. Le peuple, surtout, demande qu'on l'en débarrasse, et pour comprendre ce sentiment il suffit de voir quelle situation a été faite pendant trop longtemps aux étrangers au détriment du Slave.

Pendant que le paysan russe, réduit au servage, restait attaché à la personne de son seigneur, qui pouvait disposer de lui comme d'un vil bétail, le gouvernement russe faisait venir des Allemands de leur pays, leur payait les frais du voyage et, à leur arrivée, les comblait de terres à profusion, choisies parmi les plus fertiles.

En outre, il leur fournissait les outils, le bétail, et, non content de ces faveurs, il ne manquait pas, s'il survenait une épizootie ou une mauvaise récolte, de venir en aide aux sinistrés. En un mot, les colons allemands étaient les enfants gâtés du gouvernement russe. Pendant ce temps, le paysan moscovite vivait dans de misérables villages composés de huttes, entre lesquelles de maigres troupeaux, privés de fourrage, cherchaient quelques touffes d'herbe à brouter.

Il voyait, à côté des fermes florissantes des colons, les vigoureuses vaches allemandes aux pis gonflés de lait, et il se disait que si ses vaches à lui étaient si maigres et son isba si pauvre, c'est que c'était à lui de payer la prospérité du laboureur étranger; que les sommes que coûtait au gouvernement la colonisation allemande étaient couvertes à l'aide des redevances qu'il donnait au fisc, et qui absorbaient tout le fruit de ses labeurs. Voilà pourquoi le paysan russe a pu s'écrier: « Ce qui est bon pour l'Allemand est la mort du moujik. » Aussi les mesures prises pour renvoyer le Germain dans sa patrie et pour en débarrasser le sol russe furent-elles accueillies avec un enthousiasme qui valut au tzar la bénédiction de tous les paysans. Les écrivains russes traduisent, pour ainsi dire, à chaque page de leurs livres ce sentiment antiallemand; mais il est un homme qui, un jour, a merveilleusement résumé la pensée de tous les Slaves : c'est le général Skobelef. En 1882, se trouvant à Paris, il recevait une députation d'étudiants serbes, et il leur adressait ces paroles enflammées, qui eurent en Europe un écho retentissant :

« Il est inutile de vous dire, mes amis, combien je suis profondément touché des manifestations chaleureuses auxquelles vous venez de vous livrer. C'est un véritable bonheur que je me trouve entouré des jeunes représentants de cette nation serbe, qui a été la première à déployer l'étendard des libertés slaves dans l'Orient slave. Je dois vous parler français, et je vais le faire. Il faut que je vous confesse pourquoi la Russie n'est pas toujours à la hauteur de ses devoirs patriotiques en général et de son rôle slave en particulier. C'est parce que, au dedans aussi bien qu'au dehors, elle est aux prises avec l'influence étrangère. Chez nous, nous ne sommes pas chez nous. Oui, l'étranger y est partout. Sa main est dans tout. Nous sommes dupes de sa politique, victimes de ses intrigues, esclaves de sa force. Nous sommes tellement dominés et paralysés par ses influences innombrables et funestes, que, si nous nous en délivrons, comme je l'espère, un jour ou l'autre, nous ne pourrons le faire que le sabre à la main. Et si vous voulez que je vous dise comment s'appelle cet étranger, cet intrus, cet intrigant, cet ennemi si dangereux pour les Russes et pour les Slaves, je vais le nommer, vous le connaissez tous : c'est l'Allemand ! Oui, je le répète et je vous prie de ne jamais l'oublier, l'ennemi, c'est l'Allemand. La lutte est inévitable entre le Slave et le Teuton ; elle sera longue, sanglante, terrible ; mais, pour ma part, j'ai la foi qu'elle finira par la victoire du Slave. »

En présence des tendances aussi énergiquement manifestes d'une nation, il ne faut pas s'étonner si ce sentiment de réaction se produisit et s'affirma contre l'introduction des coutumes et des modes allemandes. Le tzar Alexandre III se fit l'instrument de cette réaction.

Aujourd'hui, si les Russes essayent de se suffire à eux-mêmes et ne sont plus les tributaires de l'Allemagne, ils le doivent à l'empereur défunt.

Jamais Alexandre III ne se relâcha de son animosité contre les Allemands.

Rappelons, pour terminer, que dans un banquet offert aux représentants des corporations des arts en Danemark, Alexandre adressa la parole en français au président de la confrérie des architectes.

Le pauvre homme, fort embarrassé, lui répondit en allemand.

« Majesté, je suis désolé, mais je ne connais pas la langue française.

— Oh ! je comprends vos regrets, répondit le tzar : mais je ne parle allemand que lorsque j'y suis obligé. »

*
* *

Dans une étude approfondie sur les rapports de l'Allemagne et de la Russie, M. Flourens rappelle qu'au moment où le prince Ferdinand de Cobourg monta sur le trône de Bulgarie, M. de Bismarck, pour flatter l'empereur Alexandre III et faire graviter à nouveau la Russie dans l'orbite de l'Allemagne, proposa à la chancellerie de Saint-Pétersbourg d'intervenir à Sofia : Non seulement le projet d'une occupation totale ou partielle fut mis en avant, mais M. de Bismarck, a dit M. Flourens, promit, auprès des cours hostiles, le concours de son intervention diplomatique. Il s'offrit pour désarmer leurs susceptibilités, dissiper leurs inquiétudes et même, au besoin, peser sur leurs résolutions. A sa grande surprise, la chancellerie de Saint-Pétersbourg opposa beaucoup de flegme à toute cette agitation. Elle se borna à déclarer qu'elle voulait prendre acte de la violation des traités et constater qu'elle se contentait d'en demander l'exécution, sauf pour elle, si l'Europe se refusait à lui donner les moyens d'assurer cette exécution, à prendre ultérieurement telles compensations que ses intérêts et le sentiment de sa dignité lui dicteraient. En tous cas, elle affirmait que son intention arrêtée était de ne procéder à aucun acte d'exécution sans l'assentiment des puissances représentées au congrès de Berlin, décidée à se montrer jusqu'au bout scrupuleuse observatrice de toutes les règles du droit international.

Un second mécompte venait entraver la réalisation des projets secrets du chancelier de Berlin. La France, qui, au début de l'intrigue de Bulgarie, avait consenti à lier partie avec l'Allemagne, à ne rien communiquer à Saint-Pétersbourg sans lui en avoir référé, lui notifia qu'elle entendait à l'avenir s'adresser directement au gouvernement russe. Le prince de Bismarck ne savait donc plus où en était, dans cette affaire, l'entente entre ses deux voisins. Il constatait, non sans inquiétude, un refroidissement plus accentué dans ses rapports avec le cabinet de Saint-Pétersbourg. La situation devenait intolérable pour son orgueil. Il avait fait des avances sans tenir compte de l'amertume que ces avances devaient engendrer chez ses alliés de Vienne ou de Rome, ou chez ses amis de Londres, et la Russie n'avait pas répondu. Il lui fallait un éclaircissement. Il résolut de l'avoir et de provoquer, dans un tête-à-tête, des explications de l'empereur de Russie. Il résolut aussi de le mettre en garde contre les avances que la France semblait vouloir se permettre de lui faire, à l'insu du grand chancelier, seul régulateur des rapports internationaux sur tout le continent européen.

L'empereur de Russie allait chaque année, comme on le sait,

en Danemark, dans la famille du roi son beau-père, passer quelques mois d'automne.

Bismarck résolut de l'attendre à son passage. Il mit dès lors tout en œuvre auprès du comte Schouwalow pour obtenir, lorsque Alexandre III traverserait Berlin, la faveur d'une audience particulière.

Le chancelier attachait un tel prix à cette audience, qu'il tint le malheureux comte en charte privée jusqu'à ce qu'il eût la certitude que ses désirs seraient satisfaits. Ayant appris que l'empereur de Russie arrivait par un train qui s'arrêtait en gare à quatre heures du matin, la veille au soir il retint à dîner le comte Schouwalow et ne le laissa sortir qu'à trois heures et demie du matin, pour le conduire, dans sa voiture, jusqu'à la gare où stationnait le train impérial.

Le lendemain eut lieu l'entrevue si ardemment souhaitée. Elle fut longue. Que s'y passa-t-il? Je l'ignore; mais quelqu'un qui a vu le prince de Bismarck à sa sortie dit qu'il était fort rouge et déconfit.

Dès le lendemain, la presse allemande retentit des cris de colère du chancelier. Il avait été calomnié et, pour le perdre dans l'esprit du tzar, on s'était servi de documents falsifiés tendant à établir qu'il avait secrètement encouragé le prince de Cobourg dans son intrusion en Bulgarie et dans sa résistance aux injonctions des puissances fidèles observatrices des traités. Une enquête allait être ouverte et poursuivie par les soins du chancelier lui-même, et les auteurs de cette trame seraient livrés à la rigueur des lois.

Ces menaces de poursuites n'aboutirent à rien, et en réalité, pour de bonnes causes sans doute, aucune instruction ne fut ouverte. Toute la vengeance du chancelier, qui n'avait pas habitué l'Europe à se montrer à ce point impuissant, se borna à faire insérer au Journal officiel de l'empire allemand quatre documents qu'il accusait de falsification. Mais il n'y joignait pas les nombreux rapports de nos agents diplomatiques qui constataient, plus clairement encore que les documents dont l'authenticité était contestée, la duplicité constante du cabinet de Berlin durant tout le développement des incidents de Bulgarie.

Quant aux documents argués de falsification, le seul fait qu'ils aient été insérés dans un journal officiel allemand ne suffit pas à établir leur fausseté, et c'est pourtant la seule preuve qui ait été apportée par le prince de Bismarck à l'appui de cette assertion.

Le chancelier n'avait pas réussi dans sa tentative suprême auprès de l'empereur de Russie. Il s'était mal disculpé, ou ne s'était pas disculpé du tout.

Il essaya de se venger sur celui qu'il considérait comme l'auteur de ce grave mécompte. Il fit naître des incidents à Pagny-sur-Moselle et à Vexaincourt, mais la fortune ne souriait pas à ses efforts. Il en fut quitte pour relâcher celui qu'il avait arrêté, pour faire des excuses et payer des indemnités.

Son échec auprès de l'empereur de Russie avait fait baisser son crédit vis-à-vis de ses alliés, et l'Autriche se montrait blessée de voir son alliance estimée à si bas prix, que l'Allemagne se montrât prête à sacrifier ses intérêts au désir de se rapprocher de la Russie. Elle mit en demeure le prince de Bismarck de se prononcer et de quitter ce rôle ridicule.

Après avoir demandé plus bruyamment que personne l'expulsion du prince de Cobourg, après avoir déclaré devant le tzar que mettre en doute la sincérité de ses protestations, c'était lui faire la plus cruelle injure, il se joignit à l'Autriche, à l'Italie et à l'Angleterre pour s'opposer à toute action de la puissance suzeraine contre l'usurpateur.

Ce n'était plus ce maître souverain de l'action diplomatique, c'était un des agents d'une alliance à trois, obligé de se laisser traîner à la remorque par les deux autres. Ainsi amoindri, le chancelier pouvait conserver ses hautes fonctions avec un maître arrivé au déclin de sa carrière ou avec son successeur, dont les jours étaient comptés ; mais il était évident qu'il serait amené à résigner son poste avec un maître jeune, actif et rêvant une politique personnelle. Aussi les hommes peu au courant de la situation diplomatique de l'Europe ont-ils seuls été surpris de la décision qui l'envoya jouir des douceurs d'un repos bien mérité.

Cependant l'œuvre dont il avait voulu arrêter la préparation poursuivait son cours, et c'est avec une amère désillusion qu'il a dû entendre, dans sa retraite de Frederichsruhe, les échos des fêtes de Cronstadt, de Toulon et de Paris.

Tandis, en effet, que la politique du prince de Bismarck perdait de son éclat, la politique d'Alexandre III s'affirmait comme devant triompher dans l'avenir par le seul effet de la loyauté, de la justice et de la persévérance.

SOUVENIRS DE CRONSTADT (1891)

La réception d'une flotte française à Cronstadt[1] laissera dans les âmes françaises un souvenir ineffaçable.

Pour montrer la possibilité d'une *alliance franco-russe*, il fallait une manifestation où les marques de sympathies fussent échangées de gouvernement à gouvernement.

Le tzar avait entretenu M. Flourens du plaisir qu'il aurait à voir flotter dans les eaux de Cronstadt[2] le pavillon français, qui n'y avait plus reparu depuis la guerre de Crimée. C'est alors que fut résolu peu après l'envoi d'une flotte sous le commandement de l'amiral Gervais.

Le voyage de l'escadre fut une marche triomphale.

Partie de Cherbourg, notre flotte, après avoir longé la mer

---

1. Cronstadt est à la fois une ville et un port de guerre ; située à l'extrémité est de l'île de Kotlin ; elle a des fortifications en murs de granit, avec tourelles blindées, ayant coûté plus de trois cents millions, des docks, des arsenaux, un hôpital militaire et un hôpital maritime. C'est une des places fortes de la Russie.

2. Rappelons qu'à cette époque les Saint-Cyriens ont baptisé la promotion de 1891 du nom de *promotion de Cronstadt*, qu'elle portera désormais, en souvenir du chaleureux accueil fait par la Russie aux marins français.

Baltique, arriva le 23 juillet 1891 à Cronstadt. Elle fut aussitôt accueillie avec des transports d'enthousiasme par la population et toutes les autorités civiles et militaires.

De toutes parts retentirent les cris de : « Vive la France! » auxquels nos marins répondaient par ceux de : « Vive la Russie! Vive le tzar! » Le tzar, accompagné de la tzarine, de la reine de Grèce, des grandes-duchesses, vint rendre visite à l'escadre française et donna un dîner de cent soixante couverts, en l'honneur de l'amiral Gervais et de ses officiers, au château de Péterhof.

Partout les Français furent accueillis par des manifestations du même genre.

A Saint-Pétersbourg[1], une foule immense, composée de seigneurs, de riches marchands, d'ouvriers en costume de travail, se pressait sur les quais de la Néva pour acclamer longuement nos marins. Des centaines de mille citoyens encombraient la Perspective-Nevski, des femmes agitaient leurs mouchoirs et lançaient des fleurs, saluant à l'envi nos compatriotes, auxquels un magnifique banquet fut offert.

A la fin du dîner, le général Dournof, se levant, prononça les paroles suivantes : « Les Français ont pris Moscou, les Russes ont pris Paris. Plusieurs fois Français et Russes ont été des adversaires; ils n'ont jamais été ennemis! » Puis il porta un toast à l'armée française, toast accueilli par des acclamations vibrantes.

Au milieu de la nuit, le public, encore massé devant l'hôtel de ville, poussait des hourras, brûlait des feux de Bengale, jetait des chapeaux en l'air, chantait alternativement l'*Hymne russe* et la *Marseillaise*.

Un déjeuner fut offert à l'amiral Gervais, dans la forteresse de Cronstadt, par les officiers de l'artillerie.

Après avoir bu à la santé du tzar, de la tzarine et des grandes-duchesses, l'amiral Gervais, se levant de nouveau, dit : « Je bois à la brillante armée russe et lui souhaite de tout cœur de

---

[1]. L'enthousiasme fut si grand, dans toutes les classes de la population russe, quand nos marins débarquèrent à Saint-Pétersbourg, que le préfet de la ville, M. de Gressen si inquiet d'un mouvement populaire, extraordinaire, téléphona à l'empereur, alors au palais de Péterhof: « Sire, la ville est en révolution par l'arrivée de ces marins français; je n'attends que l'ordre de Votre Majesté pour faire tout rentrer dans l'ordre. — Cela va bien ainsi, répondit le tzar, laissez-les continuer...»

CRONSTADT EN 1880.

se couvrir de nouveaux lauriers, si Dieu l'appelait à défendre sa patrie ! »

Le 5 avril, l'amiral Gervais, accompagné de cinquante officiers et de douze marins, se rendit à Moscou pour visiter l'*Exposition française*.

Ce fut alors un nouvel enthousiasme, aussi grand que celui de Saint-Pétersbourg : les femmes du peuple, des paysans accourus en foule pour voir les Français, poussaient à la fois des hourras et des cris étourdissants de : « Vive la France ! » Dans un banquet auquel prenaient part soixante-dix Français et soixante-dix Russes, le général russe Tchernaïref s'écria : « Lorsque, chez vous, on criera : « Aux armes ! citoyens ! » nous aussi, nous formerons nos bataillons, de la Vistule au Kamchatka ! »

Se levant à son tour, l'amiral Gervais répondit : « Après ce qui s'est passé à mes yeux, la France considère l'avenir avec une mâle confiance ! Vive le tzar ! Vive la Russie ! » Puis, suivant la coutume russe, il brisa sa coupe, au milieu des frénétiques acclamations des convives.

Jusqu'au moment du départ de la flotte, le 7 août, les marins français furent comblés de prévenances, de cadeaux, et c'est au milieu d'une émotion indescriptible qu'ils s'éloignent de Cronstadt.

Les cris de : *Vive la France ! Vive la Russie !* dit M. A. Rambaud, ne sont pas de vaines clameurs, échos de l'enthousiasme d'un jour et qui s'oublient dès que les illusions sont éteintes. Ils révèlent un état d'âme qui préexistait chez les deux peuples ; ils leur font prendre conscience de leurs sentiments profonds. Ils sont le dernier terme d'une évolution commencée chez nous par tous ceux qui ont eu à cœur de faire connaître le passé de la Russie, ses tendances nouvelles, ses guerriers, ses littérateurs, ses penseurs, ses artistes, Skobelef et Dostoïevski, Gunko et Tolstoï, Armenkof et Rubenstein.

Ce n'est pas une armée seulement que nous acclamons : c'est une nation qui a pris sa part dans toutes les œuvres de civilisation, accru le patrimoine artistique et scientifique de l'humanité, ajouté une corde à la lyre européenne.

Cette rencontre des deux nations par les deux flottes, ces salves répercutées des roches de la Livonie aux granits de la Finlande, ces pavillons hissés dans l'enlèvement de leurs plis et appuyés par la voix du canon, c'est la réponse de la France et de la Russie à des provocations que jusqu'ici elles avaient dédaignées et qu'elles peuvent continuer à mépriser.

M. Flourens a raconté avec émotion, dans les lignes suivantes, les souvenirs de cette réception des Français :

C'est un ballon captif qui, de Krassnaia-Gorka, signale l'arrivée de la division française dans les eaux russes.

Les Russes envoyèrent au-devant des nôtres un navire de guerre; mais c'est par milliers que des barques de pêche ou de plaisance quittèrent Cronstadt pour venir à la rencontre de notre escadre.

Toutes ces barques, gaiement décorées de verdure et de drapeaux, étaient chargées, à couler bas, de paysans qui criaient : *Vive la France!* ou encore : *Soyez les bienvenus!*

Sur un vapeur couvert de feuillages, pavoisé aux couleurs russes et françaises, se trouvait la colonie française; sur un autre avait pris place le chœur Slavianski, que nous avons vu en France, il y a quelques années, et qui entonna un chant de bienvenue sur l'air de la *Marseillaise*.

Ce chant peut se traduire approximativement de la façon suivante :

« Glorieux fils de France, que ce salut se transmette de génération en génération. Nous chantons votre venue, à vous les bien-aimés de notre patrie. Que vos étendards français se déploient sur notre capitale pour témoigner à jamais de l'amitié qui nous unit. »

Jamais nos marins ne virent tant de fleurs que pendant leur séjour en Russie. Quand l'amiral Gervais débarqua pour la première fois à Cronstadt, une cinquantaine de petites filles l'attendaient au débarcadère. Une de ces enfants présenta à l'amiral un énorme bouquet, et toutes les autres, munies de corbeilles de fleurs, semaient ces fleurs sur le passage de l'amiral français et des officiers qui l'accompagnaient.

Chaque matin, tous les navires recevaient des bouquets. La plupart des femmes qui montaient à bord pour visiter la flotte tenaient des fleurs à la main, qu'elles remettaient aux officiers et aux simples matelots.

Les cadeaux offerts par les municipalités de Saint-Pétersbourg, de Cronstadt et de Moscou ou par les diverses sociétés de ces villes furent nombreux et fort goûtés de nos marins.

De la municipalité de Saint-Pétersbourg, chaque bâtiment reçut un *ibbane,* sorte de pièce de table en argent, sur lequel étaient gravés les mots *Nadobroujon pamiaty* (Souvenir d'amitié); en outre, l'amiral et chaque commandant ont reçu un vase émaillé, et chaque officier une coupe en argent.

Lorsque le maire de Saint-Pétersbourg fit remise de ces objets, à l'issue du banquet municipal, il prononça les paroles suivantes : « Veuillez accepter de la part de la ville ces coupes personnelles d'ancien style russe. Elles portent les armes de la capitale, le nom de la personne qui doit les recevoir, et la date de votre visite. Espérons que chaque fois que vous les porterez à vos lèvres, vous vous souviendrez que dans le Nord lointain il y a des amis de la France, il y a des cœurs qui pensent à vous! »

A Cronstadt, à Moscou, nos marins reçurent des cadeaux du même genre qu'à Saint-Pétersbourg, avec des profusions de bouquets, de fleurs et de couronnes. Dans chaque banquet, dans chaque solennité, dans chaque cérémonie, pour bien affirmer le caractère de franche et cordiale hospitalité qui distinguait ces fêtes, les Russes ne manquaient pas d'offrir à l'amiral Gervais le sel et le pain traditionnels. Presque toujours, ces deux aliments symboliques lui étaient présentés sur des plateaux d'argent d'un grand prix, dont il lui était fait le don généreux.

Quant aux simples matelots français, les villes de Saint-Pétersbourg et de Moscou leur offrirent des porte-cigarettes ornés de vues de Saint-Pétersbourg, avec une centaine de cigarettes russes, ou des blagues à tabac avec le portrait du président de la République.

En arrivant à Moscou, où il était accompagné de cinquante-cinq officiers et de douze matelots, l'amiral Gervais trouva à la gare trente calèches attelées en troïka, avec des chevaux enrubannés aux couleurs franco-russes, qui le conduisirent, lui et son personnel, à Slavianski-Bazar, où des appartements avaient été retenus...

Nous passons sous silence les énormes présents offerts aux officiers français, tels que plans de Saint-Pétersbourg, Guides de Moscou, plans du Kremlin, etc. ; mais nous ne devons pas oublier ces petits drapeaux russes mariés aux drapeaux français qu'on leur distribuait presque à chaque coin de rue, ou qu'on jetait dans leurs voitures avec des fleurs et des bouquets.

Nous en avons assez dit pour montrer combien fut large, généreuse et significative la réception de nos marins sur les bords de la Néva.

Alexandre III, accompagné de S. M. la tzarine, du grand-duc Alexis, commandant en chef de la marine russe, et de la famille impériale, vint visiter l'escadre française le 16 juillet; ce fut là, sur le pont du vaisseau amiral *le Marengo*, que s'accomplit le grand acte politique attendu.

Les souverains furent reçus par l'amiral Gervais, chef de l'escadre, ayant près de lui le capitaine de vaisseau Comejolles, commandant le cuirassé ; l'ambassadeur de France, M. de Laboulaye, leur souhaita la bienvenue au nom de notre pays, et les remercia de l'honneur qu'ils daignaient faire à la flotte française.

Au moment où le tzar mettait le pied sur le pont du *Marengo*, le pavillon impérial russe fut hissé au gouvernail. L'empereur passa en revue les troupes de l'équipage, tour à tour félicitant l'amiral Gervais de leur belle allure et adressant la parole aux marins français pour s'enquérir, avec cette sollicitude qui va au cœur des soldats, des campagnes qu'ils avaient faites et dont ils portaient les médailles.

La famille impériale visita le *Marengo* en entier, puis passa à bord du *Marceau*, qu'elle visita également.

A une heure, le tzar reçut à déjeuner, à bord du grand yacht impérial *le Derjaws*, l'amiral Gervais et les commandants des navires, M. de Laboulaye et le haut personnel de l'ambassade de France. *C'est à déjeuner que fut, pour la première fois, exécuté devant Alexandre III notre hymne national, la Marseillaise.* On sait que le tzar écouta debout et découvert, lui, le chef suprême de l'empire russe, ce chant officiel.

On sait encore que, complétant cette manifestation significative, le tzar se leva et porta un toast inoubliable au chef de l'État français et à notre marine[1].

« Faut-il également rappeler les télégrammes de candides félicitations échangés à cette occasion entre Alexandre III et le président Carnot? Rien ne manqua à cette haute affirmation des

---

1. E. Flourens, *Alexandre III, sa vie et son œuvre*.

sympathies franco-russes; le tzar, nous le répétons, y prodigua les témoignages de ses sentiments personnels, et s'appliqua à favoriser l'éclatante expression de ceux de son peuple. »

ALEXANDRE III A COPENHAGUE

M. Larroumet, le savant professeur de la Sorbonne, qui se trouvait à Copenhague au moment de la visite du tzar Alexandre III à nos croiseurs, a écrit ces lignes vraiment touchantes :

Le tzar arrive sans escorte; il traverse un groupe de privilégiés assez nombreux auxquels on a permis de prendre place le long de l'escalier qui descend à la mer. Il est de taille colossale, la bouche large et la barbe touffue; c'est l'encolure et l'allure d'un géant, d'un bon géant, car l'œil est très doux sous la paupière lourde, et cette couleur blonde sur un teint clair atténue l'énergie des traits.

On devine que ses lèvres s'ouvrent rarement, et pour ne dire que des paroles considérables. Le dialogue dans lequel cette visite a été annoncée à notre chargé d'affaires n'a pas eu plus de vingt mots. Tout à l'heure, en montant à notre bord, au moment même où les navires russes entrent dans le port de Toulon, et en examinant avec une attention très soutenue le superbe croiseur que la France lui envoie, il marquera sa satisfaction d'une façon aussi brève. Il sait que chacun de ses mots porte et l'engage.

Le lecteur les connaît, et je n'ai pas besoin de les répéter. Le jeune diplomate, porteur d'un nom illustre, à qui échoit l'honneur de représenter la France à ce moment décisif, provoque et reçoit ces démarches et ces paroles avec un tact infini. Cependant Petersen, spectateur sans projet d'alliance, fait ressortir la signification nette de tout cela. Il en est d'autant plus frappé qu'il n'y a pas ici de dessous et de secrets. Chacun sait, à Copenhague, que le tzar n'a pas eu d'entretien particulier avec M. Pasteur. Tout s'est passé en public, devant des cercles nombreux, au milieu d'yeux et d'oreilles fort ouverts.

Après le tzar, tout Copenhague, tous les Petersen, sont admis à bord de nos navires, et ils s'y rendent tous. C'est un peuple de marins, et ils regardent, eux aussi, en connaisseurs. La visite est d'abord silencieuse, et sur les ponts, noirs de foule, à peine un murmure de réflexions discrètes. A mesure cependant que la journée s'avance, un courant d'effusion naît et grandit à travers cette foule. Les conversations s'engagent avec nos officiers et nos matelots. Voici que deux jeunes filles, délicieuses figures aux cheveux d'or pâle et au teint de neige rosée, acceptent des rubans frappés du mot : *Voly*, que leur présente un enseigne, et les épinglent autour de leurs bérets. La foule regarde et sourit.

Cependant le soleil descend vers l'horizon. Vous savez quelle simple et grandiose cérémonie se passe à cette heure-là sur nos vaisseaux de guerre. La garde se range en bataille, la main sur la drisse; un quartier-maître attend le moment d'amener le pavillon. Le soleil disparaît; au même moment « les couleurs » descendent, l'officier de quart se découvre, un coup de canon éclate, le tambour bat; les armées françaises saluent notre drapeau.

Cette habitude est-elle particulière à notre marine, ou nos visiteurs danois ne la connaissent-ils pas? Je ne sais, mais voici ce qui se passe : tandis que les dernières notes du clairon français vibrent sur la rade, de cette foule tout à coup remuée part une acclamation formidable : la grandeur du spectacle l'a transportée, et, avec un rythme, un ensemble et un sérieux qui nous prennent aux entrailles, nous les Français présents à bord, elle pousse trois hourras, de ces hourras du Nord, pleins et lents, où semble rugir l'antique férocité de la race.

Nous avons les larmes aux yeux, tandis que, les pieds sur ces planches françaises, nous entendons ce salut de l'étranger à notre patrie lointaine et présente. Petersen n'a pu y tenir; marin et soldat, patriote et bienveillant, il a communié de cœur avec nous dans cette cérémonie militaire.

Le surlendemain, à dix heures, un convoi funèbre monte Solvgadé, le long du jardin Royal. Pendant les salves de l'avant-veille, une « tape » de bois, oubliée dans un canon, est allée frapper un marin russe en pleine poitrine et l'a tué net. En tête, autour du corbillard, flottent les pavillons russes et français; derrière, superbes de tenue, marchent deux sections de matelots français et russes. Jusqu'ici, ils se mêlaient à Cronstadt et à Toulon, mais par groupes libres; ici, ils sont ensemble, au pas militaire, conduits par leurs officiers. Petersen regarde, très sérieux, et, derrière cette centaine d'hommes, il voit distinctement deux armées et deux peuples.

« Ce pauvre matelot, fait-il, ils ne l'ont pas tué exprès, mais comme tout se combine! La première fois que deux troupes françaises et russes auront marché sous le même commandement, il faut que ce soit le long de Solvgade, à Copenhague. »

EN 1892

L'année qui suivit celle de la réception des Français à Cronstadt vit aussi se passer quelques faits qui montrèrent de nouvelles marques de sympathie.

En 1892, le colonel de Bange et les autres officiers français qui l'accompagnaient, arrivés à Saint-Pétersbourg, furent reçus avec un accueil tout cordial dans les régiments de l'armée russe qu'ils visitaient chaque jour.

Le colonel de Bange, en particulier, fut reçu par l'empereur en audience privée. Le tzar lui fit une réception des plus bienveillantes.

Au mois de mai de la même année, le tzar, visitant l'exposition de peinture de l'Académie des beaux-arts, y fit l'acquisition d'un ableau de M. Beggrof, représentant la visite de l'escadre française dans la rade de Cronstadt.

En mai, M. Ferry d'Esclands remettait au tzar, au palais d'Hiver, un joyau d'orfèvrerie ciselé à Paris, représentant la descendance de l'empereur Nicolas.

Le tzar accueillait avec bienveillance ces messieurs, les faisait assister à la parade d'honneur et les retenait à déjeuner au palais.

Le même mois, l'aviso *le Pétrel* arrivait à Sébastopol, venant de Théodosie. Avant son départ de cette ville, un grand dîner était offert à l'état-major et à l'équipage du bâtiment par le régiment d'infanterie russe.

En juillet, un explorateur français et géographe, Joseph Martin, mourut au Nouveau-Maghellan[1]. Toute la population, ayant à sa tête le gouverneur de la province, le haut clergé, les grands fonctionnaires civils et militaires, acccompagnait jusqu'à sa dernière demeure le représentant de la France.

En novembre, l'Académie de médecine militaire élisait M. Pasteur comme membre honoraire, et, d'autre part, le corps des médecins russes envoyait à Paris une délégation pour transmettre à M. Pasteur ses hommages et un riche cadeau à l'occasion du soixante-dixième anniversaire de sa naissance.

LES MARINS RUSSES EN FRANCE

LES MARINS RUSSES A TOULON

Les voyages en France de divers membres de la famille impériale mirent en évidence la cordialité des rapports nouvellement créés. Toutefois, ce n'étaient là que des démarches privées ; les habitudes de courtoisie de la cour de Russie eussent suffi à les

---

1. Russie d'Asie.

expliquer. L'empereur voulut une manifestation plus significative et plus solennelle. Sur ses ordres, une escadre russe, commandée par l'amiral Avellan, se dirigea vers Toulon.

Cette visite donna lieu en France aux démonstrations patriotiques les plus éclatantes, les plus variées, — et quelquefois les plus touchantes dans leur naïveté. Dès qu'elle eut été officiellement annoncée, « tout à la russe » fut comme le mot d'ordre général. On vit s'étaler aux vitrines des grands magasins les soies russes, la blouse russe, la redingote Souvarow, la casaque Gortchakov, les cols aux pointes ornées des portraits de l'amiral Gervais et de l'amiral Avellan, le chapeau Cronstadt, la botte russe, les bijoux symboliques de l'alliance, les parfums et les savons russes, les flambeaux russes, le biscuit Kremlin, le déjeuner franco-russe, les livres et les albums de circonstance. Dans les rues, les camelots vendirent un ingénieux carton découpé qui permettait à tout Français de se faire en un instant la tête d'un matelot du tzar; une foule d'autres curieux bibelots, la médaille du Souvenir, avec la formule cabalistique opposée à la Triple-Alliance : $1 + 1 = 3$, et toutes les médailles commémoratives imaginables, celle surtout représentant un veloceman français et une velocewoman russe filant enlacés, à toutes pédales, — car si tout était à la russe, tout était déjà à la bicyclette ! Enfin, dans un seul arrondissement de Paris, en un mois, le nombre des nouveaunés déclarés à l'état civil sous un prénom moscovite fut de cent vingt-deux !...

L'amiral Avellan arriva à Toulon le 13 octobre 1893. L'entrée dans la rade de l'escadre russe, passant entre les rangs des navires français couverts de grappes de matelots qui acclamaient la Russie, tandis que les vergues et les haubans des vaisseaux russes étaient remplis de marins poussant de même des hourras retentissants, le bruit du canon, la fumée planant sur la scène, tout cela constitua un spectacle inoubliable. Les collines qui bordent la rade étaient couvertes d'une foule compacte ; les glacis du fort Lamalgue étaient noirs de monde. C'est de là que le vaisseau amiral, le *Nicolas-Ier*, fut salué par une salve d'artillerie lorsqu'il se présenta au musoir. Et quand, aussitôt après le débarquement, l'amiral Avellan apparut, à côté du maire, au balcon de l'hôtel de ville et salua la foule, un immense courant électrique secoua ces milliers d'êtres humains et les unit dans un même cri : « Vive la Russie ! »

Les fêtes se prolongèrent sans interruption jusqu'au moment où l'amiral Avellan et ses officiers prirent le train pour Paris. Ils arrivèrent à la gare de Lyon le 17 octobre. L'immense ville s'était admirablement pavoisée ; aux fenêtres des plus humbles logis même flottait, uni au drapeau national, le drapeau jaune à l'aigle noire du tzar, le drapeau blanc à la croix de Saint-André bleue de la marine, ou le vrai drapeau russe, enfin, blanc, bleu et rouge, — qui est presque le drapeau français. La réception, si elle ne put être plus cordiale qu'à Toulon, fut naturellement plus imposante[1].

---

1. Déjà, le surlendemain de l'arrivée des marins russes à Toulon, le *Messager officiel russe* a publié la note que voici :

« La journée du 1er (13) octobre, depuis longtemps annoncée et ardemment attendue en France, journée de solennité pacifique, s'est passée à Toulon au milieu d'acclamations inextinguibles d'enthousiasme et d'allégresse, auxquelles se joindront en pensée tous ceux à qui tiennent à cœur la paix, la tranquillité et la prospérité de la famille des peuples de l'Europe. L'escadre russe de la Méditerranée, qui avait reçu de S. M. l'empereur l'ordre de rendre, au nom de la flotte russe, aux marins français la visite qu'ils avaient faite à Cronstadt en juillet 1891, est arrivée le 1er (13) octobre à Toulon et y a reçu, comme l'annoncent les télégrammes, un accueil enthousiaste, défiant toute description. Autant qu'on pouvait en juger, ces derniers temps, par les journaux de Paris et en général par les informations qui arrivaient de cette capitale, la France, gouvernement et nation, a cru de son devoir de préparer aux marins russes une réception enthousiaste, honorant en leurs personnes non seulement la flotte russe, mais aussi l'auguste chef du peuple russe et toute la Russie.

« C'est dans un tonnerre de salves d'artillerie, au milieu des acclamations enthousiastes de centaines de milliers d'hommes animés d'un seul et même sentiment, que l'escadre russe a fait son entrée dans la rade de Toulon. Les cœurs du peuple français sont venus d'un élan irrésistible au-devant d'elle, saluant en cette escadre le présage, mémorable pour toute l'Europe, de tout le bien que vaut aux nations la confiance dans la sécurité de l'avenir et dans le développement pacifique de leur travail et de leurs forces intellectuelles.

« A la première nouvelle de la visite de l'escadre russe à Toulon, les organes influents de la presse française ont déclaré à l'unanimité que la réception des marins russes par le peuple français, outre sa portée directe, devait symboliser la « consolidation de la paix générale ». Il reste à former des vœux pour que cette appréciation et les sentiments qui l'inspirent se maintiennent d'une façon immuable. La paix se consolide sur le terrain des relations amicales. Toulon vient de répondre à Cronstadt au nom de l'amitié mutuelle de deux puissants États, amitié ayant pour but de garantir à leurs peuples les bienfaits de la paix. Les dépêches disent que la journée du 1er (13) octobre était belle et sereine. Un soleil radieux brillait dans un ciel sans nuages. C'est dans la même sérénité radieuse que va se passer cette fête pacifique. Puisse-t-il en être de même de ses multiples résultats ! »

LES MARINS RUSSES A PARIS

Le lendemain de l'arrivée de l'escadre russe à Toulon, une délégation du conseil municipal de la capitale, ayant à la tête son président M. Humbert, vint inviter l'amiral à visiter Paris.
Voici le discours de M. Alphonse Humbert :

AMIRAL [1],

Je viens à votre bord vous porter le salut de Paris.
En son nom et celui de mes collègues, et au mien propre, nous vous prions d'assister aux fêtes qui y sont préparées pour votre réception par les soins du gouvernement, de la ville et de la presse.
Vous y trouverez la grande population enthousiaste, qui vous accueillera, vous et vos officiers et marins, comme des amis et comme des frères. »

L'amiral, très ému, a répondu en ces termes :

Je vous assure, Monsieur le président, que je suis profondément touché de la démarche que vous venez de faire. J'accepte, avec plaisir et reconnaissance, l'honneur que Paris m'a fait en me conviant à ces fêtes.
Je puis vous assurer, Monsieur le président, que chaque pas que nous faisons en France est suivi par toute la Russie, et j'espère que les sentiments d'enthousiasme unissant les deux nations dureront toujours [2].

1. L'amiral Avellan, dont le nom est déjà populaire en France et dont les traits sont connus, grâce aux publications illustrées, est le seul officier général qui figure sur l'escadre russe. Il est né en 1839, en Finlande ; son père était lieutenant dans un régiment de ligne ; sa famille, d'origine française, a émigré en Russie sous le règne de la grande Catherine.
D'une belle prestance et d'une figure très noblement expressive, l'amiral possède tout à la fois cette douceur et cette énergie fréquemment unies dans l'âme de ces marins qui, comme l'a dit Dumas dans un de ses écrits, à propos de son amiral Jean-Marc de Montaiglin, sont accoutumés à vivre en présence des « grands espaces, des grands horizons et des grandes pensées ». Un de nos confrères, au sujet du contre-amiral Avellan, a raconté un trait qui permet de mesurer toute la hauteur de son caractère. Tout jeune officier, il avait sous ses ordres un marin qui était un ancien officier supérieur, cassé pour voies de fait envers son commandant. Appréciant les rares qualités de cet infortuné, qui subissait son sort avec une admirable résignation, et sachant qu'il pourrait être réintégré dans son grade pour une action d'éclat, Avellan, d'accord avec lui, se laissa tomber à la mer, afin d'être sauvé par lui. Le trait, dans sa simplicité touchante, ne serait-il pas digne d'être conté par un Plutarque ! Le piquant de l'affaire est que l'officier dégradé était un nageur fort médiocre et qu'il eût été sans doute englouti sans l'aide vigoureuse que lui prêta Avellan.
Le grade fut rendu au malheureux, qui, par son remarquable mérite, est parvenu aujourd'hui au grade d'amiral et honore Avellan à l'égal d'un héros et d'un saint.
2. « En 1807, le peuple français ne savait rien de la Russie ; la Russie, même celle

A PARIS

L'arrivée des marins russes à Paris fut une arrivée triomphale. Il est impossible d'entrer ici dans les détails des fêtes offertes aux Russes.

Dans les feuilles quotidiennes, les journalistes ont eu à se transformer en Dangeaux d'une rare précision. Que dire seulement de l'arrivée des officiers russes à Paris et de leur trajet de la gare de Lyon au cercle militaire où leurs appartements étaient préparés? Ce fut l'occasion des plus formidables attroupements que l'on ait jamais vus. Rien ne peut peindre cela.

Le cortège obligé de ralentir son allure, les fleurs jetées dans les landaus, les poignées de mains échangées, les enfants qu'on donnait à embrasser, et, par-dessus tout, des cris, des mots où sonnait la joie franchement émue! Quand l'amiral Avellan se présenta au balcon du Cercle militaire, une immense acclamation partit de la foule massée sur la place de l'Opéra et dans les rues adjacentes. Mais ce fut du délire quand l'amiral, très ému lui-même et ne sachant comment traduire sa pensée, ramena à lui les plis d'un drapeau français et le porta à ses lèvres en criant : « Vive la France! » Il n'y a pas à dire, le petit frisson qui ne courait encore qu'à fleur de peau pénétra jusqu'au cœur : ce qui vibrait par-dessus cette foule, c'est ce qu'elle a de meilleur, de plus noble et de plus grand.

Partout où les officiers devaient passer, les rues, les places, étaient pleines de monde. Partout des ovations incroyables.

des lettrés, ne savait de la France que la France de Versailles. De nos jours, au contraire, les deux peuples se sont étudiés, pénétrés. Le temps n'est plus où Savary pouvait écrire que le commerce français n'était représenté à Pétersbourg que par des aventuriers. En France, un groupe déjà nombreux d'écrivains a pris à tâche de nous faire connaître tout de la Russie : son histoire, sa littérature, ses arts, ses aspirations nationales et religieuses, l'âme même de son peuple. Tandis que les diplomates arrivaient à constater la solidarité d'intérêts entre les deux États, d'autres nous ont révélé les sympathies profondes entre les deux génies nationaux.

« C'est pour cela qu'aujourd'hui il ne s'agit pas de deux chefs d'Etat se donnant la main sur un radeau : c'est la France tout entière, c'est la Russie tout entière, le peuple comme le gouvernement, le paysan comme le soldat ou le marin, qui, à travers le continent hostile, se hâtent l'une au-devant de l'autre.

« Tilsitt fut l'alliance inattendue et éphémère de deux empereurs; Cronstadt et Toulon auront proclamé l'union préméditée et durable de deux nations. » (ALFRED RAMBAUD.)

Les quelques jours que les Russes passèrent à Paris furent consacrés à une série de fêtes sans pareilles : représentations de gala à l'Opéra, où se trouvait réunie l'élite de la société ; dans la grande galerie du Champ-de-Mars, grand carrousel militaire ; sur la Seine, fête nautique ; à l'hôtel de ville, concerts, bals, retraites aux flambeaux ; au palais de l'Élysée et dans les ministères, réceptions, bals divers ; dans la galerie de trente mètres, au Champ-de-Mars, banquet de trois mille couverts et représentation théâtrale sous le dôme central.

Il faudrait un gros volume pour décrire tout cela.

Aussitôt arrivés à Paris, les officiers russes furent reçus à l'Élysée avec grand cérémonial.

L'ambassadeur, M. de Mohrenheim, présenta l'amiral Avellan à M. Carnot.

L'amiral salua ainsi le président :

J'ai l'honneur, Monsieur le président de la République française, de vous apporter mes hommages les plus respectueux, ceux de l'escadre que je commande et de la marine russe tout entière.

M. Carnot a répondu :

Je vous remercie, Monsieur l'ambassadeur, de m'avoir présenté M. l'amiral Avellan et MM. les officiers de l'escadre russe.

J'avais confié à M. le ministre de la marine la mission de leur porter mes souhaits de bienvenue à leur entrée dans les eaux françaises, à leur arrivée sur notre territoire. Je suis heureux de pouvoir aujourd'hui renouveler ces souhaits en personne.

On vous a, Messieurs, exprimé à Toulon toute la sympathie du gouvernement français. Les populations que vous avez traversées vous ont dit celles de la nation tout entière.

Partout vous trouverez le même accueil chaleureux et cordial.

Les liens d'affection qui unissent la Russie et la France, resserrés, il y a deux ans, par les manifestations touchantes dont notre marine a été l'objet à Cronstadt, sont chaque jour plus étroits ; et le loyal échange de nos sentiments d'amitié doit inspirer à tous ceux qui ont à cœur les bienfaits de la paix, confiance et sécurité.

Le grand empereur qui vous envoie, Messieurs, et que je salue d'ici, vous a confié une haute mission que vous savez dignement remplir.

Soyez les bienvenus !

Le soir, un grand dîner eut lieu dans la grande salle des fêtes de l'Élysée.

Voici en quels termes M. de Mohrenheim, ambassadeur de Russie, a porté, au dessert, la santé du président de la République :

MONSIEUR LE PRÉSIDENT,

Avant de porter un toast destiné à faire vibrer dans leurs plus intimes profondeurs, non seulement les cœurs réunis dans cette enceinte, mais également et tout aussi fort tous ceux qui, de près ou de loin, sur tous les points de ce grand et beau pays de France, comme de la Russie entière, battent en ce moment à l'unisson des nôtres, je viens vous prier de vouloir bien me permettre de vous faire agréer l'expression de notre profonde gratitude pour les paroles de bienvenue qu'il vous a plu d'adresser ce matin au vaillant commandant de notre escadre, chargé par Sa Majesté l'empereur de la mission flatteuse de rendre à la vôtre la visite de Cronstadt.

Ces paroles ont caractérisé, avec la haute autorité qui vous appartient, la véritable signification et la portée exacte de ces magnifiques fêtes de la paix, célébrées avec une si remarquable unanimité et une loyauté et une sincérité si parfaites.

Aussi par quelle manifestation plus éclatante pourrions-nous mieux nous y associer et y répondre que par le cri également unanime, également loyal et également sincère de : « Vive le président de la République française ! »

Le président de la République alors se leva et dit :

Je porte la santé de Sa Majesté l'empereur Alexandre III ; je me permets d'associer respectueusement à cette santé celle de Sa Majesté l'impératrice de Russie.

Je bois à la brave marine russe, dont les représentants sont ici les bienvenus !

A sa vaillante sœur, l'armée de terre !

Et à la nation russe tout entière !

Le banquet de l'hôtel de ville fut des plus splendides.

On y a porté les toasts suivants. M. Carnot s'est levé le premier et a dit :

Je bois à la santé de Leurs Majestés l'empereur Alexandre III et l'impératrice de Russie !

Je bois au grand-duc tzarevitch !

Je bois à tous les membres de la famille impériale de Russie ! »

L'*Hymne russe* a retenti.

Le baron de Mohrenheim a dit ensuite :

Je bois au président de la République !

Ce toast dit tout.

Cependant, je prends la liberté de demander au président la permission d'enjoindre un autre, auquel il sera particulièrement sensible :

A Paris ! *Fluctuat nec mergitur.*

Le chœur a chanté la *Marseillaise*.

M. Alphonse Humbert a porté ensuite la parole comme président du conseil municipal. Il a dit, avec une chaleur et une émotion communicatives[1] :

> MESSIEURS,
>
> Au nom de Paris, je lève mon verre et je bois à nos amis et à nos hôtes ! Qu'ils soient bienvenus dans notre cité, comme le furent à Cronstadt, à Moscou, à Saint-Pétersbourg, les officiers de notre escadre !
>
> Je bois à nos amis et à nos hôtes, au vaillant amiral Avellan, aux braves officiers de l'escadre russe de la Méditerranée. Et, en buvant à vous, Messieurs, je bois à tous vos camarades de la marine et de l'armée russes, je bois à tous vos compatriotes, à vos frères, à vos fils, à vos femmes, à vos sœurs et à vos mères.
>
> Je bois à tout ce qui vous est cher, à tout ce qui fait battre vos cœurs, à tous vos amours, à toutes vos joies, à toutes vos espérances. Je bois à la patrie russe, sœur de la patrie française.
>
> Vive la Russie et vive la France !

La musique a joué l'*Hymne russe*, et l'amiral Avellan, d'une voix retentissante, a répondu :

> Les officiers de mon escadre et moi, nous sommes très touchés des hommages que nous recevons de la municipalité de Paris et de ses habitants.
> Paris est la ville la plus hospitalière du monde.
> Avec toute la reconnaissance dont nous sommes capables, nous buvons à la ville de Paris, à la capitale de la France, à ses habitants.
> Vive Paris ! Vive la France !

Au souper donné au Cercle militaire, le général Saussier, gouverneur militaire de Paris, prit la parole en ces termes :

> MESSIEURS,
>
> Je suis heureux que M. le ministre de la guerre et M. le ministre de la marine aient bien voulu, en ma qualité de président du Cercle militaire, me confier l'honneur de prendre la parole ce soir.
>
> J'en profite, avec enthousiasme, pour porter la santé de Leurs Majestés l'empereur et l'impératrice de Russie, ainsi que de toute la famille impériale.

---

1. M. Alphonse Humbert, qui avait accompagné l'amiral dans sa voiture à son arrivée à Paris, a rapporté cette charmante anecdote : « Vers le milieu de la journée, a-t-il dit, il tomba dans la voiture un minuscule paquet, grossièrement ficelé dans un morceau de journal. L'amiral ramassa le projectile et défit l'enveloppe. Il y trouva une petite boîte de carton contenant six francs en pièces blanches et une douzaine de sous, avec une lettre de quelques lignes tracées par une main d'enfant qui disait : « Henriette et Lucie ont cassé leur tirelire pour les naufragés du *Roussalka*. » Cela fit briller une larme au coin de l'œil du rude marin. Il rempaqueta soigneusement la naïve offrande des deux fillettes, enfonça le tout dans sa poche et dit avec un sourire heureux : « Je l'enverrai à l'empereur ! »

Cet hommage une fois rendu à des souverains que la France aime et admire, je bois à nos hôtes, à nos camarades de la marine russe.

En leur exprimant le regret que les jours qu'ils ont vécu avec nous aient passé si vite, nous espérons du moins qu'ils conserveront notre souvenir, comme nous continuerons à garder précieusement le leur.

Nous sommes persuadés que la grande distance qui va nous séparer n'affaiblira en rien les liens qui nous unissent.

Messieurs,

A la grande nation sympathique et chevaleresque, à la Russie !

L'amiral Avellan a répondu :

Je vous remercie infiniment de vos paroles. Je remercie en même temps les représentants de l'armée et de la marine françaises, qui nous ont montré une telle sympathie que nous ne l'oublierons jamais.

En notre nom à tous, je puis vous assurer que, chaque jour de notre vie, nous serons fiers d'avoir pu proclamer ce soir la santé de l'armée et de la marine de France.

Mais je veux, avant de m'acquitter de cette dette de reconnaissance, porter la santé de M. le président de la République.

Ce devoir accompli, j'adresse du fond du cœur un hourra à l'armée et à la marine françaises.

Hourra ! hourra !

Avant de quitter Paris, l'amiral Avellan a tenu à remercier la population de la grande ville de l'accueil chaleureux qu'elle lui avait fait ainsi qu'à ses officiers.

Pendant ces huit jours passés dans la capitale, l'envoyé de S. M. Alexandre III a pu se convaincre des sentiments français à l'égard de la Russie, et c'est par un adieu médité et écrit qu'il en a ainsi fixé l'impression :

Au moment où ils quittent Paris, l'amiral Avellan, les commandants et les officiers de l'escadre russe, profondément émus d'un accueil que nul mot ne peut rendre, ont l'impérieux désir d'adresser à la population parisienne l'expression sincère de leur reconnaissance.

Tout ce qu'ils ont vu et entendu, dans cet élan ininterrompu d'enthousiastes ovations, restera à jamais gravé dans le fond de leur cœur et sera fidèlement transmis aux amis de la France, en Russie.

Aux témoignages innombrables de sympathie qu'ils ont reçus de toutes les parties du pays, aussi bien des corps constitués que des sociétés privées, aussi bien des grands que des humbles, des vieillards et des enfants, ils eussent voulu répondre et témoigner, eux aussi, de leurs sentiments réciproques d'affection.

Le temps matériel leur a fait défaut. A tous, dès aujourd'hui, à Paris, à la France entière, ils demandent d'agréer leur fraternelle amitié, leur gratitude la plus vraie. Ils envoient aux Français tout ce qu'ils ont de bon dans le cœur.

Et, de fait, le chef de l'escadre russe et ses officiers ont manifestement montré au dernier moment combien ils appréciaient l'hospitalité reçue, et quel regret ils éprouvaient de la séparation.

*
* *

C'est pendant le séjour des marins russes à Paris qu'est mort le maréchal de Mac-Mahon, l'ancien président de la République. C'est au pacifique fracas de ces solennités patriotiques et inoubliables qu'il s'est endormi paisiblement dans l'éternité.

Le vieux soldat qui avait pris une part si glorieuse à la lutte de deux drapeaux ennemis devant les remparts de Sébastopol, a dû voir, comme satisfaction suprême, la vision sublime du drapeau russe flottant et fraternisant avec le drapeau tricolore.

Les couleurs des deux grandes nations, jadis ennemies et désormais loyalement amies, ont pavoisé le cercueil d'un homme de guerre qui a eu pour devise celle de notre croix : Honneur et Patrie !

*
* *

Lorsque les officiers russes vinrent à Paris, ils n'oublièrent pas le vieux maréchal de France Canrobert, qui les avait combattus, mais qui avait su rendre témoignage à leur bravoure et à leur héroïsme militaire.

Après avoir rendu visite à S. É. le cardinal Richard, l'amiral Avellan et les officiers russes rendaient visite au maréchal Canrobert.

L'ancien général en chef de l'armée de Crimée, ayant été prévenu la veille, était rentré de Saint-Germain. Le gouvernement avait mis à sa disposition, pour la circonstance, le colonel Avon, sous-chef d'état-major du gouvernement militaire de Paris. Il avait également auprès de lui son gendre, le lieutenant de vaisseau Navacelle; un officier d'ordonnance, le capitaine de Quercise, le lieutenant Avon.

A quatre heures vingt, l'amiral Avellan et les officiers arrivaient rue de Marignan, où habitait le brave maréchal.

Le petit hôtel de Canrobert était décoré d'un trophée de drapeaux aux couleurs françaises et russes, et dans la cour un peloton de cuirassiers rendait les honneurs. Le colonel Avon et le capitaine de Quercise reçurent l'amiral russe et sa suite, qu'ils introduisirent dans le salon du premier étage, où le maréchal Canrobert, souffrant de la goutte, était étendu sur un canapé.

Le Maréchal Canrobert.

L'illustre soldat avait revêtu son grand uniforme et portait le grand cordon de Saint-André. Il dit à l'amiral combien sa conduite le touchait : « J'ai pu, ajoutait-il, apprécier la bravoure et l'esprit chevaleresque des soldats russes que j'ai vus de près à Sébastopol, et vous aimer ; j'étais d'ailleurs très lié avec le prince Orloff; l'empereur Alexandre a daigné m'offrir le buste de lui qui orne ce salon. »

L'amiral a répondu qu'il était alors trop jeune pour avoir des souvenirs à ce sujet, mais qu'il savait que le nom glorieux de Canrobert était toujours dans toutes les mémoires et aussi dans tous les cœurs.

Ensuite l'amiral a présenté au maréchal Canrobert les officiers de son état-major, et la conversation se poursuivit pendant quelques instants.

Le maréchal serra la main à chacun des officiers en les remerciant de leur visite.

L'amiral et sa suite se retirèrent avec le même cérémonial.

※
※ ※

Malgré un pénible accès de goutte et ses quatre-vingts ans, le maréchal voulut rendre à l'amiral la visite que celui-ci lui avait faite une heure auparavant.

Il vint au Cercle militaire, où étaient les appartements de l'amiral.

Celui-ci descendit l'escalier pour le recevoir, et c'est à son bras que le glorieux soldat de l'Alma et d'Inkermann monta l'escalier du Cercle militaire.

Son entrée fut une entrée triomphale, une véritable ovation.

Chaque officier russe voulut être présenté au maréchal, le complimenter, lui tendre respectueusement la main.

Canrobert était ému jusqu'aux larmes, et ce fut au milieu d'une haie vivante qui l'acclamait avec ses hourras qu'il sortit du cercle pour rentrer chez lui.

※
※ ※

On sait qu'une représentation de gala eut lieu à l'Opéra, le jour même du départ des Russes qui retournaient à Toulon.

Malgré son âge, Canrobert voulut encore, cette fois, donner une marque de sympathie aux Russes.

« Entre temps, raconte un témoin, un magnifique vieillard, portant en sautoir le cordon de Saint-André, pénétrait sans bruit dans une première loge de gauche, voisine de l'entre-colonne. C'était le maréchal Canrobert, que le commandant Mugnier, un des officiers les plus distingués de l'état-major du ministère de la guerre, et M. Gaston Calmette étaient allés recevoir à l'entrée du pavillon de l'Empereur. Les domestiques ont dû porter l'illustre soldat jusqu'au couloir du premier étage; puis, aux bras de son aide de camp, il a marché jusqu'à sa loge, où le colonel Dalstein est venu le saluer au nom du président de la République. Le maréchal avait auprès de lui son gendre et sa fille, le lieutenant de vaisseau de Navacelle et Mme de Navacelle, son officier d'ordonnance le colonel de Quercise et Mme de Quercise, et le colonel Avon, sous-chef d'état-major du gouvernement militaire de Paris. L'amiral Avellan et ses officiers ont été très sensibles à cette marque de sympathie que le héros de Saint-Privat avait voulu leur donner.

*
* *

Le 2 décembre 1893, le maréchal Canrobert recevait des contre-amiraux russes Dicoff, Lawoff et Ivasoniger le télégramme suivant :

Sébastopol, 2 décembre.

Paris, Maréchal Canrobert.

Unis par la victoire, réunis par la mort; pour les soldats, c'est la gloire ; pour les braves, c'est la destinée.

Cette inscription touchante, sur l'éternel monument de la noblesse et de la grandeur du peuple français érigé par vous à Malakoff, sur le tombeau fraternel des deux grandes nations, est toujours présente dans nos cœurs aujourd'hui, le jour de l'anniversaire de la bataille de Sucop, prélude célèbre de la grande épopée du siège et de la défense de Sébastopol, également glorieuse pour tous les combattants.

Les marins de la mer Noire, rassemblés à Sébastopol, prient Votre Excellence de transmettre à la France le toast le plus sincère qu'ils portent pour la prospérité de la plus noble, la plus généreuse et la plus grande nation, la nation française.

Vive la France !

Contre-amiraux : Dicoff, Lawoff, Ivasoniger.

---

1. Rappelons à ce sujet qu'après les fêtes franco-russes de Paris et de Toulon, le préfet de Sébastopol, contre-amiral Lawoff, annonçait par dépêche au préfet de la Seine qu'une manifestation spontanée s'était produite dans le cimetière français de Sébastopol et que des couronnes avaient été déposées sur les tombes de nos soldats morts pendant la guerre de Crimée.

Le maréchal, de son côté, s'empressa de communiquer ce télégramme à M. Carnot, président de la République, et adressa par dépêche aux amiraux russes la réponse suivante :

Paris, 3 décembre.

Sébastopol, Contre-amiraux Dicoff, Lawoff, Ivasoniger.

Le maréchal Canrobert remercie très profondément Leurs Excellences et les marins de la mer Noire, réunis à Sébastopol le jour de l'anniversaire de la bataille de Sucop, des vœux chaleureux qu'ils lui adressent pour la France.

Il s'est empressé de les transmettre au chef de l'État.

Son pays recevra avec une vive joie ce nouveau témoignage de haute estime et de chaude sympathie que seules peuvent engendrer de loyales et grandioses luttes entre deux puissantes nations.

En ce qui le concerne, le *vieux maréchal* remercie très vivement la noble nation russe du culte dont elle entoure le monument élevé à Malakoff, à la mémoire de ceux qui, par leur sang, préparèrent l'union de leurs deux peuples dans les mêmes sentiments.

Il adresse à Leurs Excellences ses vœux personnels les plus ardents pour Sa Majesté le tzar, la famille impériale, la grande nation russe et ses marins et soldats si braves et si chevaleresques.

MARÉCHAL CANROBERT.

* *

Deux autres dépêches furent échangées entre le grand-duc Michel, oncle du tzar, président du conseil de l'empire, et le maréchal Canrobert.

Maréchal Canrobert, Paris, de Saint-Pétersbourg.

Quarante-deux défenseurs de Sébastopol et moi fraternisons, aujourd'hui, comme annuellement, en mémoire de nos brillants exploits de défense.

C'est avec un bien vif intérêt que nous avons suivi la réception solennelle récemment faite par les Français à nos marins. Profondément touchés par les discours pleins de cœur partis de toutes les classes de la population française, nous nous souviendrons aussi de vos paroles pleines de sympathie qui vantent la bravoure chevaleresque de nos troupes en Crimée.

Il y a quarante ans, Maréchal, que nous vous estimons, vous et nos braves et brillants adversaires, et admirons la ténacité inébranlable de l'armée et de la flotte françaises, et aujourd'hui, remémorant les trois cent quarante-neuf jours de défense qui n'ont jamais eu leurs pareils, et honorant avec des sentiments de profonde sympathie et d'estime la mémoire de nos héros et des vôtres, tombés vaillamment sur le champ de bataille, et celle de feu le maréchal de Mac-Mahon, nous vous écrivons, la coupe à la main : « Vivent la grande armée et la flotte françaises! Vive le maréchal Canrobert ! Hourra ! »

* *

N'oublions pas de raconter un épisode intéressant de la visite dans Paris. Il eut lieu dans la rue Lesdiguières, où le comité Pierre-le-Grand attendait l'amiral Avellan.

Un garçonnet et une charmante fillette, Mlle Tribout, ont offert à l'amiral le parchemin où l'habile artiste M. Bellan a peint une vue de l'hôtel Lesdiguières; puis M. de Ménorval a prononcé ces quelques mots :

« Amiral, voici un petit Français et une petite Française qui viennent prendre votre landau à l'abordage pour vous remettre, de la part de la population du IVe arrondissement, un souvenir de votre passage auprès de la maison de Pierre le Grand. L'alliance qu'il rêvait est faite aujourd'hui entre la nation russe et la nation française ; elle est cimentée par ce cri que nous poussons tous ici en votre présence : « Tout pour la paix, fors l'honneur ! »

Donnons enfin un détail d'une certaine saveur qui n'a pas été mentionné encore :

Lorsque M. Louis Hamès, l'un des organisateurs de la réception, eut présenté la coupe de champagne à l'amiral et que celui-ci y eut trempé les lèvres, la coupe fut jetée à terre et brisée.

LES MARINS RUSSES EN PROVINCE

A Lyon, la seconde ville de France, la réception a été aussi des plus enthousiastes.

A l'hôtel de ville, elle fut splendide.

On remit à l'amiral un cadeau de douze robes destinées à la tzarine et offertes par la ville.

Des toasts nombreux furent portés au banquet de la préfecture.

Un autre banquet fut donné à l'hôtel de ville.

Le menu, contenu dans un petit livret de soie jaune, portait au centre les armes de Lyon avec la devise :

> Suis le lion qui ne mords point
> Sinon quand l'ennemi me poingt.

Au-dessous, la date 25 octobre 1893, et au-dessous ces mots : « La ville de Lyon à l'escadre russe ! » Le menu est imprimé à gauche en français, à droite en russe. Puis, à la suite, douze pages sur vélin contenant chacune une très jolie gravure de douze monuments de Lyon. Au dessert, le maire de Lyon se leva et prononça le toast suivant, que tout le monde écouta debout :

> J'ai l'honneur de lever mon verre à S. M. Alexandre III, empereur de toutes les Russies, et d'associer à ce respectueux hommage le nom de la gracieuse et vénérée impératrice, de la famille impériale.

. . . .

Répondant à ce toast de M. le docteur Gailleton, l'amiral a dit :

> Monsieur le maire, en Russie, on est habitué depuis longtemps à considérer Lyon comme la ville la plus industrieuse, tant par la variété que par la quantité de ses produits. Aussi, chez nous, dans chaque famille, on éprouve un plaisir particulier à posséder et à montrer les œuvres de vos artistes.
> Je bois à vous, à la municipalité, à tous les habitants de Lyon !

*
* *

A Marseille, les officiers russes furent littéralement couverts de fleurs et de bouquets.

L'amiral et son état-major furent reçus dans le grand salon de l'hôtel de ville par le général de Vaulgrenant entouré d'un brillant état-major, et par M. Flaissières, maire de Marseille, entouré de ses adjoints et du conseil municipal. Un déjeuner fut offert à l'amiral et à ses officiers dans la salle de la Bibliothèque.

La carte du menu, des plus élégantes, portait en exergue les armes de la ville de Marseille, entre-croisées des drapeaux français et russes. Au-dessus de ces armes, sur un ruban de moire bleue, était imprimé en lettres dorées : *Cronstadt-Toulon*.

L'amiral Avellan répondit en ces termes :

> Depuis notre arrivée dans votre pays, chaque ville de France a fait battre notre cœur. Il a battu plus fort à l'approche de Marseille, qui est la *reine de la Méditerranée*. Ces hommages reçus d'elle nous sont doublement précieux, parce qu'ils émanent de Français et de marins.
> Je bois à la santé du président de la République, à la grandeur et à la prospérité de Marseille, à ses marins, à ses habitants !

Plusieurs autres banquets furent offerts aux Russes, ainsi qu'une représentation de gala au Grand-Théâtre.

Ce fut pendant cette représentation que l'amiral, se levant, s'écria : « Hourra pour la France ! »

L'amiral et les officiers russes quittèrent Marseille au milieu des acclamations de : « Vive la France ! Vive la Russie ! »

A TOULON

Le président, M. Carnot, au retour des Russes à Toulon, voulut rendre à l'amiral la visite qu'il lui avait rendue à Paris. De grandes fêtes furent de nouveau données à Toulon. On lança un grand cuirassé, *le Jauréguiberry*[1].

L'évêque de Fréjus, Mgr Mignot, procéda au baptême du navire.

A ce sujet, il adressa au président le discours suivant :

Monsieur le Président,

Votre présence au milieu de nous ajoute un suprême éclat, apporte un digne couronnement aux fêtes incomparables dont nous avons été les témoins.

Dès le premier jour, l'évêque et le clergé du diocèse de Fréjus et Toulon se sont associés avec une ardente allégresse aux sentiments qui faisaient vibrer tous les cœurs français dans un accord touchant et unanime.

C'est plus qu'un devoir pour nous, c'est une joie bien vive, Monsieur le Président, de vous offrir, en pleine conformité aux intentions du souverain pontife Léon XIII, cet autre grand ami de la France, avec l'assurance de notre loyale fidélité aux institutions qui nous régissent, l'expression passionnée de notre dévouement à notre pays, sur lequel les fêtes qui s'achèvent semblent avoir fait luire les plus rassurantes perspectives.

L'amiral Jauréguiberry n'appartenait pas à la grande famille catholique, dont je suis ici le représentant; mais je n'hésite pas à louer la foi sincère et la piété dont il se montra toujours animé, unissant en sa personne le patriotisme le plus pur et le zèle religieux le plus ardent. Il est donc juste que son souvenir demeure vivant au milieu de nous et que son nom respecté soit gravé comme un enseignement sur le vaisseau que nous allons bénir.

Quelles seront ses destinées? Dieu seul sait si la mort doit sortir un jour de ses flancs redoutables; mais si, après avoir invoqué le Dieu de paix, il nous fallait invoquer aussi le Dieu des combats, nous avons la ferme confiance que le *Jauréguiberry* affronterait la lutte à côté et en compagnie de ces puissants navires dont les équipages se sont unis aux nôtres dans la plus fraternelle étreinte.

Puisse cependant cette perspective être écartée!

Puisse la cérémonie d'aujourd'hui n'évoquer que de pacifiques souvenirs, tels que celui du grand-duc Constantin assistant ici même à la bénédiction et au lancement du *Quirinal!*

Puisse enfin l'amitié de la France et de la Russie faire de ces deux grandes nations les gardiennes et les arbitres de la paix!

Le président passe ensuite la revue des deux escadres française et russe.

Après la revue, un dîner fut donné à la préfecture.

Au dessert, le président de la République a porté le toast suivant :

Après les manifestations si spontanées, si cordiales et si loyalement pacifiques auxquelles donnèrent lieu en Russie et en France les visites échangées par nos escadres à Cronstadt et à Toulon, j'ai à cœur de remercier la marine russe et la marine française, que je réunis ici dans un même souhait de bonheur, d'avoir dignement rempli leur noble mission, en servant de trait d'union aux sympathies des deux peuples.

A la santé que j'ai l'honneur de porter à Leurs Majestés l'empereur Alexandre III et l'impératrice de Russie, je joins un toast qui répond aux vœux de tous : A l'amitié de deux grandes nations! et par elle à la paix du monde !

L'amiral Avellan a répondu en ces termes :

Monsieur le Président, c'est le cœur plein d'émotion et d'une éternelle reconnaissance envers les autorités et toutes les classes du peuple que nous vous remercions pour le chaleureux accueil, l'enthousiasme et la cordialité avec lesquels nous avons été reçus en France.

C'est un souvenir qui fera battre notre cœur à chaque instant. Il nous est infiniment doux et agréable, au nom de la Russie reconnaissante, de témoigner au peuple français notre gratitude pour cette noble action.

Je le fais avec un grand plaisir, et je me permets encore une fois de boire à la santé de M. le président de la République et de la noble nation amie de la Russie : la France !

Le lendemain, M. Carnot quitta Toulon pour revenir à Paris.

Au moment de quitter Toulon pour entrer au palais de l'Élysée, le président de la République a reçu un télégramme du tzar Alexandre III.

M. Carnot était alors, à la préfecture maritime, entouré des officiers généraux et des hauts fonctionnaires qui allaient l'accompagner à la gare. A la lecture de cette dépêche, sa figure est devenue rayonnante, et aussitôt il a annoncé aux personnes qui l'entouraient qu'il venait de recevoir de Gatchina une dépêche qui le comblait de joie et dont la France entière se réjouirait.

Puis, d'une voix claire, scandant chaque mot, il a donné lecture du document que voici :

Le président Carnot

Gatchina, 28 octobre, 11 h. 35 du soir.

*A Son Excellence Monsieur le Président de la République française,
à Paris.*

Au moment où l'escadre russe quitte la France, il me tient à cœur de vous exprimer combien je suis touché et reconnaissant de l'accueil chaleureux et splendide que nos marins ont trouvé partout sur le sol français.

Les témoignages de vive sympathie qui se sont manifestés encore une fois, avec tant d'éloquence, joindront un nouveau lien à ceux qui unissent nos deux pays et contribueront, je l'espère, à l'affermissement de la paix générale, objet de leurs efforts et de leurs vœux les plus constants.

ALEXANDRE.

La lecture de ce télégramme a provoqué parmi les assistants une émotion indescriptible.

Le président de la République a adressé la dépêche suivante au tzar en réponse à celle qu'il avait reçue la veille et dont on connaît le texte :

Paris, 29 octobre 1893, 10 h. 30 matin.

A Sa Majesté l'Empereur de Russie, à Gatchina.

La dépêche dont je remercie Votre Majesté m'est parvenue au moment où je quittais, à Toulon, pour entrer à Paris, la belle escadre sur laquelle j'ai eu la vive satisfaction de saluer le pavillon russe dans les eaux françaises.

L'accueil cordial et spontané que vos braves marins ont rencontré partout en France affirme une fois de plus avec éclat les sympathies sincères qui unissent nos deux pays.

Il marque, en même temps, une foi profonde dans l'influence bienfaisante que peuvent exercer ensemble deux grandes nations dévouées à la cause de la paix.

CARNOT.

L'ambassade de Russie a communiqué au ministère des affaires étrangères le télégramme suivant, adressé par M. de Giers au baron de Mohrenhein :

Pétersbourg, 28 octobre, 3 h. 50 soir.

L'empereur vous charge d'être l'interprète de sa sincère gratitude auprès des organes du gouvernement ainsi que des représentants de toutes les classes de la société qui ont participé à la brillante et cordiale réception de l'escadre russe en France.

Sa Majesté est très touchée des sentiments de sympathie et d'amitié si admirablement témoignés en cette circonstance.

L'empereur télégraphie directement à M. le président de la République.

GIERS.

De son côté, l'amiral Avellan adressa la lettre suivante au président du Conseil :

COMMANDANT
L'ESCADRE IMPÉRIALE
de la Méditerranée.

Rade des Salins-d'Hyères, le 30 octobre 1893.

Le contre-amiral Avellan, commandant l'escadre russe de la Méditerranée, à Monsieur le président du Conseil, ministre de l'intérieur.

MONSIEUR LE PRÉSIDENT DU CONSEIL,

Sur le point d'appareiller, sans avoir encore pu répondre aux nombreuses et touchantes marques de fraternelle amitié qui nous ont été prodiguées, je ne saurais mieux faire que de m'adresser à Votre Excellence pour lui demander de me faire l'honneur d'être, auprès de tous ses chers compatriotes, l'interprète de mes sentiments de profonde reconnaissance ainsi que de ceux des commandants, officiers et marins de l'escadre russe de la Méditerranée.

Nous ne devons malheureusement espérer pouvoir remercier tous ceux qui, de près ou de loin, nous ont donné de si précieux témoignages de sympathie, que lorsque nous serons déjà bien loin ! Mais le souvenir de l'accueil qui nous a été fait restera si profondément gravé dans nos cœurs que ni le temps ni la distance n'en affaibliront jamais la vivante impression.

Vous voudrez bien m'excuser, Monsieur le président du Conseil, d'avoir ainsi fait appel à votre obligeant concours, et je vous prie d'agréer, avec mes bien vifs remerciements, l'expression de mes sentiments les plus respectueux.

Contre-amiral Avellan[1].

1. Rappelons qu'un bal a été offert à Toulon par les officiers russes à bord du *Rynda* et du *Pamiat-Azowa*.

Les deux navires russes étaient côte à côte aux appontements et réunis par un pont couvert. Un des navires servait de vestiaire et de buffet. Le bal eu lieu sur l'autre.

Les décorations étaient originales. On avait construit des rochers avec jets d'eau et entourages de plantes rares.

Les tentures étaient aux couleurs franco-russes. Dès une heure on remarquait une affluence énorme. Une profusion de fleurs avait été apportée à bord. L'amiral Avellan a reçu les invités, tandis que la musique jouait tour à tour l'Hymne russe et la *Marseillaise*.

Le *Pamiat-Azowa* et le *Rynda*, amarrés près des appontements afin de faciliter leur accès, étaient distants d'une vingtaine de mètres ; ils ont été reliés par une passerelle fort bien décorée et où des vestiaires ont été installés ; mais la circulation entre les deux bâtiments a été si active que, sur l'ordre de l'amiral Avellan, un second pont a dû être jeté au cours du bal. Cette opération assez délicate s'est faite avec une rapidité remarquable.

De une heure et demie à cinq heures et demie, une foule compacte s'était pressée autour de lui, afin de lui exprimer encore une fois son affection pour la nation à laquelle il appartient et lui faire des souhaits d'heureux voyage. Malgré la longueur du défilé, l'amiral a constamment témoigné une bonne humeur parfaite, et c'est avec gaieté et esprit d'à-propos qu'il a répondu à tous les compliments.

A cinq heures, le bal était dans tout son éclat. Les danseurs, dont le nombre grossissait toujours, n'avaient plus qu'une bien petite place pour tournoyer, et ce n'est peut-être pas en marquant rigoureusement tous les mouvements que les officiers russes ont conduit les cotillons.

L'entrain des officiers de tout grade, français et russes, était aussi complet qu'il était possible de le désirer.

A six heures, ils ont dirigé une farandole auprès de laquelle celle de la ville du Midi la plus agitée aurait fait triste figure.

Tous les édifices publics et tous les cuirassés de l'escadre active et de l'escadre de réserve ont été, une dernière fois, brillamment illuminés le soir en l'honneur de l'escadre russe.

LES TÉMOIGNAGES DE SYMPATHIE

On ne saurait croire le grand nombre de lettres, de télégrammes, de souhaits, qui ont été échangés durant les fêtes données par les Français en l'honneur des marins russes.

Nous en avons choisi quelques-uns des plus intéressants et des plus curieux, qui donneront une idée de plus de l'enthousiasme qui a régné en octobre 1893.

*
* *

Le général de Boisdeffre, chef d'état-major général de l'armée française, avait reçu la dépêche suivante :

Varsovie, 22 octobre.

Les officiers d'état-major général de l'arrondissement militaire de Varsovie, réunis à un diner de camarades, profitant de l'occasion présentée par les mémorables événements actuels, proclament un toast chaleureux et sincère à votre santé et à celle des officiers d'état-major de la vaillante armée française. La sympathie toujours vive des Russes pour le peuple français n'a pu être éteinte par les guerres mêmes menées au gré de la destinée historique, et nous nous joignons tous au cri de cœur de nos marins, si cordialement honorés et fêtés par la France entière, pour exclamer avec eux : « Vive la France et sa grande armée! »

(Suivent les signatures, au nombre de cinquante, de généraux, colonels et capitaines du XVe et du Ve corps.)

Le général de Boisdeffre a répondu :

Au nom des officiers de l'état-major français, profondément touchés du précieux témoignage de sympathie de leurs camarades de l'arrondissement militaire de Varsovie, je vous remercie cordialement de votre toast chaleureux et de votre salut chevaleresque.

Nous sommes heureux d'assister à un événement inoubliable, qui nous permet de donner une libre expression au penchant naturel de nos cœurs pour la grande nation russe et à la très haute admiration que nous ont inspirée de tout temps la bravoure de ses soldats et la valeur de ses officiers.

C'est avec la France entière, et unis dans une même pensée de respectueuse vénération pour Leurs Très Augustes Majestés l'empereur Alexandre et l'impératrice Marie, que nous vous répondons par le cri partant du fond de nos cœurs : « Vive la Russie! Vive sa grande et valeureuse armée! »

Voici la réponse de M. Paul Déroulède au télégramme qui lui avait été adressé par le général Komaroff :

Langely (Charente), 15 octobre 1893.

Cher général et ami,

Je suis profondément touché et honoré de l'invitation qui m'est adressée pour le banquet offert par la délégation de la presse russe et de la presse française.

Je n'ai pas oublié, moi non plus, l'accueil fait à mes idées et à moi-même, de Pétersbourg à Moscou et de Moscou à Odessa, en 1886 et 1887, par les plus considérables représentants du journalisme en Russie.

Je n'ai pas oublié l'admirable et vigoureuse campagne entreprise et poursuivie depuis lors par la grande majorité des journaux de votre pays en faveur de l'indépendance de l'Europe et du rapprochement de nos chères et grandes nations. Ma reconnaissance est donc profonde pour la presse russe.

Soyez, je vous prie, mon cher Komaroff, soyez l'interprète de cette fraternelle gratitude, mais soyez-le aussi de mes regrets.

Toute politique intérieure laissée de côté, la politique extérieure veut aussi que je me taise et que je ne rentre pas en ligne, du moins actuellement.

Mon regret n'en est pas moins grand, croyez-le bien, d'avoir à décliner votre cordiale invitation. J'aurais, en effet, été si heureux de vous exprimer de vive voix l'immense joie patriotique que me donnent l'envoi et la venue en France de l'escadre impériale russe, si heureux de vous embrasser et de serrer les mains de nos amis de la première heure, si heureux enfin de porter au milieu de vous, à ce banquet de Paris, comme je l'ai porté voilà sept ans, aux banquets de Saint-Pétersbourg et de Moscou, un toast ardemment sincère, reconnaissant et respectueux, à Sa Majesté Alexandre III le Juste, et à Sa Majesté Maria Feodorowna, car nous l'appelons aussi, en France, *la bonne impératrice Dagmar*.

Slavo Rossia!

Paul Déroulède.

ÉCHANGE DE TÉLÉGRAMMES

Le général Chanoine a reçu les dépêches suivantes (en français) :

Du général Bogdanovitch, à Saint-Pétersbourg :

Réunis chez moi à dîner, pour fêter aujourd'hui anniversaire bataille Navarin, groupe marins russes sont heureux voir France Russie s'unir de nouveau pour sauvegarder la paix européenne, comme s'unirent jadis pour affranchir peuple hellénique, voulant, à cette occasion, rendre sympathique hommage glorieuse armée française dans personne d'un de ses dignes chefs, général Saussier. Buvons santé de ce sincère ami de Russie, unissant notre toast aux vôtres.

Hourra pour général Saussier!

EUGÈNE BOGDANOVITCH.

Des officiers de la garde impériale :

Les officiers de la garde impériale occupés, à Krasnoë-Selo, de l'enseignement des territoriaux, profondément émus par l'accueil fait à leurs camarades de la marine, participent de cœur à ces fêtes et boivent à la gloire de l'armée française.

C'est en russe que M. le général Chanoine a répondu à M. le général Bogdanovitch :

C'est avec un bien grand plaisir que nous avons reçu votre dépêche. Remplis du même sentiment de sympathie profonde, nous buvons à votre santé et à la santé de la marine russe.

Et aux officiers de la garde :

Nous sommes bien profondément émus de votre bon souvenir, chers frères d'armes, et nous buvons à la santé de l'armée russe.

Voici le texte des dépêches qu'ont échangées les médecins de l'hôpital Alexandre de Saint-Pétersbourg et le directeur de l'Hôtel-Dieu de Paris, en son nom et en celui des internes :

Les médecins de l'hôpital municipal Alexandre, fondé en mémoire de la libération des serfs du 19 février 1881, lisent avec un vrai transport les nouvelles de l'accueil cordial fait à leurs compatriotes dans le cœur de la chère France; ils souhaitent sincèrement que les sentiments de sympathie mutuelle entre les deux pays durent éternellement.

Vive la France!

PROFESSEUR BASYL DOBROKLOUSKI,
Directeur.

Le directeur de l'Hôtel-Dieu et les internes, unis dans un même sentiment de reconnaissance, accueillent avec un véritable enthousiasme l'expression des vœux formés par les médecins de l'hôpital municipal Alexandre.

Ils sont contents d'avoir pu recevoir au milieu d'eux les représentants de la médecine russe et de leur donner des preuves de l'ardente sympathie qui unit pour toujours les deux nations sœurs.

Vive la Russie!

Les médecins de l'escadre russe sont allés présenter leurs

hommages à M. Pasteur, qui les a reçus dans la grande bibliothèque de l'Institut, où l'on voit le buste du tzar.

« Je suis profondément heureux, leur a-t-il dit, de vous recevoir dans cette maison, qui est un peu celle du peuple russe. Ce que le tzar a fait pour la fondation de cette demeure, le souvenir de vos compatriotes que nous avons soignés, la présence fréquente de vos jeunes médecins qui viennent travailler au milieu de nous, tout se réunit pour faire de ce coin de France un des endroits où la Russie a le plus d'amis. »

Pendant que les médecins visitaient le laboratoire de l'Institut Pasteur, la foule s'était amassée. Lorsque M. Pasteur a reconduit les Russes jusqu'au bas du perron, des cris enthousiastes de : « Vive la Russie! » se sont élevés de toutes parts. Les médecins russes ont répondu par des hourras : « Vive Pasteur! Vive la France! »

Le président de la Société des artistes français, M. Puvis de Chavannes, reçut la dépêche suivante :

Odessa.

L'Association des peintres de la Russie méridionale, dans ce moment solennel de la fraternité de deux grandes nations, envoie ses saluts les plus chaleureux à ses célèbres maîtres et confrères et crie de tout son cœur : « Vive la France! Vive l'art français! Vive notre union fraternelle! »

Le Salon des peintres de la Russie méridionale.

A cette dépêche, M. Puvis de Chavannes a immédiatement répondu par celle-ci :

Président de l'Association des peintres de la Russie méridionale, Odessa.

Au nom de la Société nationale des beaux-arts, profondément émue et reconnaissante, remerciements et fraternelle accolade aux chers et glorieux confrères de la Russie méridionale.

Le Président,
Puvis de Chavannes.

Le maire de Lyon a reçu le télégramme suivant :

Docteur Gailleton, Maire de Lyon.

La municipalité de Bakou, dont je suis l'interprète et dont les sentiments fraternels pour la France sont à l'unisson de toutes les autres villes de Russie, me charge de vous remercier et de vous exprimer toute sa reconnaissance pour le chaleureux accueil fait à nos marins et dans lequel elle voit un nouveau gage de la paix européenne.

Vive la France! Vive Lyon!

Lenovitch,
Maire de Bakou.

De son côté, le docteur Flaissières, maire de Marseille, a reçu également de Bakou une dépêche conçue dans les mêmes termes. Il a reçu de Saratoff le télégramme que voici :

Saratoff, 29 octobre.

Voilà déjà quinze jours que la grande France fête nos marins, et il semble qu'il n'y aura pas de terme à ces transports d'enthousiasme. Néanmoins, ce terme doit naturellement arriver; mais ce qui restera désormais pour toujours, c'est le sentiment puissant de cette fraternité populaire de deux grandes nations.

Par décision unanime du Conseil municipal de Saratoff, je vous prie, Monsieur le Maire, de vouloir bien transmettre aux habitants de votre ville l'expression de notre reconnaissance la plus sincère et la plus cordiale pour l'accueil fait à nos chers marins.

Vive la grande et fraternelle France! Vive et prospère Marseille!

Le Maire de Saratoff,
Espifanoff.

LES CADEAUX

Les officiers et les marins de l'escadre russe ont reçu une profusion incroyable de cadeaux.

Voici d'abord ceux de la ville de Paris :

Pour l'amiral Avellan : une reproduction en argent ciselé de la *Paix armée,* de Coutan; une médaille d'or; un exemplaire de la publication *Paris,* de M. Paul Strauss;

Aux cinq navires, des reproductions en bronze de la *Paix armée;*

A chacun des officiers de l'escadre, au nombre de cent vingt-six : une reproduction en bronze de la *Pensée,* de Chapu; une médaille d'argent; un exemplaire de la publication *Paris.*

A chacun des marins de l'escadre, au nombre de deux mille deux cent trente-deux : un album de vues de Paris et une épingle de cravate en vieil argent, cette épingle ornée d'émail pour les deux cent cinquante-cinq sous-officiers.

La ville de Toulon a offert treize coupes, dont une en or pour l'amiral Avellan, douze en vieil argent pour les officiers supérieurs de son escadre, et les autres en argent pour les officiers subalternes.

La coupe en or et les coupes en vieil argent sont du même modèle.

Ces coupes sont fort jolies, d'un effet superbe; en voici le sujet : trois fusils dont les crosses reposent sur un socle, sont liés en faisceau par une couronne; les baïonnettes de ces fusils portent un demi-boulet qui forme la coupe et sur lequel est simplement gravée l'inscription suivante :

VILLE DE TOULON

SOUVENIR AFFECTUEUX

1/13 OCTOBRE 1893

Les coupes pour les officiers subalternes sont beaucoup plus simples : un demi-boulet reposant sur un pied-droit ou sur un pied à torsades. Les unes et les autres constituent un cadeau précieux.

Une délégation du conseil municipal de la ville de Besançon a remis à l'amiral Avellan : 1° un chronomètre de poche en or de haute précision qui a obtenu cent quatre-vingt-dix-huit points à l'observatoire national de Besançon, le plus haut chiffre obtenu jusqu'à ce jour; sur la boîte de ce chronomètre sont gravées les initiales A. F. de l'amiral; 2° un chronomètre en argent, dit pour torpilleur, destiné au commandant de l'*Empereur-Nicolas-Ier*; soixante-quinze montres en or ou en argent pour les officiers russes.

De plus, la ville de Besançon a fait exécuter deux montres-bijoux en or : l'une, destinée à l'impératrice de Russie, porte en brillants la couronne impériale et les initiales M. F. de la tzarine; l'autre destinée à Mme de Mohrenheim. Ces deux montres ont été remises à Mme de Mohrenheim par le président du conseil, qui a informé le maire de Besançon de sa démarche par la dépêche que voici :

J'ai eu l'honneur de remettre ce matin à Mme de Mohrenheim, qui en a été vivement touchée, la ravissante montre que la ville de Besançon avait bien voulu m'envoyer pour l'ambassadrice de Russie.

Le bijou destiné à S. M. l'impératrice lui sera transmis par les soins de S. Exc. l'ambassadeur de Russie.

Je me félicite d'avoir été l'intermédiaire et l'interprète des sentiments de la vieille cité bisontine, à laquelle j'envoie le salut cordial du gouvernement de la République.

Mme de Mohrenheim a adressé le télégramme suivant à la municipalité de Besançon :

Aussi touchée que flattée de la gracieuse attention dont je viens d'être l'objet de la part de la ville de Besançon, je viens vous prier de vouloir bien agréer pour vous-même et vous constituer auprès d'elle l'interprète de ma reconnaissance la mieux sentie pour ce précieux chef-d'œuvre destiné à me rappeler plus vivement encore les heures inoubliables que nous traversons en ce moment. Puisse chaque heure nouvelle qu'il marquera réaliser un des vœux de mon cœur pour votre belle cité et pour toute notre chère France !

Suivant un de nos confrères, l'amiral Avellan a raconté à l'un de ses visiteurs la touchante anecdote suivante :

« A tout instant, dans nos voitures, tombent des bouquets, des lettres, des cadeaux. Naturellement, nous prenons tout. Or, parmi les présents que j'ai reçus, il en est un qui m'a tout particulièrement impressionné. Tenez, lisez la lettre qui l'accompagnait, et vous comprendrez.

AMIRAL,

Nous ne sommes que des petits garçons bien pauvres. Nous voudrions pourtant vous faire, comme tout le monde, un cadeau. Nous avons brisé notre tirelire. Elle ne contenait pas une bien grosse somme, mais il y a des pauvres en Russie comme en France.

Voici nos malheureux 3 fr. 75. Nous vous supplions de ne pas nous en vouloir pour ce tout petit peu, et de le donner aux pauvres de votre pays en souvenir de leurs petits frères de France.

Et pas de signature.

C'est avec des larmes dans les yeux que l'amiral dit :

« Voilà un dépôt que je serai bien heureux de porter à son adresse. »

M. Weber, premier adjoint au maire de Fontainebleau, a aussi remis à l'amiral Avellan deux médailles en or grand module, frappées aux armes de la ville de Fontainebleau et portant au revers : « L'escadre russe à Toulon, 13 octobre 1893. »

Le sergent Hoff, une des figures populaires de l'armée française et gardien de l'arc de triomphe, reçut aussi du colonel Nicolas Stromilov, du 107° régiment d'infanterie russe, la charmante lettre qui suit :

Monsieur,

Le 107° régiment d'infanterie de ligne de l'armée russe, flatté de votre aimable attention par l'envoi du tableau dédié à la gloire du 7° régiment d'infanterie française, vous prie d'accepter une coupe de la part de MM. les officiers, et un tableau militaire de la part des sous-officiers du régiment, comme gage de leur franche et sincère admiration de vos éminents exploits militaires durant la campagne de 1871.

En vous serrant la main, brave camarade, nous vous souhaitons tous de jouir pendant de longues années encore de ces souvenirs en buvant votre petit coup à la prospérité de la belle France et en éprouvant la noble satisfaction d'un vieux soldat à la pensée, illustrée sur notre tableau, que les sentiments fraternels de nos armées amies reposent sur les fondements inébranlables du respect réciproque, gagné honorablement par nos ancêtres sur les champs de bataille.

Votre affectionné,

Nicolas Stromilov.

LA VILLE DE REIMS ET LES MARINS RUSSES

Le *Bulletin du diocèse de Reims* a donné les intéressants détails suivants, au sujet du souvenir que la ville de Reims offre à l'amiral Avellan.

« Dans la dernière réunion du conseil municipal, une somme de sept cents francs a été votée pour offrir à l'amiral Avellan un souvenir rémois. La ville se propose d'offrir à l'amiral russe un album photographique reproduisant un manuscrit slave, de grande valeur.

« Ce précieux manuscrit, connu dans le monde des érudits sous le nom d'*Évangéliaire slave,* faisait partie du trésor de la cathédrale de Reims ; il est conservé actuellement dans les vitrines de la bibliothèque de la ville.

« Cet *Évangéliaire slave,* dit M. le chanoine Cerf, est un petit in-4° en parchemin, composé de quarante-sept feuillets. Il est relié en tablettes de bois de chêne recouvertes de maroquin rose foncé. Un inventaire du trésor de la cathédrale, fait en 1669, nous apprend que ce livre était jadis « couvert d'argent avec plusieurs pierres et

« cinq cristaux » dans lesquels étaient des reliques de la vraie croix et de quelques saints. Ces ornements furent arrachés et pillés en 1793.

« D'après les savants qui ont étudié la composition de ce manuscrit, il paraît démontré que la première partie a été écrite de la main de saint Procope, abbé de Sawaza, en Bohême, en langue ruthénique, de 1010 à 1053.

« La seconde partie fut écrite en 1395 par un moine bénédictin de Prague, dans l'idiome et avec les caractères usités en Bohême.

« Comment l'*Évangéliaire slave* est-il venu à Reims ?... On croit que ce manuscrit fut offert au cardinal de Lorraine en 1562 par l'empereur Ferdinand Ier, roi des Romains. L'histoire nous apprend, en effet, que Charles de Lorraine alla à cette époque en la ville d'Insprüch, avec neuf prélats, pour conférer avec cet empereur. Celui-ci, désirant faire au prélat un présent digne de sa propre munificence et de la piété de Charles de Lorraine, ne crut pouvoir lui être agréable qu'en lui offrant un *Évangéliaire* écrit par saint Procope et enrichi d'une précieuse couverture. »

Ceci donne l'occasion de rappeler le passage du tzar Pierre le Grand à Reims en 1717.

Parmi les documents contemporains qui ont conservé le souvenir du fait, le plus complet est une note insérée dans le *Recueil des cérémonies extraordinaires faites en l'église de Reims*[1].

En voici la teneur :

« Le tzar ou grand-duc de Moscovie, à son retour de la cour de France en ses États, passa par Reims, le 22 juin de l'année 1717. On eut des ordres de la cour de le recevoir comme un prince souverain et de même que la personne du roi. Le chapitre fit sur ce sujet une conclusion à laquelle il faut avoir recours pour le cérémonial ; mais comme il ne passa que fort vite en chaise de poste, on ne put observer exactement ce qui avait été prescrit par ladite conclusion.

« Au lieu de descendre d'abord au palais archiépiscopal, où Mgr l'archevêque (François de Mailly) s'attendait de le recevoir, il alla tout droit à Saint-Remy pour y voir la sainte ampoule, puis

---

[1]. Manuscrit de la bibliothèque de l'archevêché.

à Saint-Nicaise, d'où on croyait qu'il allait continuer sa route; mais il revint dans le carrosse de Mgr l'archevêque en son palais, et entra ensuite dans l'église (cathédrale), où il ne resta que très peu de temps. MM. les sénéchaux et plusieurs de MM. les chanoines l'y accompagnèrent. Il rentra ensuite au palais, où, après avoir pris quelques rafraîchissements, il partit pour aller à Aix-la-Chapelle, avec la même vitesse qu'il était venu à Reims.

« Pas un des corps de ville ne put se présenter pour le saluer, parce qu'on ne put le joindre, et il sembla, par sa conduite, vouloir éviter l'embarras du cérémonial.

« On tira les canons à la porte de Paris, à son arrivée, au delà de laquelle porte il y avait des compagnies d'arquebusiers en haie, et dans la rue du Bourg-de-Vesle, des compagnies de bourgeoisie aussi en haie, et les hoquetons ou archers de la garde de M. le lieutenant de la ville.

« Le grand-duc courait, accompagné d'un détachement de dragons et de cavalerie de France.

« Ce que Pierre le Grand allait ainsi visiter à Saint-Nicaise, c'était le fameux pilier tremblant, qui intriguait si fort les physiciens et amenait à Reims tant de visiteurs.

« On sait en quoi consistait le phénomène; Pluche l'a très bien décrit au tome VII du *Spectacle de la nature*.

« Dans la tour méridionale de Saint-Nicaise se trouvaient quatre cloches, les deux moyennes et les deux petites. Quand on sonnait la seconde de ces deux petites, le premier arc-boutant de la nef remuait; et cependant il y avait dix-huit pieds entre l'arc-boutant et la tour; la cloche avait cent trente pieds d'élévation, et l'arc-boutant n'en avait que quatre-vingt-treize.

« La meilleure place, pour se rendre compte du phénomène, était le second escalier, escalier entièrement à jour, qui, au-dessus de la partie de la tour où étaient les cloches, conduisait à la flèche de pierre.

« On peut s'arrêter, dit Pluche, vers le milieu de ce second
« escalier pendant qu'on sonne la cloche 2.

« En se recueillant et en observant ce qu'on éprouve en soi-
« même, on se sent bercé de l'est à l'ouest : quelquefois on croit
« voir les objets voisins en mouvement. Le plus sûr est de fermer
« les yeux, pour être moins distrait.

« C'est ce que fit le tzar Pierre, lorsqu'il vint en 1717 faire ses
« remarques sur cette particularité. Il monta à la tour et s'assit
« sur le second escalier. On crut l'y voir endormi : mais il paraît
« qu'il n'avait fermé les yeux que pour pouvoir, par une attention
« suivie, s'assurer du mouvement de la tour dont on l'avait averti.
« Il dicta ensuite à son secrétaire ce qu'il pensait du rapport du
« mouvement de la cloche à ceux du pilier : et partout où il
« souhaita qu'on le conduisît, soit au tombeau de saint Remi, soit
« à la cathédrale ou ailleurs, le secrétaire écrivit toujours sous
« sa dictée. »

« Le vice-chancelier du tzar, passant à Reims le 27 juin, cinq
jours après son maître, fit lecture de la première partie du précieux *Évangéliaire slave* dont la ville offre la photographie à l'amiral Avellan. »

L'ALBUM DE LA TZARINE

Les femmes artistes de France ont offert à l'impératrice de
Russie, à l'épouse d'Alexandre III, un magnifique album, qui est
une œuvre d'art remarquable.

Le frontispice de l'album a été encadré dans une délicieuse fantaisie décorative de Mme Louise Von Parys. Ce frontispice montre
une ravissante figure de jeune femme personnifiant l'art de la
femme de France dans ce qu'il a de plus délicat, de plus attendri et dans sa plus haute et plus fine distinction. La reliure,
sévère et fleurie, avec des nuances exquises, est due au grand
relieur d'art Marius Michel. La collection des charmants dessins,
aquarelles, pastels, s'ouvre par une élégante fête italienne, demi-grandeur, due à Mme la princesse Mathilde.

Puis ce sont : des fleurs bien jolies de Mlle Claire Lemaître,
Mlle Marie-Adrien Bernamont; un joli médaillon de Mlle Louise
Alline; un toast à S. M. la tzarine, où Mme Dubourg a su mettre
toute la grâce fière et délicate des maîtres français du dix-huitième siècle; une petite *Parisienne*, croquis au pastel de
Mlle Waller; une *Vierge à l'enfant* de Mme J. Houssay; une bien
touchante *Alsacienne* de Mme Dreyfus; une *Orientale*, aquarelle
de Mme Garnier, etc.

Sur le frontispice de ce joli album, le poète Armand Silvestre a écrit ce beau sonnet :

> Noble épouse du Tzar qui porte l'Espérance
> Et la Paix dans les plis de son manteau royal,
> Vous dont le saint amour emplit son cœur loyal,
> Vers vous s'en vont les cœurs des Femmes de la France !
>
> Notre cœur douloureux a connu la souffrance,
> Mères, femmes et sœurs de ceux que l'An fatal
> A couchés sous la terre, et du rêve brutal
> Qui nous oppresse encor attend la délivrance.
>
> Ayant lavé le sang, ayant séché les pleurs,
> Aux tranquilles travaux du doux art des couleurs,
> Nos mains, grâce à la Paix, ont retrouvé des charmes !
>
> Sur ces pages d'album, qu'au loin nous vous offrons,
> Mieux que le temps vengeur des deuils et des affronts,
> Un sourire de Vous effacera nos larmes !

21 octobre 1893.

LA LORRAINE ET L'ALLIANCE FRANCO-RUSSE

LE LIVRE D'OR DE LA LORRAINE

Le *Livre d'or de la Lorraine,* admirable chef-d'œuvre d'art, a été offert en 1893 à la famille impériale de Russie.

De grands artistes y ont collaboré. La *délégation lorraine* chargée de remettre les présents offerts et ayant à sa tête M. Mézières, fut reçue par l'amiral Avellan.

M. Mézières prononça l'allocution suivante :

Monsieur l'Amiral,

J'ai l'honneur de présenter à Votre Excellence les délégués des trois départements de la Lorraine. Nous n'avons pas la bonne fortune de pouvoir, comme Paris, vous offrir l'hospitalité; mais nous partageons tous les sentiments qui vous sont exprimés chaque jour avec une si sincère émotion, avec tant d'unanimité, par la population parisienne.

Nous aussi, nous avons besoin de vous dire toute la sympathie dont nous sommes pénétrés pour votre personne, pour les officiers et les marins de votre escadre, pour la nation russe tout entière.

Permettez-moi de vous en laisser entre les mains un témoignage durable.

Les souvenirs que nous vous prions de vouloir bien accepter sont des œuvres exclusivement lorraines, conçues et exécutées par des artistes lorrains.

Partout où les bâtiments de votre escadre porteront le drapeau russe, puissent ces objets d'art rappeler, Monsieur l'amiral, rappeler à tous vos officiers, à tous vos marins, que vous avez là-bas, sur la terre lorraine, dans nos dix-huit cents communes, des amis fidèles et sûrs.

L'amiral Avellan a vivement remercié des somptueux présents qui lui étaient offerts, à lui, aux officiers et aux marins, et a ajouté que ces *Souvenirs de la Lorraine* resteraient toujours gravés dans leurs cœurs.

L'amiral a serré la main à chacun des délégués, qui se sont ensuite rendus en landau à l'ambassade de Russie, où les attendait M. de Mohrenheim.

M. Mézières s'est alors exprimé ainsi :

Monsieur l'Ambassadeur,

J'ai l'honneur de présenter à Votre Excellence les délégués des trois départements de la Lorraine. Je n'ai pas besoin de vous dire avec quelle émotion nous partageons les sentiments qu'exprime en ce moment la population parisienne ; nous sommes de cœur avec elle, lorsqu'elle acclame les officiers de l'escadre russe, lorsqu'elle les salue, partout où ils passent, par le cri de « Vive la Russie ! »

Permettez-moi seulement de vous rappeler que la Lorraine a un motif particulier d'être émue de ces démonstrations. Elle en a elle-même donné le signal la première ; elle ne peut oublier qu'elle aussi a reçu, l'année dernière, dans des circonstances solennelles, une visite mémorable.

Nancy, notre vieille capitale, a salué de ses acclamations S. A. I. le grand-duc Constantin, le représentant de S. M. l'empereur de Russie.

En souvenir de ce jour qui nous reste sacré, en souvenir de Cronstadt et de Toulon, nous prions Votre Excellence de vouloir bien placer aux pieds du tzar, avec nos respectueux hommages, un témoignage durable de nos sentiments.

Ce Livre d'or porte la signature des maires de nos dix-huit cents communes ; tous nos édiles lorrains ont contribué à le décorer. Il exprime la pensée de la Lorraine tout entière.

Si vous voulez bien vous faire notre interprète auprès de Sa Majesté, Monsieur l'Ambassadeur, nous n'en pouvons souhaiter de plus autorisé, de plus digne, de plus cher à la nation.

M. Alfred Mézières, qui a écrit la préface du *Livre d'or de la Lorraine*, a reçu après son envoi la lettre ci-dessous :

*A M. Alfred Mézières, membre de l'Académie française
et député de Nancy.*

Noble patriote, vaillant citoyen,

Les paroles d'or que vous avez écrites en tête du *Livre d'or de la Lorraine* sont parvenues jusqu'à nous.

Elles ont pénétré dans les régions les plus reculées de l'immense Russie, et partout elles ont été accueillies avec joie, comme des hôtes bien-aimés; elles ont profondément remué les âmes sur les bords de la Néva; la sainte Moscou les a reçues avec des élans d'enthousiasme; l'Oural les a lues avec une joie mêlée d'orgueil; elles ont apporté sur les bords de la mer Caspienne les rayons d'un espoir caressé; elles sont venues donner des ailes à la pensée jusqu'aux confins de la lointaine Asie, et y réchauffer les cœurs. Partout où flotte le drapeau russe, elles ont puissamment impressionné l'âme slave et l'ont remplie d'une ardente reconnaissance envers le *grand peuple ami.*

Nous nous inclinons avec respect devant les sentiments du courageux patriote. Son salut au peuple russe, nous le garderons jusqu'à la fin de nos jours et, comme un *legs* sacré d'amour pour la grande France, notre sœur, nous le transmettrons à la postérité.

Nicolas Daucoff.

Novembre, 2/14 1893.

Poltava,
Place Pierre, maison Tchebataroff.

LES FEMMES DE FRANCE ET LE LIVRE D'OR

La Société des femmes de France a distribué, pour être donné aux femmes, aux mères, aux filles et aux sœurs des matelots russes, un bracelet dit « chaîne d'ancre », aux chaînons alternés d'or mat guilloché et d'or rouge poli, fermé par un anneau à ressort supportant une médaille commémorative. Sur la face de la médaille, une branche d'olives rampe en relief entre deux écussons, où sont gravés les mots : « Cronstadt — 1891 », en caractères russes; « Toulon — 1893 », en caractères français. Au revers, deux brins de myosotis sont assemblés par un mince ruban avec cette légende : « Souvenir des femmes de France. » Enfin la Lorraine a fait des libéralités vraiment sans pareilles envers la nation aimée.

Le chef de l'escadre russe a reçu l'épreuve unique d'un bronze, *la Soif,* par un artiste lorrain, M. Prouvé (Victor); chacun des cinq navires s'est vu gratifié d'un service à punch. Enfin la Lorraine a offert au tzar un Livre d'or et une table, un chef-d'œuvre de M. Gallé (Émile), artiste lorrain, et à tous les marins de l'escadre un portefeuille commémoratif a été envoyé; il contenait, imprimé dans les deux langues, l'envoi illustré du Livre d'or par M. Mézières, de l'Académie française, et l'adresse pareillement illustrée des fidèles Lorrains au peuple russe.

LE LIVRE D'OR

Le Livre d'or a été le plus merveilleux cadeau offert à la Russie. Cette revue remarquable mérite une description sommaire, car elle est unique en son genre.

L'adresse dit à son tour : « Les fidèles Lorrains sont heureux de célébrer l'amitié qui lie les deux grandes nations européennes pour l'œuvre de paix et de justice.

« Unis dans un même sentiment de fierté et d'allégresse patriotiques, ils saluent avec émotion l'arrivée d'une escadre russe dans la Méditerranée.

« Les dix-sept cent treize communes, les cinq cent vingt sociétés et la presse de Lorraine ont signé sur ce Livre d'or, donnant à la noble, à la vaillante Russie, l'affirmation unanime de leur confiante, loyale et fraternelle affection. Vive la Russie! vive la France! »

Ces textes reproduisent les deux pages initiales du Livre d'or de la Lorraine, lequel constitue, avec la table édifiée pour le supporter, des dons à tous égards d'exceptionnelle importance. Le Livre d'or comprend, outre l'envoi et l'adresse ci-dessus, la signature du maire de chacune des communes des trois départements lorrains, avec le sceau de la mairie; la signature de chaque président de société, avec le timbre; la signature de chacun des directeurs de journaux lorrains; enfin soixante-dix-sept dessins ou aquarelles signées d'artistes lorrains tels que : Aubé, Bartholdi, Bettanier, Paul Colin, Curel, Eugène Feyen, Français, Friant, Émile Gallé, Garnier, Jacquot, H. Leroux, H. Lévy, Leroux, Camille Martin, de Meixmoron, Monchablon, Moyse, Petitjean, V. Prouvé, Revel, H. Royer, G. Save, Thinot, Vierling, Voisin, etc.

A ces dessins ont été jointes plusieurs estampes anciennes de l'imagerie d'Épinal, entre autres une des premières feuilles des écrits sortis des presses vosgiennes, figurant des fantassins russes, et datée de 1829.

Le Livre d'or, composé de deux cent vingt-trois feuillets, forme un album qui a été recouvert d'une somptueuse reliure due à MM. Victor Prouvé, Camille Martin, René Wiéner : le revêtement est en maroquin du Levant. Sur un cartouche paraît la dédicace :

LA LORRAINE A LA RUSSIE. 1893.

LA POÉSIE FRANCO-RUSSE

La visite des marins russes, les fêtes données en leur honneur, les témoignages de sympathie, inspirent nos poètes. Nous donnons ici quelques-unes des plus belles poésies qui furent publiées à ce moment.

* *
*

Dans la matinée du 29 octobre, lorsque l'amiral Avellan fit sa visite d'adieux, on lui remit un magnifique cadeau des tisseurs de Lyon, un album contenant des *vers nouveaux à la Russie, brodés sur soie avec un art incomparable.*

Voici cette poésie, la *Chanson de la soie,* de Jean Aicard, le doux poète :

> La France à la Russie aimée
> Parle d'alliance et d'amour.
> Pour notre bonne renommée
> Que dirons-nous à notre tour ?
>
> Lyon, la ville de la soie,
> Tisse, sur de riches couleurs,
> En des tons qui sont de la joie,
> Des chefs-d'œuvre qui sont des fleurs.
>
> La soie, irisée aux lumières,
> Chantante à l'air, gaie aux regards,
> Fait des robes et des bannières,
> Les manteaux et les étendards.
>
> La robe, frissonnante, vibre
> Aux moindres ondulations ;

L'étendard, flottant dans l'air libre,
Dit la gloire des nations.

Et Lyon voulant faire vivre
A tout jamais son compliment,
A tramé ces vers dans un livre
Tissé de soie uniquement.

La France tout entière est prête
A bien recevoir ses amis.
On prépare la grande fête :
Tous les ouvriers s'y sont mis.

L'un peint, l'autre écrit, l'autre grave.
On travaille de toutes parts...
Nous écrirons au peuple slave
Sur l'étoffe des étendards :

C'est pour la grâce féminine
Qu'on a fait des tissus si beaux.
Nous écrivons à la marine
Sur l'étoffe des beaux manteaux.

★
★ ★

Rappelons aussi que M. de Forgemol de Boisquénard a traduit en très jolis vers français une des plus délicieuses poésies russes de Lormentoff, intitulée le *Rameau de Palestine*.

Ce rameau est déposé, à côté de la lampe, devant les *Portes royales* qui indiquent l'entrée du sanctuaire de toute église russe.

Voici cette poésie :

LE RAMEAU DE PALESTINE

Dis-moi, rameau de Palestine,
En quel endroit as-tu grandi?
Dans le val ou sur la colline?
Où ta palme a-t-elle verdi?

Sur le Jourdan, rive sacrée,
Es-tu né quand brûlait le jour?
As-tu pris ta teinte dorée
Au soleil flamboyant et lourd?

Ou bien est-ce sur quelque cime,
Dans les montagnes du Liban,
Que l'on t'a sauvé de l'abîme
Où tu serais mort en tombant?

Quand tes feuilles furent tressées
Par les mains des fils de Sion,
Et dans le temple déposées
Après la sainte ablution,

As-tu des anciens chants bibliques
Entendu les naïfs accents,
Ou la voix douce des cantiques
Montant au ciel avec l'encens?

Le dôme épais de la ramure
Du grand palmier qui t'a porté
Offre-t-il encor sa verdure
Au voyageur pendant l'été?

Ou bien, racine desséchée,
Sous le feu du soleil qui mord,
Quand ta branche fut détachée,
Son tronc orphelin est-il mort?

Qui t'a mis dans l'iconostase?
D'où viens-tu? Serais-tu le don
Désintéressé d'une extase?
Ou bien le loyer d'un pardon?

Viens-tu d'un de ces doux apôtres
Au cœur éternellement pur
Et qui, pour les péchés des autres,
Prie encore au céleste azur?

Placé devant l'image sainte,
Garde toujours, rameau béni,
Le sanctuaire et son enceinte,
Où règne l'Amour infini.

Près de toi, la lampe voilée
Et la croix, sacrés à jamais,
Tout dit à l'âme désolée :
« C'est ici la joie et la paix. »

LES BEAUX VAISSEAUX

A Son Altesse Impériale Monseigneur le grand-duc Alexis.

I

Les beaux vaisseaux sur la mer de turquoise
D'un blanc panache argentent l'horizon,
Et dans le ciel chaque mât se pavoise
De drapeaux clairs, joyeuse floraison !
Les beaux vaisseaux ont côtoyé des îles
Et des pays qu'ils ne regardaient pas ;

Ils vont tout droit à nos rives fertiles,
Les grands amis qui viennent de là-bas !

II

Les beaux vaisseaux sur les côtes de France
Viennent serrer leur poitrine d'airain,
Et dans les airs un hymne d'espérance,
Un cri de joie, ont retenti soudain.
Les beaux vaisseaux portent la paix du monde,
L'auguste oubli de nos anciens combats ;
Nous leur devrons une moisson féconde,
Aux grands amis qui viennent de là-bas !

III

Les beaux vaisseaux apportent des nouvelles
Du pays blanc, blanc comme un bouclier,
D'où l'aigle noir, en déployant ses ailes,
Fixe, rêveur, l'Occident tout entier.
Les beaux vaisseaux portent sous leurs cuirasses
Les cœurs ardents d'intrépides soldats ;
Nous leurs devrons de cimenter deux races,
Aux grands amis qui viennent de là-bas !

IV

Les beaux vaisseaux, en quittant nos rivages,
Emporteront l'espoir d'y revenir,
Et dans l'isba, dans les steppes sauvages,
La fleur de France aura son souvenir.
Ils rediront comment deux peuples frères
En souriant se sont tendu les bras ;
Ils conteront nos rêves, nos chimères,
Aux grands amis qui sont restés là-bas !

Jacques Redelsperger.

MYOSOTIS

Elle arrivait au loin ainsi que de grands cygnes,
Fendant le flot d'azur, superbe et sans effort ;
Elle avait arboré les drapeaux, les insignes
Du puissant potentat qui règne sur le Nord.
Sur le sable brûlant des côtes de Provence
Le zéphir apportait un chant de matelots.
Ce chant grave et profond martelait sa cadence
Avec le bruit berceur, clapotant, des longs flots !
Ces voix disaient : « Salut, salut à toi, la France !
Le Père à ta patrie envoie avec orgueil,

Par nous ses fils aimés, la féale assurance
Que l'étoile du Nord veille sur ton grand deuil!
Si nous avons jadis, sur les champs de bataille,
Mesuré nos grandeurs, choqué nos boucliers,
Nous nous sommes compris; nos pays sont de taille
A jouter pour l'honneur comme des chevaliers ;
D'arcaniques liens unissent nos deux âmes,
Puisque au fort des combats nous nous cherchions la main.
Dieu d'un même flambeau fit jaillir nos deux flammes;
Enlacés, nos deux cœurs troublent le genre humain !
Laissons rugir les forts, blêmir l'ingratitude !
Le chêne est un fétu dans la main du Très-Haut!
Unis, nous atteignons une telle altitude,
Que l'ire de Dieu seul pourrait frapper si haut ! »
Sur la plage on voyait une foule en délire
Tendre vers les vaisseaux de bleus myosotis;
L'enthousiasme avait ses harpes et sa lyre
Dans les âmes des grands comme des tout petits !
Et la brise chanta ce que pensait la France !
Elle avait, en passant dans les champs, dans les bois,
Pris le parfum des cœurs tout vibrants d'espérance,
Pour exprimer l'amour du grand peuple gaulois !
« Salut à toi, dit-elle, escadre d'Alexandre !
Ce nom résonne ici comme un bouclier d'or !
Trois tzars portant ce nom au monde ont fait comprendre
Qu'en touchant à la France on touchait au Thabor !
Aussi, pour vous marquer combien il est intense,
Le sentiment profond qui germe dans son cœur,
Le peuple offre à nos cœurs, dans sa reconnaissance,
Ce qui peut l'affirmer mieux que tout : cette fleur !
Chaque mère a cueilli, sans craindre un sacrilège,
Ces bleus myosotis au pied d'un cher tombeau,
Afin que leur azur rappelle à votre neige
Tout ce que nous avons de plus saint, de plus beau !
Gardez-la, cette fleur, en elle revit l'âme
De ceux qui sont tombés dans les plaines, là-bas,
L'œil fier, où survivait une indomptable flamme,
Poussant un dernier cri : « Ne nous oubliez pas ! »
Portez-la, cette fleur, emblème de la France,
Qui par elle a gardé la foi dans l'avenir !
Nous avons tous les deux une même espérance !
Nous aurons tous les deux un même souvenir !

MAURICE DE TALLEYRAND-PÉRIGORD,
Duc DE DINO.

LA CHANSON FRANCO-RUSSE

La chanson populaire est l'une des formes historiques de la manifestation franco-russe. Il s'en est imprimé, vendu, chanté, gravé un grand nombre.

Citons en premier lieu la *Marseillaise franco-russe* de notre confrère André Chadourne.

I

Allons, enfants de la patrie,
Voici les Russes arrivés!
Devant nous, d'une sœur chérie
Les drapeaux brillants sont levés (*bis*).
Entendez-vous, foulant nos terres,
Ces fiers et valeureux marins?
Ils viennent pour serrer nos mains
Et bien haut se dire nos frères.

Refrain.

En masse, citoyens, courons au-devant d'eux;
Courons, courons, et vers le ciel poussons des cris joyeux.

II

De la Russie et de la France
Dès longtemps naquit l'amitié.
Dans la joie ou dans la souffrance
L'une et l'autre sont de moitié (*bis*).
Sur de nombreux champs de victoire
Chacune a répandu son sang
Et pour le faible ou l'innocent
De lutter s'est fait une gloire.

(*Au refrain.*)

III

D'une ancienne et noble alliance
Dès ce jour resserrons les nœuds.
Qu'ils accroissent notre espérance
En donnant l'essor à nos vœux (*bis*)!
Chaque peuple appuyé par l'autre,
Suivant librement son destin,
Partout, d'un pas ferme et certain,
De l'honneur se fera l'apôtre.

(*Au refrain.*)

IV

> Que de nations nous jalousent,
> Rêvant d'obstruer nos chemins,
> A ces haines qu'elles épousent
> Opposons de simples dédains (*bis*).
> Mais, si jamais jusqu'à l'offense
> Leur fiel contre nous se portait,
> Unis, sans trembler, d'un seul trait
> Nous saurions en tirer vengeance.
>
> (*Au refrain.*)

Une autre chanson populaire a pour thème un apologue.

C'est d'abord une vieille Cosaque qui nous envoie en mourant son fils pour nous défendre. Elle ne lui parle point de son grand-père. Le ferait-elle que ce serait pour lui dire : « Nous fûmes parfois rivaux, ennemis jamais. » C'est, dans un autre récit, un Michel Strogoff chargé d'un message mystérieux, qui, sans perdre un instant,

> Reprenait la verste et le message.

Vous plaît-il de savoir l'histoire des deux mousses, l'un Français, l'autre Russe? Le Russe, pour planter un drapeau français, monte dans la voilure; il perd l'équilibre et tombe. Un mousse français plonge dans la mer et le retire. Le président de la République, qui est là, fait venir les enfants :

> Puis il leur dit de sa voix sympathique :
> « Petits soldats, vous êtes très vaillants!
> C'est bien, très bien, et je vous félicite
> Pour votre ardeur et votre dévouement.
> En récompense de votre mérite,
> De cette bourse acceptez tout l'argent. »
> Ils se taisaient; leur éloquent silence
> En disait plus qu'une longue ovation.
> Carnot sourit, et, dans sa bienveillance,
> Il embrassa les mousses de Toulon.

Une autre chanson nous montre comment l'alliance franco-russe fut établie.

Ce fut un pigeon qu'on chargea du message. Qu'il eut de péripéties! La tzarine lui avait mis au cou une missive. Il gagnait le pays ami, quand un Prussien l'aperçoit; il accourt, visant

> Le pigeon, qui reçut dans l'aine,
> Du fusil le vil plomb pesant.

C'est un courageux petit oiseau; il s'élance et tombe en Lorraine. On s'empresse, on voit sa blessure et le billet au chiffre impérial :

> « De la Prusse il brava l'escorte,
> Dit un colonel aussitôt :
> Vite à l'Élysée qu'on le porte
> A notre président Carnot! »
> C'était l'alliance rêvée.

Le couplet de bienvenue du chansonnier populaire Jules Jouy est sobre, ferme et gai.

> Le fier navire dont s'illustre
> Le blason de notre Paris
> Partout allume comme un lustre
> Les mâts de cent drapeaux fleuris.
> Depuis la cale jusqu'au faîte,
> A tribord ainsi qu'à bâbord,
> L'équipage entier est en fête :
> Nos frères russes sont à bord.

Paul Déroulède a trouvé la note chauvine la plus discrète et la plus habile dans son *Nitchevo* :

Le poète sent la contradiction apparente de cette alliance entre les adversaires de Sébastopol. La France pense qu'un jour elle a levé son drapeau contre celui de son amie. Ce souvenir l'obsède; mais la Russie lui répond :

> Laissons le passé, ma chère;
> Puisque nous nous aimons bien,
> Nitchevo, ça n'y fait guère,
> Nitchevo, ça n'y fait rien.

Voici maintenant une chanson sentimentale :

LA FAUVETTE FRANCO-RUSSE
DES DEUX PETITS RAMONEURS

I

> Sur une route toute blanche de neige
> Mouraient de faim deux petits ramoneurs;
> Ils regardaient au loin le blanc cortège
> Et l'arrosaient lentement de leurs pleurs.
> Alors l'aîné dit à l'autre plus jeune :
> Hélas, Ernest! nous ne pouvons nourrir

Notre fauvette, qui depuis hier jeûne;
Lâchons-la donc, car nous allons mourir!

Refrain.

Déploie, petite amie,
Tes ailes de velours;
Va dire à la Russie
Que nous l'aimons toujours;
Qu'elle est, avec la France,
Une grande nation;
Qu'elle a notre espérance
Et notre adhésion!

II

Je vais te faire un collier tricolore :
Tu porteras là-bas nos trois couleurs.
Attends un peu, ne t'en va pas encore,
Laisse-les-moi presser dessus mon cœur!...
Sur ton chemin tu verras la Lorraine :
Pose-toi sur le clocher de Strasbourg.
En voyant nos couleurs républicaines,
Ils se diront : « On pense à nous, toujours! »

(*Refrain.*)

La fauvette arrivait enfin en Russie, où on la fêtait :

L'oiseau français de faim ne mourra pas!

Leur petite amie envolée, les deux petits ramoneurs attendaient courageusement la mort bien lente :

L'aîné cherchait à réchauffer son frère
En le couvrant des plis de son gilet.
Puis il mourut! et, songeant à sa mère,
Sa douce voix lentement répétait :

Déploie, petite amie,
Tes ailes de velours;
Va dire à la Russie
Que nous l'aimons toujours,
Qu'elle est, avec la France,
Une grande nation;
Qu'elle a notre espérance
Et notre adhésion.

UNE ANECDOTE
(Souvenir de 1893.)

LE JOLI PETIT CHIEN DE LA TZARINE

Ceci n'est pas un conte, mais une histoire aussi vraie que merveilleuse.

Le 17 octobre 1893, jour de l'arrivée des marins russes à Paris, naissait chez Mlle J. Clément, à Montmartre, un petit chien Saint-Bernard qui portait sur la tête — empreinte miraculeuse — deux larges taches symétriques, pouvant figurer un double aigle.

Le petit chien de Mlle Clément fut traité avec une considération inusitée : on chercha pour lui un nom qui fût à la fois suave et symbolique, et, faute de trouver mieux, on l'appela « Paris »; puis des témoins honorables signèrent son état civil, lequel fut rédigé selon la forme légale et transcrit sur une superbe feuille de papier brodé.

Alors Mlle Clément, dont l'idée fixe était d'offrir « Paris » à la tzarine, se mit en quête d'un intermédiaire puissant qui voulût bien faire parvenir ce cadeau à la souveraine russe.

L'amiral Avellan voudrait-il bien se charger de la commission? Mais le moyen de l'approcher dans la foule, avec un petit chien sous le bras?... Et puis, l'amiral devait emporter déjà tant de paquets!

La brave fille ne s'embarrasse pas pour si peu. Elle avait lu dans un journal qu'un yacht appartenant à un neveu de Nicolas II, S. A. I. le prince Georges Romanowski, était aussi depuis deux jours au port des Saints-Pères.

Elle double joliment de beau satin bleu et blanc un grand panier d'osier, y enferme « Paris » et l'adresse au commandant avec la lettre suivante :

Monsieur le Commandant,

Permettez à un Parisienne du XVIIIe arrondissement de charger un de vos braves marins de mettre aux pieds de votre gracieuse et vaillante souveraine le petit chien ci-joint, né le jour de l'arrivée des Russes à Paris.

Je vous salue respectueusement.

J. Clément,
Chez le docteur Fourest,
120, boulevard de la Chapelle.

« Eh bien! qu'en avez-vous fait, de ce petit chien? demandons-nous à M. Astachoff, le très aimable lieutenant de la garde marine impériale qui commandait le *Roxana?*

— J'ai commencé, nous disait-il, par le garder à bord et par le soigner selon les prescriptions reçues en même temps que son acte de naissance et sa lettre de présentation : six fois par jour on lui donne un œuf battu dans un peu de lait tiède.

« Ensuite, comme le cadeau de Mlle Clément me semble, à cause de sa naïveté même, des plus touchants, j'ai fait demander par l'ambassade si je devais ou non l'accepter.

— Eh bien?

— Eh bien! mon camarade, le lieutenant Alexieff, qui part ce soir pour Saint-Pétersbourg, emportera le petit chien et le présentera lui-même à S. M. la tzarine.

— Qui acceptera?

— Pourquoi pas? Notre souveraine est si simple, si bonne, si sensible aux marques d'affection dont elle est l'objet!... Elle sera très touchée, j'en suis sûr, de cet original souvenir. »

LES SOUVENIRS DE LA JEUNESSE RUSSE A LA JEUNESSE FRANÇAISE

La jeunesse de France, les élèves des lycées et des collèges, voulurent participer à la réception des Russes. Nombreux furent les enfants de France qui envoyèrent à leurs camarades russes de touchants témoignages de sympathie. Les jeunes Russes ont répondu à ces beaux témoignages. Nous avons choisi et nous donnons ici quelques-uns des plus jolis ou des meilleurs de ces souhaits envoyés de Russie. Le maire de Lyon a reçu la lettre suivante du maire d'Odessa :

Odessa, 14/26 octobre 1893.

MONSIEUR LE MAIRE,

Interprète des sentiments de la jeunesse des gymnases et des écoles municipales de la ville d'Odessa, je me fais un plaisir, Monsieur le maire, de vous adresser simultanément, avec ce pli, cent exemplaires de la réponse de notre jeunesse municipale à l'appel ami et fraternel des jeunes camarades français, et de vous prier de vouloir bien les faire distribuer aux élèves des écoles de votre ville.

Le Maire de la ville d'Odessa,

G. MARASLY.

- Voici cette poésie :

A nos petits camarades français.

De la part des élèves des écoles et des gymnases municipaux d'Odessa.

I

En réponse au gentil message
Que votre cœur nous a dicté,
Et qui pour nous sera le gage
D'une constante intimité,

II

A nos petits amis de France
Nous envoyons notre salut.
Nous voilà liés dès l'enfance ;
N'oublions jamais ce début.

III

A nos aînés portant envie,
Nous trouvons tous leur sort heureux,
Et nous lisons, l'âme ravie,
Ce que chez vous on fait pour eux.

IV

A vous, témoins de l'entrevue,
Quand pourrons-nous, à notre tour,
Souhaiter tous la bienvenue,
Et vous prouver tout notre amour ?

V

Votre appel à travers l'espace
Est bien parvenu jusqu'à nous.
Dès à présent, quoi que l'on fasse,
Amis, nos cœurs sont avec vous.

Odessa, le 14 octobre 1893.

A nos chers petits camarades français.

I

Salut à vous, chers amis de la France !
Salut à vous, salut du fond du cœur,
Que l'amitié, nourrie d'espérance,
Soit par ma lettre un gage de bonheur.

II

, Et que notre âme, ignorant la distance,
Soit avec vous maintenant et demain.
Demain peut-être, en nous serrant la main,
Nous pourrons dire encor : Vive la France !

S. Arakiné,
Élève de la cinquième classe.

A tous les écoliers de France.

Vivent la Russie et la France !
Ce cri-là franchit la distance,
Et croyez-le, chers camarades,
Dans nos cœurs comme dans nos rades
    Il retentit.
Vivent la France et la Russie !
Toujours nos voix vous associent,
Aimables enfants de l'école,
Et de nos cœurs vers vous s'envolent
    Nos sympathies.

Un élève du gymnase de Smolensk.

A toutes les écolières de France.

Aimables écolières de France !
Nos cœurs battent à l'unisson,
Ils ont la même espérance,
Les mêmes vœux nous formons.
Que l'amitié qui nous lie
Dans nos âmes s'enracine ;
Que l'amour qui nous anime
Et le cri qui nous rallie
Soient toujours : France et Russie !

Véra Gloucharine,
Élève de la cinquième classe
du gymnase de filles de Smolensk.

A nos amis les écoliers français.

Envole-toi, colombe, vers la belle France,
    Retournes-y, petite,
      Bien vite,
Emporte nos souhaits pour l'alliance !
  Nous nous verrons un jour, chers frères,
  Nous travaillons avec ardeur ;

A Dieu nous envoyons nos sincères prières,
Pour qu'il rapproche enfin cette heure de bonheur.

Un élève du sixième gymnase impérial de Varsovie.

10/22 octobre 1893.

Gymnase de filles à Riga.

D'un pays froid de climat, mais pas de cœur,
Recevez nos salutations fraternelles,
Nos remerciements pour l'accueil enchanteur,
A notre mémoire souvenir éternel.
On nous enseigne votre belle langue
De front avec la nôtre, dès le berceau,
Notre bonjour, notre réponse n'est pas longue,
Mais notre amitié a servi de sceau.

Wera Vasilieff,
Élève de la septième classe.

Vive la France ! Vive la Russie !
Quelle grande joie ! Ce n'est pas la guerre sanglante
Qui de ses terreurs menace le monde;
Oh non ! c'est l'amitié toujours croissante
Que fêtent en ces jours la France et la Russie.

Wera Zoubarouskaia.

La jeune Moscovite aux chers enfants de France.

ACROSTICHE

Fraternité unit nos peuples heureux,
Russie « la Vaste » et France « la Belle »
Aux générations, vous servez de modèle,
Nous sentons déjà les approches du rêve de paix,
C'est vers vous que les regards des nations sont tournés,
En bénissant votre noble et sainte union.

Composé et écrit par
Natalie Novikoff.

Crimée, Simphéropol, 16 octobre 1893.

De la part du curateur de l'arrondissement d'Odessa.
(AU NOM DES ÉLÈVES DES ÉCOLES DU GOUVERNEMENT)
Réponse d'un jeune écolier russe à son camarade de France.

Une larme de joie a mouillé ma paupière,
Quand j'ai lu tes beaux vers où tu dis sans détours,
Et d'un air ingénu, qu'il n'est pas de frontière
Pour qui s'aiment de cœur et s'aimeront toujours.
Camarade, à cette heure où la France est en fête

Pour faire à nos marins un accueil chaleureux,
De tes jeunes amis se faisant l'interprète,
Avec nos bons souhaits tu nous transmets leurs vœux.
Franchissant en esprit montagnes, mers et plages,
Nous vous rendrons, amis, le bonjour fraternel
Que vous nous adressez de vos lointains parages,
En vous jurant à tous un amour éternel.
Que le Dieu tout-puissant, le maître des armées,
Qui veille sur nous tous avec même bonté,
Daigne bénir d'en haut deux nations aimées,
Et leur accorde paix, bonheur, prospérité,

Odessa, octobre 1893.

A nos petits camarades français.

Adresses des élèves du 1ᵉʳ gymnase de filles et du 1ᵉʳ gymnase de garçons de Varsovie.

Le doux message plein de promesses
Que votre alliance devait sceller
Est parvenu à son adresse
Et droit au cœur nous est allé!

Nous y trouvons l'écho fidèle
Des sentiments que nous inspire
La réception toute fraternelle
Faite à Toulon à nos navires.

Nous partageons, veuillez le croire,
Votre enthousiasme irrésistible,
Les mots : patrie, honneur et gloire,
Ne nous trouvent point insensibles.

Nos cœurs triomphent de la distance,
Et bien souvent nous l'oublions :
Nous nous croyons déjà en France,
Et de vive voix vous remercions.

Vous êtes Français; nous sommes donc frères.
Mais si les Russes savent bien aimer,
Si nos transports sont très sincères,
Nous ne savons les exprimer.

C'est que votre langue est difficile;
Vous relèverez bien des erreurs;
Vous critiquerez sans doute notre style,
Mais ne doutez point de notre cœur.

Il brûle pour vous d'une vive ardeur
Qui ne s'éteindra jamais,

Et nous disons avec ferveur :
Vive la France ! Vivent les Français !

UNE PETITE RUSSE.

Penza, 15/27 octobre 1893.

La réponse des enfants russes.

I

Enfants de la France ! Vous attendez
Notre réponse, ô jeunes amis,
Vive la France ! Voici le salut
Des jeunes filles de la Russie.

Qu'il vole donc vers ces lieux triomphants
Où retentissent les ovations,
Où les vaisseaux alliés
Célèbrent l'amitié des deux peuples.

Que le Seigneur protège et bénisse
Cette alliance amicale,
Et qu'il resserre pour toujours
Les liens de notre fraternité.

Composé par une élève de la classe supérieure :
AIMÉE LAVROFF (âgée de dix-huit ans).

II

La pluie d'automne obscurcit les vitres,
　　Le vent souffle tout autour,
Et pourtant notre âme se réchauffe à la pensée
　　Que dans un pays lointain
Où le soleil est plus chaud et le ciel plus serein
　　Vivent nos chers amis.
Vole donc, ma petite feuille, vers ce pays étranger
En disant dans notre langue maternelle
Que nous avons été heureuses de recevoir le salut de nos amies,
Que nous aimons aussi les enfants français.

Composé par une élève de la 2ᵉ classe :
NINA TIMOFÉEFF (âgée de onze ans).

A nos chères amies de France.

De la part des élèves de l'école de commerce des jeunes filles, dirigée par Mᵐᵉ Bouchtéeff, à Odessa, rue de la Poste.

Un baiser, lointaines sœurs,
Est la réponse au message
Que vous ont dicté vos cœurs.

Oh! quel regret, quel dommage
Qu'à l'heure où nos aînés
A l'envi sont fêtés
Nous ne soyons pas en France,
Près de vous. — Mais patience !
Il faut, n'est-ce pas, qu'un jour
Arrive aussi notre tour ;
Oui, nous serons un jour grandes ;
Alors, nous envolant vers vous
Comme des colombes, par bandes,
Nous vous entraînerons chez nous ;
Oui, sœurs, vous serez nos hôtesses;
Alors nous vous prodiguerons
Nos baisers, nos caresses,
Et nous vous comblerons
Toutes de nos tendresses.

Réponse à nos camarades français.

Des rivages des mers étrangères,
Au delà des plaines, des vallées,
Votre chère feuille arriva
Dans notre coin éloigné,
Amis ! que dire ? à peine le savons-nous...
Nous nous sentons touchés par votre salut fraternel
Et nous nous dépêchons de vous envoyer
Le « Dieu vous garde » (*spassibo*) russe en réponse.
Nous sommes nés dans la contrée de neige,
Et notre pays est pauvre et dur.
Cependant, croyez-nous, nous sommes tendres de cœur
Et vos égaux par la force du sentiment;
Tout brillant d'une amitié cordiale,
Notre message vole vers vous ;
Désunis par les mers, soyons unis par l'amitié.

UN RUSSE : PONOMAREFF,
Élève de l'école spéciale à Pskow.

A nos amis de France.

Votre salut chaleureux et cordial
Comme une colombe a volé jusqu'à nous,
Et a retenti dans nos jeunes cœurs
Comme l'expression d'une éternelle et fidèle amitié.
Résonne donc, chant de sympathie réciproque,
Vole vers les rives lointaines;
Sois un message de joie et d'allégresse
Pour nos amis de France !
Dis-leur que pour eux nos cœurs sont remplis

D'un amour ardent et désintéressé ;
Qu'avec eux nous aspirons tous ensemble
Au bien et à la lumière !
Et priant avec ferveur devant les autels
Pour la Patrie et pour le Tzar,
Dorénavant nous nous souviendrons avec amour
De vous aussi, nos chers amis.

Constantin Orloff,
Élève de sixième classe
du sixième gymnase de Moscou.

A nos jeunes camarades français.

Lorsque du beau pays de France,
Inspiré par une douce amitié,
Parvint jusqu'à nous, camarades,
Votre salut unanime et touchant,
Nous y prêtâmes une oreille attentive,
Le cœur plein de reconnaissance...
Frères ! Recevez en retour notre *spassibo* russe,
Qui de nos poitrines retentit, cordial et fraternel.
Amis ! nos cœurs pour vous brûlent
D'une amitié puissante et tendre ;
Enfants de la France ! un sentiment de profonde
Sympathie envers vous nous inspire...
Que votre beau pays fleurisse
Aux rayons de l'amour !
Et puisse l'amitié sincère qui nous unit maintenant,
Grandir et s'affermir avec le cours des temps.

Pierre Strakkoff,
Élève du premier gymnase de garçons
à Moscou.

A nos chers camarades de France.

Vos lointains camarades russes vous envoient, chers amis, un salut cordial à vous, à la France bien-aimée ! A vous, à la France, nos pensées, nos vœux et notre amour !

Merci, pour votre touchante attention, pour vos chaleureux témoignages d'amitié ! Recevez nos sincères félicitations et croyez que nous ne vous oublierons jamais !

Si l'espace nous sépare, la pensée nous rapproche. Qu'une amitié réciproque, une amitié de tout cœur, nous unisse dans le présent comme dans l'avenir !

Chers camarades,

Merci pour la gracieuse attention que vous avez eue de nous envoyer des vers à l'occasion des fêtes franco-russes. Ces vers nous ont vivement touchés. Nous comprenons tous bien que ce n'est pas un simple acte de politesse, mais une marque toute particulière de sympathie entre deux grandes nations de l'Europe.

Nous ne savons pas si nous aurons une fois le bonheur de vous serrer la main, mais cela ne nous empêche pas de vous aimer de tout notre cœur et de vivre de votre vie. Croyez à notre vive reconnaissance et agréez, chers camarades, l'expression de nos meilleurs sentiments.

Vive la France !

SERGE VOURTZEL,
Élève de la septième classe du premier gymnase, Varsovie.

Réponse aux écoliers français de la part des élèves du deuxième gymnase de Moscou.

Merci, camarades ! Le peuple français a reçu avec tant de solennité et de sincérité la flotte russe, qu'aucune parole ne saurait exprimer notre reconnaissance.

Et vous, jeunes camarades, qui nous devancez par vos souhaits de bienvenue, merci ; votre chaude affection trouve dans nos cœurs écho et réponse.

Enfants nous-mêmes, comme vous nous nous préparons à suivre la rude et pénible voie de nos devoirs envers la patrie, nous cherchons à nous entourer de liens et d'amis qui ne trompent jamais.

Ne cherchons pas au loin : depuis longtemps et pour toujours une mutuelle sympathie existe entre Français et Russes ; cette union morale, nul élément ne saurait l'anéantir : ni terre, ni peuple, ni mer.

Au nom de la paix, du vrai, du beau et de la science, nous faisons avec vous un pacte irrévocable d'amitié. Amis, de loin nous vous serrons la main ! Salut à vous, amphytrions hospitaliers !

Vive la France !

Poésie d'un élève du gymnase de Samara.

Samara, 4/16 octobre 1893.

Salut à vous, chers inconnus !
A dater de ce jour, émus,
Nous vous aimons, sans vous connaître.
Vive l'union qui vient de naître !

Deux ans passés, notre patrie,
En accueillant la France amie,
Chantait à vos braves Français
Le chant ardent des Marseillais.

En recevant ce vers ami
Redites notre hymne béni :
« Bojé tsara Krani ! »

Poésie d'un élève du premier gymnase de Saint-Pétersbourg.

AUX COLLÉGIENS FRANÇAIS

L'écho des fêtes retentit
Jusqu'au sein de notre école;
Le sentiment qui nous unit
D'un élan vers vous s'envole.
Notre cœur suit nos chers marins,
Plein de joie et d'espérance;
Amis, nous vous serrons les mains
Aux cris de : « Vive la France! »

GEORGES TOULOUBIEFF,
Élève du petit gymnase de Saint-Pétersbourg.

A nos chers camarades de France.

Je suis heureux de pouvoir remercier en mon nom, ainsi qu'au nom de mes camarades, l'un de nos jeunes camarades français qui, en nous adressant ces beaux vers, a touché au vif tous nos cœurs, et dont nous sommes enchantés au delà de toute expression. Ce même bonjour fraternel, nous l'envoyons, en ce beau pays de France, aux petits collégiens, nos amis, qui ont acquis toutes nos sympathies et dont l'amitié nous honore et nous rend fiers. Croyez, chers camarades, que cette amitié s'est déjà enracinée dans nos cœurs et que notre seul souci en ce moment est celui de ne pouvoir, vu la grande distance qui nous sépare, vous témoigner de vive voix toutes les sympathies dont nos cœurs débordent pour vous. Continuez à nous aimer et soyez toujours sûrs de la réciprocité. Nous vous aimons et nous vous aimerons toujours. Merci, encore une fois, de la belle poésie que nous réciterons en classe et apprendrons par cœur.

NICOLAS KOTIELEWSKY,
Élève de la sixième classe
au premier gymnase, Varsovie.

Varsovie, le 25/13 octobre 1893.

Petrosawodsk, le 19/31 octobre 1893.

Nous, collégiens, habitants du septentrion lointain de la Russie, disons *spassibo* à nos camarades de France en réponse à leur compliment amical. Or, un proverbe latin dit : *Amicus cognoscitur amore, more, ore, re*[1].

Vous en avez donné des preuves, et c'est à vous, « amicissimi nostri », que nous envoyons de tout notre cœur l'exclamation sincère : « Vive la France! »

COLLÉGIENS DU GYMNASE D'OLONIETZ.

---

[1]. « Un ami se reconnaît à son amitié, à son caractère, à son visage, à ses actes. »

CHERS PETITS CAMARADES,

Nous avons lu avec la plus vive joie votre affectueuse lettre, et nous avons été tous joyeux de retrouver en vous les mêmes sentiments dont nous sommes animés. Les paroles nous manquent pour vous dire combien nous sommes fiers et heureux de votre amitié, et, en attendant que nous puissions vous prouver notre amour par des faits, nous crions tous d'une voix unanime :
Vive la France !
Vivent nos petits camarades !
Vivent nos frères français !

Les écoliers de la cinquième classe
du premier gymnase de Varsovie.

A nos petits amis de France.

Nous vous prions d'agréer nos remerciements pour vos affectueux saluts, et nous témoignons notre reconnaissance à nos petits amis de France qui obéissent si bien à leurs maîtres et qui travaillent avec application pour demain, qui est déjà ce grand jour de fête où, aux yeux du monde entier, nous nous donnerons la main en frères.

Pour vous féliciter, nous nous joignons à vos convives, nos heureux compatriotes, dont le sort est enviable.

Nous serrons fortement vos nobles mains et unissons nos voix aux acclamations de nos compatriotes pour dire :
Vive la France !

Vladimir Preobragenski,
Élève de la deuxième classe
du premier gymnase de Varsovie.

Nous vous saluons cordialement et sincèrement, enfants chéris de la France ! Votre cri d'amour fraternel a trouvé écho dans nos jeunes cœurs, et au moment où chez vous tout pour nous est joie et enthousiasme, au moment où deux flottes amies sont balancées par les mêmes eaux, un cri unique et fervent s'échappe de nos cœurs et monte vers le Très-Haut. Fasse le Ciel que notre alliance soit éternelle ! Que rien ne vienne briser les liens sacrés qui nous unissent.

Amis ! en lisant votre épître fraternelle, nos cœurs brûlent du désir de vous embrasser tous et de crier en chœur : « Vive la France ! »

Tambow, le 12 octobre 1893.
Serges,
Élève de la sixième classe.

A nos camarades français, salut et remerciements ! Nous sommes touchés et reconnaissants de votre gracieux message, nos cœurs vous comprennent et vous aiment. Vos amis russes vous souhaitent paix et prospérité. Nous espérons qu'un jour notre courage aura le même champ de bataille. Que nos désirs soient les mêmes, et qu'une paix éternelle règne entre nous ! Nous regrettons qu'un si grand espace nous sépare des belles fêtes données à nos compatriotes ; mais nos cœurs vous en remercient, et, en attendant le moment de vous prouver notre attachement, nous crions : « Vivent la France et les Français ! »

SERGE CHRZANOVSKY,
Élève de la septième classe
du premier gymnase de Varsovie.

Lodz, 15/27 octobre 1893.

MONSIEUR LE RÉDACTEUR DU *Petit Français illustré*,

Les élèves russes du gymnase de garçons de Lodz, gouvernement de Pétrokof, remercient vivement leurs camarades français de leur salut cordial. Ils s'unissent à eux à l'occasion des fêtes que célèbrent actuellement la France et la Russie, en poussant dans des sentiments de joie et d'amitié fraternelle le cri unanime de : « Vivent la France et la Russie pour le triomphe de la paix et de la vraie civilisation ! »

Au nom des élèves :

Le Directeur,
ROCHDESTRENSKI.

LA MORT D'ALEXANDRE III

On sait que c'est dans sa belle résidence de Livadia que le tzar Alexandre III mourut au milieu des siens, entouré jusqu'aux derniers moments des soins les plus dévoués.

Ce fut une grande perte pour l'Europe et la France que la mort de ce souverain, qui a été surnommé l'*Empereur de la paix*.

*
* *

Après avoir été transporté de Livadia à Moscou au milieu du deuil général, le corps de l'empereur Alexandre III fut dirigé vers la cathédrale des Saints Pierre-et-Paul, dernière étape du douloureux voyage.

Pendant les jours qui précédèrent les obsèques, la population de Saint-Pétersbourg fut autorisée à défiler devant la dépouille de son empereur bien-aimé. Pendant des heures et des heures, une foule considérable se pressa aux portes de la cathédrale pour rendre ce dernier hommage au grand souverain.

Ce fut un saisissant spectacle. Sur deux files maintenues par des soldats d'infanterie, hommes et femmes, grands seigneurs ou humbles moujiks, simples soldats ou officiers, tous en habits de deuil, montèrent un à un jusqu'au catafalque, devant lequel priaient plusieurs popes. Le catafalque seul était en pleine lumière au milieu de la nef sombre, d'où montaient les sanglots de tous vers le Très-Haut, au milieu des chants liturgiques.

Les regrets se traduisaient par les insignes de deuil qui, obligatoires ou facultatifs, étaient arborés par les habitants de Saint-Pétersbourg. Des drapeaux blancs et noirs flottaient aux fenêtres. Mais c'était dans l'armée surtout que les prescriptions du deuil étaient strictement observées. Les étendards des régiments étaient cravatés de noir. Sur la longue capote grise des officiers, le crêpe, très large, se portait au bras gauche. Sur les bonnets d'astrakan des cosaques, l'aigle impériale était enveloppée de noir, ainsi que sur les casquettes plates des officiers de diverses armes; dans la cavalerie, le casque était entouré d'une large bande noire. La dragonne et le ceinturon des sabres étaient enveloppés de crêpe; le crêpe couvrait également les aiguillettes dorées, les épaulettes, les baudriers, les tambours.

LES FUNÉRAILLES, A SAINT-PÉTERSBOURG

Les funérailles solennelles eurent lieu le lundi 19 novembre 1894. Un écrivain français, de passage à Saint-Pétersbourg, nous a laissé le récit suivant de la cérémonie :

Toute la ville est en deuil. Les cloches de toutes les églises sonnent le glas. De la forteresse des Saints-Pierre-et-Paul, des coups de canon se font entendre de minute en minute.

Aux premières lueurs du jour, les troupes, composées de tous les régiments de la garde, des cosaques, des grenadiers de la cour, du corps des pages et des Écoles militaires, venant de tous les points de la capitale, se sont échelonnées sur la Perspective-Nevsky et sur le quai du Palais, depuis le palais Anitchkoff jusqu'à l'église des Saints-Pierre-et-Paul, sous le commandement du général Rebinder, assisté du général Bolrikoff, chef d'état-major.

A dix heures et demie, trois coups de canon tirés à la forteresse annoncent le commencement de la cérémonie.

Quand tous les fonctionnaires, les missions étrangères, les officiers de la cour, les députations, sont arrivés, le cortège impérial fait son entrée.

Il est reçu par Mgr Palladus, métropolite de Saint-Pétersbourg, par les membres du saint-synode, avec la croix et l'eau bénite.

L'ordre du cortège est celui indiqué par le cérémonial officiel : l'empereur, conduisant l'impératrice, la famille impériale, le roi de Danemark, le roi et la reine de Grèce, le roi de Serbie, le grand-duc régnant de Hesse. Les princes étrangers viennent ensuite : le duc et la duchesse de Cobourg, le prince de Montenegro, le prince et la princesse de Galles, le prince de Naples, l'archiduc Charles-Louis, le prince héréditaire de Roumanie, le grand-duc héréditaire d'Oldenbourg, le grand-duc héréditaire du Luxembourg, le duc d'York, le prince Valdemar de Danemark, le prince Georges de Grèce, le prince et la princesse Henri de Prusse, le duc Jean-Albert de Meklembourg-Schwerin, le prince Guillaume de Bade, la princesse Vera de Wurtemberg, le duc Albert de Wurtemberg, le prince Frédéric-Auguste de Saxe, le prince Albert de Saxe, le prince de Saxe-Altenbourg.

La famille impériale, les souverains et les princes prennent place à gauche du catafalque. Le corps diplomatique, les représentants des souverains et des gouvernements étrangers, les députations, prennent place à droite. D'innombrables couronnes entourent le catafalque.

Après la messe et l'absoute, le métropolite place sur la tête de l'empereur un riche bandeau de soie, orné des saintes images, suivant la coutume russe.

Puis il lui met entre les mains un document contenant des indulgences.

Quand cette cérémonie est terminée, l'empereur s'avance le premier; puis viennent l'impératrice, la famille impériale, les rois, les princes, afin de donner le dernier adieu au défunt en lui baisant la main et le visage.

Cette scène silencieuse et solennelle produit une impression poignante. Les assistants ne peuvent retenir leurs larmes. Puis l'empereur place le manteau impérial dans le cercueil. Huit généraux apportent le couvercle. Le couvercle est scellé. Le cercueil est alors enlevé par l'empereur, les membres de la famille impériale, les princes étrangers, les ministres de la cour, les aides de camp, les généraux et les hauts fonctionnaires de la cour.

Le funèbre cortège, précédé du métropolite et de son clergé, se dirige lentement vers le tombeau. Le cercueil est déposé au bord de la tombe, autour de laquelle la famille impériale s'est agenouillée.

Les prières suprêmes sont dites devant la tombe, et à ce moment l'impératrice, qui jusque-là a fait preuve d'un courage surhumain, ne peut plus résister à son immense douleur et fond en larmes.

L'empereur, tous les membres de la famille impériale, ont les yeux mouillés de larmes. C'est une scène navrante, indescriptible.

Quand tout est fini, les grenadiers du palais et des sergents-majors de tous les régiments dont Alexandre III était le chef descendent le cercueil dans la tombe. L'empereur, l'impératrice, la famille impériale, les rois, les princes, se retirent, suivis des grands dignitaires.

A ce moment, les nombreux assistants qui restent dans l'église se précipitent vers la tombe, dont les parois sont tapissées de fleurs.

Chacun en demande une, afin de la garder en souvenir du tzar Alexandre. On les distribue à la foule. Tous ceux qui peuvent approcher jettent une pelletée de terre sur la tombe.

Tout est fini. La foule silencieuse et morne s'écoule lentement. A l'heure même à laquelle a commencé la cérémonie à l'église des Saints-Pierre-et-Paul, des services funèbres ont été célébrés dans toutes les églises de la capitale. Sur l'ordre exprès de l'empereur Nicolas, sur quarante-deux points différents de la ville, des repas gratuits ont été servis à quarante-cinq mille huit cents personnes.

★
★ ★

Dès la première nouvelle, le gouvernement français avait décidé de déléguer aux obsèques une députation extraordinaire composée de plusieurs officiers. Cette mission officielle, présidée par le général de Boisdeffre, chef de l'état-major général, à qui l'empereur Alexandre III avait toujours témoigné une sympathie toute particulière, comprenait : l'amiral Gervais, le héros des fêtes de Cronstadt ; le général Berruyer, chef de la maison militaire du président de la République ; le général de Sermet, le contre-amiral de Sallandrouze de Lamornaix, le capitaine de vaisseau Cordier, le colonel de cuirassiers Chambaud, le colonel d'infanterie de Torcy, le capitaine de frégate Germinel et le commandant Appert, fils de l'ancien ambassadeur à Saint-Pétersbourg. Les officiers français, en grande tenue, allèrent saluer le corps du tzar. L'empereur était couché, le visage découvert, éclairé par d'innombrables cierges, dans un cercueil bas autour duquel les généraux russes et les officiers des chevaliers-gardes faisaient un service d'honneur.

L'émotion peinte sur tous les visages disait assez les sentiments communs qui unissent les deux nations russe et française. Plusieurs centaines de couronnes avaient été envoyées de France aux obsèques du tzar par le gouvernement, les corps constitués, les villes, les départements, les Académies, les représentants de l'industrie, la presse, les particuliers, tous ayant à cœur de témoigner leur sympathie à la nation amie.

La mission française fut l'objet d'égards tout spéciaux ; le nouvel empereur se montra plein de bienveillance envers chaque officier.

Le général de Boisdeffre, voulant, avant de quitter la Russie, rendre un dernier hommage à l'empereur défunt, alla, suivi de tous les officiers de la mission, déposer une couronne sur sa tombe. Il déposa également une couronne sur le tombeau d'Alexandre II, auprès duquel il avait servi comme attaché militaire. La veille de leur départ, le général de Boisdeffre et l'amiral Gervais furent reçus par l'impératrice.

L'entrevue fut très émouvante. La dernière fois que l'amiral Gervais avait vu Sa Majesté, c'était au milieu des fêtes inoubliables de Cronstadt. Ce souvenir redoublait l'émotion de l'impératrice, qui se montra d'une bonté exquise et touchante. Le tzar Nicolas se trouvait auprès de sa mère : il témoigna de nouveau aux officiers la plus grande bienveillance.

Cette réception fut *exclusivement réservée* à la mission française. Aucune autre n'obtint la même faveur.

A PARIS

Le même jour et à la même heure, une imposante cérémonie avait lieu à Paris, à l'église russe de la rue Daru.

Le président de la République française, les ministres, les représentants des grands corps constitués, le corps diplomatique, les notabilités russes de résidence à Paris, étaient venus, dans une manifestation grandiose, prier pour la mémoire du tzar.

Les troupes de la garnison rendaient les honneurs. Par une pensée touchante, on avait fait venir de Cherbourg des fusiliers marins pour associer la marine au deuil de l'armée. Ceux qui avaient été à Cronstadt rendaient ainsi les derniers honneurs à celui qui était venu les saluer au nom d'un grand empire.

DANS LES DÉPARTEMENTS

De même que Paris, toutes les villes de France tinrent à s'associer par des démonstrations de deuil aux funérailles de l'empereur Alexandre III.

A Toulon, presque tous les magasins ainsi que les études d'officiers ministériels restèrent fermés. Les théâtres firent relâche le soir. Le cuirassé de l'amiral Gervais tira le canon, d'heure en heure, toute la journée.

A Ajaccio, il en fut de même. Sur la devanture de quelques magasins était affichée cette note manuscrite : « Fermé pour cause de deuil national. »

Intérieur de l'église russe, a Paris, en 1868.

A Marseille, un service solennel fut célébré à l'église orthodoxe grecque, en présence du préfet et des généraux d'Exéa et Canonge. Le consul général de Russie était présent.

A Cannes, des prières publiques furent dites dans l'église paroissiale. L'amiral de la Jaille, commandant en chef de l'escadre, avec un brillant état-major; les commandants des troupes de terre, le corps d'officiers au grand complet, le sous-préfet, étaient présents. Le grand-duc Michel et le desservant de l'église russe assistaient à la cérémonie.

A Nice, une manifestation eut lieu à l'église russe. Le consul de Russie reçut les autorités civiles et militaires, les députés Naiberti et Malaussena. Le préfet reçut à la porte de l'église le grand-duc et la grande-duchesse Pierre, le jeune prince Alexandre, fils du duc de Leuchtemberg. Dans la nef, les pompiers et les matelots russes du yacht *Roxana* formaient la haie. En ville, tout était pavoisé de deuil, les magasins étaient fermés. Le maire de Villefranche et les élèves des écoles de Saint-Jean, où se trouve le grand-duc Pierre, avaient envoyé des couronnes. Un service religieux présidé par l'évêque eut lieu le lendemain à la cathédrale.

A Menton, une grande cérémonie fut célébrée à l'église russe.

A Soissons, les prières solennelles, présidées par l'évêque, furent dites en présence de toutes les autorités.

A Reims, les banques et les magasins étaient fermés. Beaucoup de drapeaux.

A Brest, une cérémonie religieuse fut célébrée en l'église Saint-Louis, au milieu d'une affluence considérable. L'amiral Besnard, préfet maritime, avait à sa droite M. de Kerros, consul de Russie ; M. l'abbé Roull, archiprêtre, prononça une allocution.

Dès la première nouvelle de la mort du tzar, M. le président de la République envoya la dépêche suivante :

A Son Altesse le grand-duc héritier Nicolas Alexandrovitch.

C'est sous le coup de la plus pénible émotion que j'adresse à Votre Altesse Impériale mes sincères condoléances. S. M. l'empereur Alexandre avait conquis le respect universel. La France avait pour lui plus encore que du respect. Du fond de son cœur, le président de la République française s'associe à votre douleur et au deuil de la nation russe.

CASIMIR-PERIER.

Le ministre de la marine adressa, de son côté, à S. A. I. le grand-duc Alexis, commandant en chef de la marine russe, le télégramme suivant :

Paris, 2 novembre, 10 h. 20 soir.

Ministre marine à S. A. I. le grand amiral Alexis Livadia.

La marine française partage, en ce jour, la profonde douleur de la Russie. Elle gardera toujours un reconnaissant souvenir de l'inoubliable accueil que lui a fait le grand souverain dont elle déplore la perte, et elle prie Votre Altesse Impériale de déposer aux pieds de la famille impériale ses plus respectueuses condoléances.

FÉLIX FAURE.

Voici le texte du télégramme adressé à l'empereur Nicolas II par le général Mercier, ministre de la guerre :

SIRE,

L'armée française tout entière dépose aux pieds de Votre Majesté et son auguste mère l'hommage de sa profonde douleur et les regrets unanimes et ineffaçables dont elle honore la mémoire de votre glorieux père. Nous pleurons, avec nos camarades de l'armée russe, le chef vénéré qui lui est enlevé si cruellement et dont le souvenir restera à jamais gravé dans nos cœurs.

GÉNÉRAL MERCIER.

Le ministre de la guerre reçut de l'empereur Nicolas II le télégramme suivant, signé du tzar lui-même :

Général Mercier, Paris.

Livadia, 3 novembre 1894, 10 h. 30 matin.

J'exprime ma profonde reconnaissance à l'armée française de la sympathie qu'elle ressent à notre irréparable malheur à nous tous.

NICOLAS.

En réponse au télégramme qu'il lui avait adressé au nom de la marine française, M. le ministre de la marine reçut de S. A. I. le grand amiral grand-duc Alexis le télégramme suivant :

Livadia, 4 novembre 1894, 5 h. 25 soir.

Ministre marine, Paris.

Me faisant l'interprète des sentiments de la famille impériale, je remercie en son nom la marine française pour la vive part qu'elle prend à la perte que nous et la Russie entière venons d'éprouver.

La marine russe se joint à moi pour assurer la marine française de ses sentiments d'inaltérable sympathie.

GRAND AMIRAL GRAND-DUC ALEXIS.

*
* *

Les Chambres françaises s'associèrent dignement au deuil national. Au Palais-Bourbon, il fut donné lecture d'une communication gouvernementale, où le président du conseil des ministres, M. Charles Dupuy, déclarait que la nation française tout entière exprimait son émotion profonde et ses regrets unanimes par les hommages spontanés qu'elle rendait à l'empereur défunt. A la suite de cette lecture, le président de la Chambre ajouta :

> Le coup qui frappe si cruellement une nation amie ne pouvait avoir nulle part un écho plus profond que dans cette assemblée, où viennent immédiatement se répercuter les émotions de la France entière. (*Nouveaux applaudissements.*)
> C'est, en effet, de l'âme même des deux nations que jaillit cette sympathie mutuelle, dont les manifestations ont, à plusieurs reprises déjà, frappé le monde, et que les tristesses partagées, autant que les joies et les fêtes communes, n'ont cessé d'alimenter. (*Applaudissements.*)
> En apportant aujourd'hui au cortège de deuil que mènent le gouvernement et le peuple de Russie le concours de nos regrets et de notre douleur, nous ne faisons que continuer notre tradition et affirmer un sentiment qui est celui de la nation tout entière. (*très bien ! très bien !*)
> La mémoire de l'empereur Alexandre III, associée pour nous à d'inoubliables souvenirs, vivra dans le cœur de la France comme dans celui de la Russie. (*Très bien ! très bien !*)
> Elle formera l'un des plus solides anneaux de cette chaîne fraternelle qui s'établit entre les deux nations, pour leur bien commun et pour la paix du monde. (*Vifs applaudissements.*)

La séance fut levée, en signe de deuil.

Au palais du Luxembourg, M. le président Challemel-Lacour prononça un discours dont voici les principaux passages :

> Pendant les dix jours que l'Europe a pu, chose peut-être sans exemple jusqu'à cette heure, se livrer, en présence d'un empereur condamné par la science, mais encore vivant, debout, à l'examen et à l'appréciation des actes de l'homme et de la carrière du souverain, rien n'y est apparu qui ne fît honneur à sa droiture et à sa justesse de raison, à sa probité, à sa fixité dans ses desseins, à la hauteur d'un esprit dont les vues n'avaient rien de compliqué et se réduisaient à des idées vraiment humaines, la grandeur de la Russie par la paix. Le désir ardent et continu de conjurer la guerre, ce qui est grand dans un siècle que la guerre a presque toujours rempli, grand surtout de la part d'un souverain dont l'empire est certainement une des plus grandes puissances militaires que le monde ait connues.
> Aussi son nom a grandi subitement dans le respect et l'admiration des hommes ; ces sentiments ont trouvé plus d'une fois, dans la bouche des écrivains ou des hommes d'État, une expression qui a devancé l'histoire.
> Nous lui devons, la France lui doit quelque chose de plus. Lorsque, poussé par une inspiration magnanime, il se décida à faire savoir à tous que la France, malgré les cicatrices dont elle est couverte, n'était pas isolée dans

le monde, il obéissait à une de ces grandes pensées qui viennent aussi du cœur.

La France peut-être, avec ses quinze siècles de grandeurs diverses, apparaissait à son esprit; mais il se montra surtout, ce jour-là, convaincu que la véritable gardienne de la civilisation, ce n'est pas telle nation ou telle autre, de quelques lauriers qu'elles se parent, c'est l'Europe elle-même ; il se montra convaincu, sans parler de tant et de si hautes raisons d'humanité, que la France ne saurait être mutilée ou diminuée, et que l'Europe demeurera intacte.

C'est la raison de notre indestructible respect et de notre haute admiration. Cette conviction est ce qui le rend sacré pour nous.

ALEXANDRE III ET LE MESSAGE DE SON FILS NICOLAS II

Avant de parler de Nicolas II, qu'on nous permette de raconter une anecdote rétrospective.

Le premier manifeste de l'empereur Nicolas II à son avènement au trône fut accueilli par l'Europe entière avec une vive satisfaction.

On y trouva toutes les qualités maîtresses d'un chef d'État, et l'étonnement fut très grand d'entendre parler le jeune souverain avec la maturité et la sagesse que donne seul le long exercice du pouvoir.

Voici dans quelles circonstances Nicolas rédigea ce document.

Quatre jours avant sa mort, l'empereur Alexandre III, au moment même où certains symptômes d'amélioration avaient fait renaître l'espoir d'une guérison, appela son fils et lui dit :

« Dans quelques jours je serai mort. Cette accalmie du mal est trompeuse, et il faut te préparer à parler à ton peuple et à l'Europe. As-tu écrit ton premier manifeste ? »

Le grand-duc héritier se taisait :

« As-tu écrit ton manifeste ? répète l'empereur... C'était ton devoir de le faire.

— Mais, mon père...

— Réponds.

— Oui, mon père, dit alors, en hésitant encore, l'héritier de la couronne.

— C'est très bien. Tu as compris que ton devoir de futur souverain devait faire violence à ton cœur de fils, et tu as eu raison de te préparer au premier acte solennel qui doit résumer la conduite de ton règne. Laisse-moi lire ton manifeste. »

Le grand-duc héritier obéit au tzar et lui apporta ce qu'il avait écrit. L'empereur lut et relut les feuilles et, levant ensuite les yeux, s'écria :

« Je meurs content, je *laisse en toi le continuateur de mon œuvre,* que je n'ai pas pu compléter et que tu sauras achever. Tu me permettras, toutefois, quelques modifications à ce que tu as écrit. Je n'y ajouterai que quelques mots, qui résumeront le testament politique que je te laisse. Ils rassureront tes futurs sujets et l'Europe. »

Ceci dit, Alexandre III prit la plume et traça ces mots :

« Nous faisons, à la face du Très-Haut, la promesse sacrée de n'avoir pour but que la prospérité pacifique et la gloire de notre chère Russie. »

Puis, recommençant la lecture, il s'arrêta à ce passage :

« Même bien au delà des frontières de la Russie, on ne cessera d'honorer la mémoire du tzar, qui personnifiait la loyauté inébranlable et la paix. »

L'empereur y ajouta :

« *La paix, qui ne fut jamais troublée sous son règne.* »

« *C'est mon titre de gloire,* dit l'empereur en laissant tomber sa plume. J'ai voulu la paix, le bien suprême que Dieu peut nous accorder dans ce monde. Malheur à ceux qui y porteront atteinte ! Mais tu sauras le garder avec ceux qui sont avec nous et le faire respecter aux autres. Va, maintenant, ton manifeste est parfait. Tu as raison de ne pas y faire mention de ce que tu dois accorder à un peuple qui fait des pas de géant dans la voie de la civilisation. La liberté doit être accordée aux peuples au fur et à mesure de leurs besoins. Il faut la doser, pour qu'elle leur profite. Un excès de vitalité est un mal nuisible aux nations comme aux individus, mais de cela nous avons longuement parlé. Va, que Dieu te bénisse ! »

SOUVENIR DE 1895

Le 10 octobre 1895, une séance exceptionnelle avait lieu à l'Académie française ; l'Institut recevait des hôtes de marque, le

Le Palais de l'Institut, a Paris.

grand-duc Constantin de Russie et la grande-duchesse. Le grand-duc, qui entretenait des relations suivies avec plusieurs membres de l'Institut, avait exprimé le désir d'assister à une séance de l'Académie française.

Les hôtes illustres étaient accompagnés de Mme la baronne de Kerf, de M. Lobanof, ministre des affaires étrangères, et de M. de Traunlemberg, chambellan.

Ils furent reçus par Mgr le duc d'Aumale[1], directeur, assisté de MM. Paul Bourget, chancelier, et Gaston Boissier, secrétaire perpétuel.

Mgr le duc d'Aumale adressa la charmante allocution suivante à la grande-duchesse et au grand-duc :

MADAME,

Au nom de mes confrères, je remercie Votre Altesse Impériale d'avoir bien voulu ajouter à la solennité d'une séance exceptionnelle le charme de votre gracieuse présence.

MONSEIGNEUR,

L'Académie française se félicite de recevoir le président de la docte Académie de Saint-Pétersbourg. Le directeur, interprète des sentiments qui animent toute la compagnie, n'est pas moins heureux de souhaiter la bienvenue à un vrai poète, proche parent d'un auguste souverain ami de la France.

Vous trouverez ici, Madame et Monseigneur, des souvenirs qui vous sont chers. D'illustres visites ont précédé la vôtre. Le comte et la comtesse du Nord se sont assis à la place que vous occupez.

Permettez-moi de quitter un moment le terrain académique pour apporter ici un souvenir personnel.

Il y a bien des années, le maréchal Bugeaud rappelait un de ses lieutenants des confins du désert, et le chargeait de présenter quelques-unes de nos troupes à un fils de l'empereur de Russie qui venait de débarquer à Alger.

Le soleil de juin, déjà brûlant, avait cependant laissé à la Mitidja sa parure de printemps. C'est sur ce tapis de verdure que le grand-duc, lieutenant de vaisseau, passa une revue qui ne manquait pas d'originalité : les zouaves, rentrés la veille d'une longue et laborieuse campagne, avaient conservé leurs haillons de guerre.

Le jeune officier de marine était le père de Votre Altesse Impériale, et celui qui avait l'honneur de lui présenter ses glorieuses bandes africaines a aujourd'hui le plaisir, Madame et Monseigneur, de vous inviter à prendre séance au milieu de l'Académie française.

Ému au delà de toute expression par les charmants souvenirs évoqués devant lui, Son Altesse Impériale répondit quelques mots de remerciement. Elle prit ensuite un grand plaisir à la lecture faite par Mgr le duc d'Aumale d'un chapitre de son *Histoire des princes de Condé*, intitulé : *les Derniers Moments de Condé*.

Avant de se retirer, le grand-duc et la grande-duchesse allèrent visiter la salle des séances solennelles, qui est située, on le sait, sous la coupole même de l'Institut.

---

1. Consulter notre livre *le Duc d'Aumale* (Ch. Delagrave, éditeur).

UN SOUVENIR DE 1896

On sait qu'en 1896 l'impératrice Fédorowna était venue en France. Lorsqu'elle dut quitter la terre française pour aller assister au couronnement de son fils Nicolas II, le président de la République voulut aller la saluer.

Cette entrevue courtoise affirme une fois de plus les liens étroits qui unissent les deux peuples, liens d'amitié et de sympathie.

Il faut rappeler que l'impératrice Marie Fedorowna a été, à la cour de Russie, l'avocat, l'amie dévouée de la France. Son âme royale avait oublié le cruel abandon du Danemark, sa première patrie, pour ne se souvenir que des affections héréditaires qui unissaient les deux pays.

La mort d'Alexandre III n'a d'ailleurs pas diminué son rôle. On dit même que si Nicolas II a maintenu avec tant de droiture et de fermeté la ligne politique adoptée par son père, c'est à l'influence dominante de l'impératrice douairière Marie Fédorowna qu'est dû ce résultat.

La visite du président de la République fut donc un double hommage, au nom de la France, à la veuve d'Alexandre III et à l'amie de la France.

La mère du tzar fut très touchée de cette démarche, et lorsque le président lui exprima le plaisir qu'il éprouvait à la saluer avant son départ de la terre française, l'impératrice le remercia avec beaucoup de grâce; elle lui dit, dans un français très pur, combien elle avait été émue de la démarche de haute courtoisie faite auprès d'elle par le chef de l'État. Elle dit combien elle avait été enchantée du temps passé sur le littoral méditerranéen, et surtout de l'influence heureuse exercée par le climat du Midi sur la santé de ses enfants.

CINQUIÈME PARTIE

LE TZAR NICOLAS II

Le fils d'Alexandre III a pris la succession de son père sous le titre de Nicolas II. Il est né à Saint-Pétersbourg le 18 mai 1868. Marié à la princesse Alice de Hesse, il est devenu par ce mariage le gendre de la reine Victoria et le beau-frère du grand-duc Serge, gouverneur de Moscou.

Voici le texte complet du manifeste que le tzar Nicolas II a adressé à ses sujets :

Nous signifions à tous nos fidèles sujets que Dieu, dans ses voies inscrutables, a voulu que se terminât la vie précieuse de notre bien-aimé père l'empereur. Sa grave maladie n'a cédé ni à la science médicale ni au bienfaisant climat de la Crimée; et il est décédé à Livadia le 20 octobre (1er novembre), entouré de sa famille, dans les bras de l'impératrice et dans les nôtres.

Notre douleur ne peut être exprimée en paroles, mais tout cœur russe la comprend, et nous sommes sûr qu'il n'y a pas un endroit de l'immense empire russe où de brûlantes larmes ne couleront pour l'empereur enlevé trop tôt à la vie, et qui a dû quitter avant son temps son pays qu'il aimait de toute la force de son âme russe, et à la prospérité duquel tendaient toutes ses pensées, sans qu'il épargnât dans ce but sa santé ou ménageât sa vie.

Même bien au delà des frontières de la Russie, on ne cessera d'honorer la mémoire du tzar qui personnifiait la loyauté inébranlable et la paix, la paix qui ne fut jamais troublée sous son règne.

Cependant que la volonté du Très-Haut s'accomplisse ! Notre croyance inébranlable en la sagesse de la Providence nous réconforte, et nous trouvons une consolation à penser que notre douleur est aussi la douleur de tout notre peuple bien-aimé. L'on n'oubliera pas que la puissance et la force de la sainte Russie reposent dans son identité avec nous et dans un dévouement sans bornes envers nous.

Nous nous souvenons, dans cette heure douloureuse, mais solennelle, de notre avènement au trône de l'empire russe et à la souveraineté de la Pologne et du grand-duché de Finlande qui lui est indissolublement liée, des volontés testamentaires de notre père défunt, et, pénétré de ces volontés, nous faisons, à la face du Très-Haut, la promesse sacrée de n'avoir pour but que la prospérité pacifique et la gloire de notre chère Russie, et le bonheur de tous les fidèles sujets. Puisse le Tout-Puissant qui nous a choisi pour ce haut poste nous prêter son appui !

Tout en adressant au trône du Très-Haut de ferventes prières pour l'âme du défunt, nous ordonnons à nos sujets de nous prêter le serment de fidélité, à nous et à notre héritier présomptif, le grand-duc Georges Alexandrovitch, qui portera le titre de grand-duc héritier et de tzarevitch, jusqu'à ce qu'il plaise à Dieu de bénir, par la naissance d'un fils, l'union que nous allons contracter avec la princesse Alice de Hesse-Darmstadt.

Donné à Livadia, le 20 octobre (1er novembre) 1894.

NICOLAS.

***

Donnons maintenant la formule du serment que les troupes ont prêté au nouveau tzar, suivant la coutume :

Je promets et je jure solennellement devant Dieu tout-puissant, sur son saint Évangile, de toujours servir fidèlement, ainsi que j'en ai le devoir et la volonté, mon vrai et légitime seigneur et empereur Nicolas II, autocrate de toutes les Russies, successeur de Sa Majesté l'empereur, héritier légitime du trône de Russie, et S. A. I. le grand-duc Georges.

Je jure de leur obéir en toutes choses, de verser jusqu'à la dernière goutte de mon sang, de défendre de toutes mes forces tous les droits et prérogatives qui sont ou qui seront attachés à l'autocratie, à la puissance et à la force de Sa Majesté, et de faire en toutes choses ce que commande la fidélité à Sa Majesté et aux services de l'État.

Je jure que, si j'apprends quelque chose qui puisse nuire ou préjudicier, de quelque manière que ce soit, aux intérêts de Sa Majesté, non seulement je le ferai connaître et le révélerai, mais j'emploierai toutes mes forces pour m'y opposer ; je garderai fidèlement les secrets qui me seront confiés, j'obéirai en bon et fidèle sujet aux instructions, règlements et ukases de Sa Majesté, et j'en prends l'engagement devant Dieu et la justice des hommes.

Pour confirmer mon serment, j'embrasse le saint Évangile et la croix de mon Sauveur.

***

M. Gustave Lauson, qui demeura plusieurs mois en Russie en qualité de précepteur des enfants d'Alexandre III, a écrit des notes curieuses sur l'adolescence du futur tzar, qu'il nous montre comme un esprit droit, comme un cœur bon. A l'époque dont il s'agit, 1886, Nicolas avait près de dix-huit ans, et M. Lauson en trace le portrait suivant :

« De taille moyenne, les épaules larges, toute l'apparence solide, la figure ronde, les yeux bleus très limpides et très francs, qui vous regardent en face, une physionomie très prévenante et qui donne aussitôt confiance.

« Je n'ai jamais eu, ajoute M. Lauson, d'élève qui rendît la tâche du maître aussi facile. Toute la journée était occupée; le programme des études était très chargé, et cependant jamais je n'ai surpris chez lui un peu d'ennui, de lassitude, d'impatience. Il se présentait également exact, alerte, souriant, pour la leçon ou pour la promenade. Cette égalité d'humeur, cette spontanéité d'obéissance, étaient surprenantes. »

D'ailleurs, la vie du jeune prince et de son frère cadet était très modeste. C'est sur de petits lits de fer, placés dans la même chambre, que les deux frères couchaient. Leur chambre était tapissée de gravures découpées dans les journaux illustrés de France.

Ils avaient très bon cœur. C'est ainsi qu'un jour, dans une promenade, l'un des matelots qui les accompagnaient tomba à l'eau. Nicolas et son frère l'en retirèrent, ramenèrent eux-mêmes l'embarcation et donnèrent au matelot leurs propres vêtements pour qu'il pût quitter les siens. « Le matelot, dit M. Lauson, parut trouver toute naturelle cette attention de son futur empereur. »

*
* *

Quand Nicolas II voyageait, il y a quelques années, comme tzarevitch, la colonie de Saïgon le reçut d'une façon toute cordiale et lui fit fête. C'était alors presque un enfant par la tournure. Il plut à tous par sa rondeur et son engouement.

Un grand bal fut donné en son honneur à bord du transport français *la Loire*. Quand arriva le cotillon, il déclara les figures un peu pâles, et, sur l'expression de son désir, on remplaça la valse par des danses russes, qui électrisèrent l'assistance.

Toute la colonie française de Saïgon raffolait du jeune prince russe, et les mouchoirs s'agitaient longtemps après que son yacht eut franchi les passes.

Cette anecdote curieuse a été racontée par un jeune magistrat d'Indo-Chine qui, dans un quadrille, eut l'honneur de faire vis-à-vis au fils du tzar, au futur empereur.

LE COURONNEMENT DE NICOLAS II

UNE MISSION FRANÇAISE AU COURONNEMENT

On sait qu'une *ambassade* ou *mission extraordinaire française* a été envoyée à Moscou pour les fêtes du couronnement de Nicolas II, au moi de mai 1896.

Cette mission, qui avait à sa tête le général de Boisdeffre[1], chef de l'état-major général, était composée du général Tournier, secrétaire général de la présidence; de l'amiral Sallandrouze de Lamornaix, de M. Mollard, du colonel Ménétrez, du capitaine de Labry, du capitaine Sadi Carnot, du commandant Pauffin de Saint-Morel, du capitaine Hély-d'Oisel.

« C'est à Granitza, station frontière, que la mission extraordinaire a reçu — écrit un témoin — le premier salut de la Russie avant de monter dans le train spécial qui devait la conduire à Moscou. Sous les lumières, entre les faisceaux de drapeaux

---

1. Le général Le Mouton de Boisdeffre, qui a conduit à Moscou l'ambassade extraordinaire chargée de représenter la République française au couronnement du tzar Nicolas, était un des amis personnels du tzar Alexandre, aux funérailles de qui il représenta déjà la France en 1894. Il est le plus russe des généraux français; car lorsque le général Chanzy fut nommé à l'ambassade de Saint-Pétersbourg, il emmena avec lui, comme attaché militaire, le colonel de Boisdeffre, qui, très vite, entra dans l'intimité du tzar; il mangeait à la table impériale, il suivait l'empereur dans ses revues, même il assistait à des manœuvres dont les opérations étaient tenues secrètes pour les représentants des autres puissances étrangères.

Né à Alençon, le 6 février 1839, d'une vieille famille militaire, le général de Boisdeffre a fait sa carrière dans l'état-major, où il a eu l'honneur d'être, pendant quatorze ans, le collaborateur et le confident du général Chanzy, à la division de Sidi-Bel-Abbès, à l'expédition d'Aïn-Chair, à la retraite de Mézières, à l'armée de la Loire, au gouvernement de l'Algérie, à l'ambassade de Russie, aux commandements de Tours et de Châlons; lorsque Chanzy mourut subitement, il conserva ses fonctions au VIe corps sous le général de Miribel, qu'il suivit plus tard au ministère de la guerre, comme sous-chef d'état-major de l'armée, avec le grade de général de brigade; depuis la mort de Miribel, il a le grade de général de division, la cravate de commandeur de la Légion d'honneur et les fonctions de chef d'état-major général de l'armée; de ces deux grands capitaines, il a conservé les traditions de vaillance et de patriotisme.

russes aux trois couleurs blanc, bleu, rouge, un fourmillement d'uniformes; derrière, dans toutes les portes, partout où il y a une fenêtre, une barrière, une foule de femmes, d'étudiants, d'enfants, de gens du peuple.

« Précédée de l'ingénieur des ponts et chaussées qui a le commandement de cette voie ferrée, la mission monte l'escalier entre une haie de soldats. Au bout d'une série de lambris blancs repeints hier, voici un salon en papier vert tout frais, avec des rideaux et des fleurs; un poêle, une icone et, au milieu, une table servie avec un grand luxe de linge, des flambeaux d'argent, des reflets de cristal.

« Sur le quai même, les premiers toasts sont échangés.

« Le personnage qui a la direction de cette frontière s'avance au-devant du général de Boisdeffre, porte sa santé, lui souhaite la bienvenue, puis, se tournant vers les personnes présentes, il propose « trois hourras pour la France ». Le cri a jailli si violent, si formidable, si indéfini, de ces larges poitrines, qu'il nous a vraiment heurtés dans le cœur.

« Sans doute nous en entendrons d'autres, mais celui-ci était le premier, la bonne parole sur le seuil; il avait l'air de soulager ces hommes robustes, cette foule, du silence respectueux gardé jusque-là. Nous avons répondu de notre mieux. M. le général de Boisdeffre a bu à la Russie et à l'anniversaire de Sa Majesté. Mais nous n'étions pas en nombre pour soutenir le hourra. Heureusement, la foule, les soldats et les gendarmes sont venus à la rescousse.

« A la gare de Varsovie, un grand nombre de généraux et d'officiers supérieurs russes attendaient la mission. Après les inclinations muettes, les paroles dites de tout près et que l'on ne peut entendre, voici le salut de l'armée. Sur le quai, les hussards de Grodno, les hussards de la garde, sont alignés sur deux rangs. On connaît l'uniforme de ce régiment célèbre : le bonnet à poil surmonté de l'aigrette blanche, le petit manteau vert à collet de fourrure, le pantalon groseille collant dans la botte molle, et, sur ce fond de couleurs discrètes, les épaulettes, les aiguillettes d'argent. Au moment où le dernier des membres de la mission a mis pied à terre, les sabres sortent au clair, et l'admirable musique du régiment joue la *Marseillaise*. Dans le salon de la gare, aménagé avec un dais et orné de fleurs, les toasts commencent, imposant silence à la musique, qui maintenant joue le *Père la Victoire*. Il y en a d'innombrables ; nous avions les coudes trop serrés pour les noter au passage. D'ailleurs il ne s'agissait pas d'écrire, mais de lever sa main avec un verre au bout pour crier : « Hourra ! » Il y a eu les belles paroles du général Zwierof ; il y a eu l'éloquente réponse du chef de la mission ; il y a eu le toast ému d'un militaire tout blanc, le chef des hussards de Grodno, le général Zander ; il y a eu ce cri vibrant comme un coup de clairon du fils du général Gourko, buvant à l'amour que l'armée russe a pour notre grande armée ; il y a eu cette réponse du général de Boisdeffre qui, après le salut de l'empereur, a déchaîné l'enthousiasme :

« Je bois au général Gourko. Vous l'aimez bien ; nous l'aimons
« autant que vous. »

« C'est alors que les officiers qui entouraient le chef de la mission française se sont précipités vers lui, l'ont enlevé dans leurs bras, l'ont emporté jusqu'au train, au milieu de tels hourras de l'état-major russe, des soldats et de la foule, que, de la France, vous avez dû en entendre l'écho... »

La réception de la mission française, le 22, a été entourée d'un grand éclat.

Trois maîtres des cérémonies sont venus prendre le général de Boisdeffre à l'ambassade de France avec les voitures de la cour. Le cortège se composait ainsi : une première voiture grand coupé de gala à quatre chevaux, portant deux maîtres des cérémonies ; une deuxième voiture, grand carrosse doré à six chevaux blancs, portant le général de Boisdeffre, seul sur le siège du fond, et un maître des cérémonies devant lui. La troisième voiture de gala du général de Boisdeffre suivait à vide ; c'est une grande berline à housses à sept places, avec quatre lanternes aux couleurs de France : le train rouge et or, la caisse bleue, intérieur de satin blanc ; la livrée aux trois couleurs : l'habit rouge et or, le gilet blanc, la culotte bleue, deux valets de pied, et un chasseur debout derrière la voiture.

Les quatrième, cinquième et sixième voitures du cortège étaient des voitures de gala à quatre chevaux, contenant l'amiral

Sallandrouze de Lamornaix, le général Tournier, le général Jeannerod, M. Mollard, le colonel Ménétrez, le commandant de Saint-Morel, les capitaines Hély-d'Oissel, de Labry et Carnot. Les autres voitures portaient les officiers russes attachés à l'ambassade extraordinaire : le comte Koutaisoff, colonel Zouieff, le prince Gazarine, le prince Orrioff.

La garde du palais, au Kremlin, a présenté les armes.

L'ambassadeur a été introduit dans le palais, précédé des maîtres des cérémonies. Le grand maître des cérémonies, le maréchal de la cour, venus au-devant de l'ambassadeur dans le vestibule, puis le grand maréchal de la cour, se joignent au cortège. Les gardes, à l'intérieur du palais, présentent les armes sur le passage de l'ambassadeur, devant lequel les portes sont ouvertes à deux battants.

L'ambassadeur a été introduit seul auprès de l'empereur et de l'impératrice par le prince Dolgorouki, archigrand maître des cérémonies.

Le général de Boisdeffre a reçu des souverains le plus bienveillant accueil.

Après l'audience particulière, le général a été autorisé à présenter les membres de l'ambassade. L'empereur s'est entretenu de la manière la plus affable successivement avec chacun d'eux.

Le cérémonial suivi au départ a été le même qu'à l'arrivée, et la mission extraordinaire est retournée à l'ambassade dans le même apparat.

POÉSIES FRANÇAISES

Le couronnement du tzar Nicolas II a fourni à plusieurs de nos poètes l'occasion d'écrire de beaux vers.

En voici de fort jolis :

SLAVO ROSSII!

Vie éternelle à la Russie!
Longue vie et gloire au tzar blanc!
Que ses fils d'Europe et d'Asie
Autour de lui se rassemblant
Bénissent sa suprématie!
Que, de leurs bienfaits le comblant,
Dieu le Père et Dieu le Messie

De leur lumière inobscurcie
Guident son glaive étincelant!
Qu'il soit fort, juste et vigilant!
Vie éternelle à la Russie!
Longue vie et gloire au tzar blanc!

Unique nation de cent millions d'âmes,
Peuple immense groupé sous une même loi,
L'Europe aux yeux jaloux t'admire avec effroi;
Mais nous, à tes drapeaux mêlant nos oriflammes,
Français, dont l'amitié reste de bon aloi,
Le tzar que tu bénis, le tzar que tu proclames,
 Nous le proclamons avec toi.

Car nous connaissons tous ta merveilleuse histoire,
Tes grands noms d'à présent, tes grands noms de jadis.
L'écho de ton passé chante en notre mémoire;
Et c'est comme un aïeul déjà cher à nos fils
Que ce Pierre le Grand, si grand qu'on ne peut croire
Qu'un seul homme ait été, dans une double gloire,
 Ton Charlemagne et ton Clovis.

Notre culte pourtant garde sa préférence
Pour ces deux souverains épris de liberté,
Dont l'un fut le martyr de sa haute équité,
Sans que, même à l'aspect du trône ensanglanté,
L'autre ajournât d'un jour l'œuvre de délivrance,
Et qui furent tous deux les amis de la France
 Par amour de l'humanité.

Et n'est-il pas resté notre allié fidèle?
N'est-il pas l'héritier digne de ses aïeux,
Lui, le jeune empereur calme et silencieux,
Mûr depuis si longtemps pour sa tâche nouvelle?
N'a-t-il pas eu pour mère, a-t-il pas pour modèle
Cette sainte au grand cœur que notre France appelle
 La bonne Danoise aux doux yeux?

Aussi, quand dans Moscou, la ville aux blanches pierres,
Un Romanof brandit le globe impérial,
Ce n'est pas seulement des lointaines frontières,
Des bords de la Baltique aux sommets de l'Oural,
C'est de tous les clochers de la France en prières,
C'est de l'humble foyer de toutes nos chaumières,
 Que s'élève un chant triomphal.

 Vie éternelle à la Russie!
 Longue vie et gloire au tzar blanc!
 Que ses fils d'Europe et d'Asie
 Autour de lui se rassemblant

Bénissent sa suprématie !
Que, de leurs bienfaits le comblant,
Dieu le Père et Dieu le Messie
De leur lumière inobscurcie
Guident son glaive étincelant !
Qu'il soit fort, juste et vigilant !
Gloire et longue vie au tzar blanc !
Vie éternelle à la Russie !

Paul Déroulède.

AUX CLOCHES DU KREMLIN
(LE JOUR DU COURONNEMENT DU TZAR)

Puisque la paix auguste et bonne
Sourit au champ du laboureur,
Le jour où l'on met la couronne
Sur le front du jeune empereur,
— Vos voix dans tous les cœurs en France
Trouvent des échos spontanés, —
Pour cette fête d'espérance,
O cloches du Kremlin, sonnez !

Mais si, demain, soudain se lève
Un souffle de guerre et de mort,
Si le droit a besoin du glaive,
Si le juste doit être fort,
— Les bourdons des cloches de France
Avec vous étant accordés, —
Pour le tocsin de délivrance,
O cloches du Kremlin, grondez !

François Coppée.

RÉCITS DE TÉMOINS FRANÇAIS

LE COURONNEMENT

Notre confrère et ami Hugues Le Roux, qui a été témoin des fêtes du couronnement, en a laissé cette belle description :

Ce mardi quatorze (vingt-six mai), à huit heures et demie du matin, soleil splendide ; le canon finit de tonner. MM. les ambassadeurs et les ministres plénipotentiaires avec leurs épouses, comme dit le Guide du cérémonial, sont déjà installés dans la cathédrale de l'Assomption.

Dès le seuil on est assailli par la fulguration de l'or et de la pourpre : quatre gigantesques colonnes qui montent, vêtues jusqu'à mi-hauteur de velours grenat, jaillissent du tapis pourpre ; elles sont peintes jusqu'en haut, comme les quatre murs, comme le plafond de la coupole qui forme le centre de cette grande chapelle. Le style est lombardo-byzantin. Entre ces quatre colonnes, une souple balustrade d'or, qui, dans les flexions de sa rampe, suit le dessin des marches, aboutit à une sorte d'estrade que cerne un balcon d'or. C'est là que sont installés les trois trônes : celui de l'impératrice douairière à droite, sous un dais séparé ; celui de l'empereur et de l'impératrice Alexandra à gauche, les deux sièges rapprochés sous un seul dais que soutient une chaîne d'or énorme. Sur les bas côtés règnent les deux estrades, où quelques centaines d'assistants sont alignés. Une mystérieuse lumière tombe des fenêtres très étroites et très hautes sur ces personnages groupés, immobiles, dont les uniformes et les toilettes s'éteignent dans l'éclat des ors et de la pourpre, dont les seuls visages apparaissent étagés en relief comme dans les peintures des primitifs. Cela ravit Gervais, qui est venu ici pour recueillir les notes d'un grand tableau du couronnement.

. . . .

Certes, il y a une admirable et poétique grandeur religieuse dans cette seconde partie de la cérémonie qui se passe sur le seuil de la porte sainte, en face des trois trônes ; dans ces onctions faites avec le saint chrême sur le front des souverains et qui leur confèrent un second baptême par où la royauté des élus leur est donnée dès ce monde. Pourtant, dans la sincérité de nos respects, cette minute a étreint les cœurs d'une émotion plus forte dès que les deux Majestés ont été couronnées, dès que, revêtues de tous leurs insignes, elles se sont rassises sur les trônes, au milieu de l'éclat des cantiques, des salves de canon, des volées de cloches, dans un ébranlement qui faisait vibrer les pierres de l'église et les âmes. L'empereur s'est avancé devant le métropolite ; il s'est mis à genoux devant le livre qu'on lui tendait ; il a lu à haute voix cette prière du rite :

« Que le Tzar des Tzars instruise le Tzar, qu'il l'éclaire, qu'il le soutienne dans sa grande tâche de Tzar et de Juge de l'Empire de Russie ; que la sagesse l'accompagne, que son cœur soit dans la main de Dieu pour le profit des peuples qui lui sont confiés, pour la gloire de Dieu, pour que, au jour du jugement dernier, le Tzar puisse répondre à Dieu sans honte. »

Aussitôt les paroles prononcées, le tzar s'est relevé. En même temps le métropolite, l'assistance entière, s'agenouillaient afin de supplier le Tout-Puissant d'entendre cet appel d'un homme qui devient le pasteur et le souverain de tant de millions d'hommes.

UNE REVUE

Une grande revue fut passée à l'occasion du couronnement. Un Français qui y fut présent a ainsi décrit cette magnifique scène :

La première grande revue, dit-il, des troupes réunies à Moscou, à l'occasion du couronnement, favorisée par un temps splendide, a eu lieu sur le champ de Khodynski, en face du pavillon impérial.

Les théâtres qui ont donné des représentations pendant la fête populaire ont été démolis pour faire place au défilé des troupes. Les tribunes offraient un spectacle splendide, avec les uniformes et les toilettes claires. Une foule

L'Empereur de Russie Nicolas II. L'Impératrice de Russie.

immense se pressait aux abords du terrain réservé aux manœuvres. Les troupes passées en revue se composent de quatre-vingt-sept bataillons d'infanterie, de trente-neuf escadrons de cavalerie, de trois sotnias de cosaques, de quatre-vingt-seize canons d'artillerie montée sous le commandement du grand-duc Vladimir; elles se sont formées en huit lignes en avant du pavillon impérial, où ont pris place les membres du corps diplomatique.

L'empereur et l'impératrice sont arrivés sur le champ de Khodynsky, l'impératrice dans une voiture attelée à la Daumont, l'empereur galopant à cheval à ses côtés; puis venaient les princesses, dans des voitures également attelées à la Daumont, et un état-major nombreux et splendide de princes, de généraux, d'ambassadeurs et d'attachés militaires. Le général de Boisdeffre et de nombreux officiers français étaient très remarqués au milieu de ce brillant cortège.

Aussitôt que le tzar et la tzarine ont paru, le canon a tonné, les musiques ont joué une marche composée pour la circonstance, et la revue a commencé. L'empereur et l'impératrice, accompagnés du ministre de la guerre, des princes étrangers, des ambassadeurs extraordinaires suivis de leurs cortèges, sont passés devant tous les rangs des troupes. Puis Leurs Majestés sont venues prendre place devant le pavillon impérial pour assister au défilé, qui a fait l'admiration de tous, chacun des grands-ducs qui commandent un des régiments ayant pris sa place en tête de ce régiment.

Lorsque la revue est terminée, l'empereur s'est fait présenter les officiers. Puis un déjeuner a eu lieu au palais Petrowsky, auquel assistaient les princes étrangers et les officiers généraux, et après lequel, à trois heures, les princes étrangers sont venus prendre congé de Leurs Majestés, qui quittent Moscou dans la soirée.

Le grand banquet offert hier soir au Kremlin aux ambassadeurs et aux missions a été très brillant.

Pendant le banquet, l'empereur et l'impératrice se sont entretenus avec chacun des convives.

L'empereur dit au comte de Montebello que l'impératrice et lui avaient beaucoup admiré la tapisserie offerte par le président de la République et qu'il ne la laisserait pas à Moscou, mais qu'il la ferait placer dans un des palais impériaux des environs de Saint-Pétersbourg.

L'empereur a témoigné au général de Boisdeffre une bienveillance extrême et lui a exprimé combien il avait été touché de la manière dont la France entière s'était associée aux fêtes du couronnement.

NICOLAS II ET LA TZARINE EN FRANCE

L'ARRIVÉE DE NICOLAS II ET DE LA TZARINE EN FRANCE

En 1896, Nicolas II et son auguste épouse résolurent de visiter une partie de l'Europe et de se rendre en Autriche, en Angleterre, en France et en Allemagne.

Leur visite en France eut un caractère tout particulier et fut faite dans le but de montrer à l'Europe attentive qu'une alliance était scellée entre les deux peuples. L'accueil fait par les Français aux souverains amis, les réponses et les toasts de Nicolas II, en sont une preuve des plus certaines.

*
* *

On a pleuré en Russie l'assassinat du président Carnot, comme en France la mort d'Alexandre III ; on a salué en Russie l'avènement de M. Casimir-Perier, puis de M. Félix Faure à la présidence de la République, comme en France l'avènement de Nicolas II au trône impérial ; enfin chacun se rappelle qu'en novembre 1895 le nouvel empereur envoya de superbes cadeaux artistiques à la France, des tableaux où d'éminents artistes russes ont représenté les flottes russe et française au mouillage dans la rade de Toulon, et, pour la ville de Paris spécialement, un vase monumental en jaspe de l'Oural, d'une hauteur de trois mètres et d'un poids de quatre mille kilogrammes, portant d'un côté les armes impériales, de l'autre le blason de Paris, sur le piédouche cette inscription : « Cronstadt-Toulon », et dont les anses se terminent par deux têtes de femme, l'une coiffée de la kakochnick russe, l'autre du bonnet républicain français.

La suprême affirmation de l'alliance, c'est le voyage du joyeux avènement de Nicolas II qui allait la fournir au monde. Il est dans les habitudes des empereurs de Russie, après leur couronnement, de se rendre successivement dans les capitales des souverains auxquels ils sont apparentés. Le tzar, en se conformant à la coutume, a voulu lui donner une extension plus significative ; il a décidé qu'il passerait par Paris et rendrait visite au président de la République.

Le 25 août 1896, l'empereur Nicolas II et l'impératrice Aléxandra Feodorowna, accompagnés du ministre des affaires étrangères (qui allait mourir subitement quelques jours plus tard), prince Lobanov-Rostovsky, — du ministre de la maison impériale, comte Vorentsov-Daschkov, et d'une suite brillante, ont commencé ce voyage sensationnel à travers l'Europe, voyage dont les étapes ont été jusqu'ici Vienne, Breslau, Copenhague et Balmoral. D'Angleterre ils se rendirent en France, où les attendait l'accueil le plus enthousiaste, un accueil « ruisselant d'inouïsme », eût dit Paul de Saint-Victor. L'industrie parisienne, si originale, si intelligente, qui crée des merveilles d'ingéniosité avec des riens, n'a-t-elle pas même, dans des proportions invraisemblables, ces bibelots commémoratifs, sûrs garants de la popularité ! et ne sont-ils pas légion, ces « chants patriotiques », aussi pleins de sincère cordialité que vides de poésie ?

> L'espérance au cœur,
> Chantons tous en chœur
> L'éternelle alliance
> De Russie et de France.
>
> L'amitié du tzar
> Est le fier rempart
> Où deux peuples vainqueurs
> Planteront leurs couleurs !

A CHERBOURG

Ce fut le 5 octobre 1896 que le tzar Nicolas II, accompagné de la tzarine, arriva en rade de Cherbourg sur l'*Étoile polaire*.

Voici, d'après un de nos confrères, témoin de l'arrivée des souverains, comment s'est passée cette réception :

ARRIVÉE DE L'« ÉTOILE POLAIRE »

A sept heures, l'escadre du Nord appareille. La manœuvre est promptement faite, car toutes les dispositions ont été prises la veille.

Les bâtiments sortent par la passe ouest en ligne de file.

L'escadre s'éloigne lentement. Les curieux la suivent des yeux. Dès qu'elle est sortie de la passe, ils la voient se former en deux colonnes par division. La première, celle de l'amiral de Prémesnil, se tenant à gauche, et la seconde, celle de l'amiral de Courthille, se tenant à droite. L'intervalle entre les colonnes est de mille mètres.

L'escadre a bientôt perdu les côtes de vue. Il est environ neuf heures lorsqu'elle arrive à moitié de la Manche. Elle se trouve à plus de vingt milles de terre.

Sur le signal qui leur est fait, le *Friant* et le *Chasseloup-Laubat* quittent leur poste de ligne pour se porter à neuf kilomètres en avant, le premier à gauche et le second à droite de l'escadre, de manière à servir d'éclaireurs pour signaler l'arrivée de l'escadrille russe.

Tous les équipages de l'escadre attendent avec anxiété. La vigie est à son poste et interroge l'horizon. Le temps paraît long. Enfin, le *Friant* et le *Chasseloup-Laubat* se rabattent sur l'escadre ; ils ont aperçu au loin les bâtiments russes, s'avançant entre les six cuirassés de l'escadre anglaise de la Manche.

L'escadre anglaise, en se séparant de l'escadre russe, tire vingt et un coups de canon et vire de bord pour regagner la côte anglaise, cependant que les yachts impériaux continuent leur route.

Après les avoir reconnus, chaque division de l'escadre française opère sur elle-même un cercle de giration de huit cents mètres de diamètre, à une vitesse de dix nœuds. Le vaisseau amiral arbore le petit pavois avec pavillon russe au grand mât, et tous les bâtiments l'imitent...

La salve de cent un coups de canon est commencée au deuxième coup du *Hoche*, qui tire avec ses pièces de quatorze. Les coups de canon se suivent à cinq secondes d'intervalle.

La vitesse est diminuée : les yachts impériaux défilent alors dans la ligne et reçoivent les honneurs réglementaires lorsqu'ils passent à la hauteur de chaque bâtiment ; la garde est sur le pont et présente les armes, la musique joue l'Hymne russe, et les hommes, en rang sur les lisses, crient sept hourras.

On arrive à la passe ouest de la rade. Le jusant est très fort. A ce moment, les batteries de terre tirent les salves d'honneur. Les yachts impériaux prennent la tête. Tous les navires entrent sur une seule file en hissant le grand pavois et en saluant la terre.

LE DÉBARQUEMENT ET LES RÉCEPTIONS

Le président de la République, en habit noir, portant le grand cordon de Saint-André, attend dans l'arsenal l'heure du débarquement. Il a à ses côtés MM. Loubet, président du Sénat; Brisson, président de la Chambre; Méline, président du conseil; Hanotaux, ministre des affaires étrangères, en grand uniforme de son grade de ministre plénipotentiaire, avec ses décorations; l'amiral Besnard, ministre de la marine ; le baron de Mohrenheim ; M. Chischkine, gérant du ministère des affaires étrangères de Russie; les membres de l'ambassade russe ; le comte de Montebello, ambassadeur de France à Saint-Pétersbourg; le général de Boisdeffre, l'amiral Gervais, les quatre officiers attachés à l'empereur et à l'impératrice, le général Tournier, secrétaire général de la présidence; M. Le Gall, directeur du cabinet, et les officiers de la maison présidentielle; le général de Jessé, commandant le 10ᵉ corps d'armée, le préfet maritime et son état-major, etc.

Les honneurs sont rendus par une compagnie d'infanterie de marine, avec drapeau, musique et clairons.

Il est exactement trois heures lorsque débarquent l'empereur et l'impératrice.

Le soleil se décide enfin à paraître et éclaire brillamment l'arrivée des souverains russes sur le sol de France.

L'impératrice, élégante, gracieuse, jolie, fait son apparition sur le pont du yacht pendant que la musique de l'infanterie de marine entonne l'Hymne russe. Le tsar la suit, et tous deux, escortés par leur cour, prennent la passerelle au bout de laquelle se tient le président de la République.

La musique du yacht impérial joue la *Marseillaise*.

Le président de la République, au moment où le tzar met le pied sur la passerelle de débarquement, lui adresse la parole, lui présente ses souhaits de bienvenue et lui demande si l'impératrice n'a pas eu trop à souffrir de l'état de la mer.

L'empereur, après avoir donné des nouvelles de la tzarine, exprime le bonheur qu'il éprouve de pouvoir accomplir le projet qu'il avait depuis longtemps formé de visiter la France.

L'impératrice descend la première de l'*Étoile polaire*.

L'empereur Nicolas II a revêtu l'uniforme, qu'il affectionne, de capitaine de vaisseau, la poitrine barrée par le grand cordon de la Légion d'honneur.

Le président de la République, tête nue, s'incline profondément devant l'impératrice et lui baise la main avec respect.

Le tzar salue militairement. Le président lui tend ensuite la main, et l'empereur la retient affectueusement, pendant que le chef de l'État lui adresse ses souhaits de bienvenue.

L'empereur Nicolas II, qui parle le français avec la facilité héréditaire des Romanof, répond en quelques mots.

L'empereur, l'impératrice et le président de la République gravissent l'escalier tournant. Le président donne le bras à l'impératrice. L'empereur marche à sa droite.

Le cortège arrive dans le magnifique salon Louis XVI qui commande le grand hall vitré. Il est précédé par MM. Crozier, directeur, et Mollard, chef-adjoint du protocole. Tous les assistants placés dans les tribunes se lèvent, un silence religieux règne dans toute l'assemblée.

L'empereur, l'impératrice et le président de la République prennent place debout sur une estrade élevée de deux marches, le chef de l'État au milieu, l'empereur à sa droite, et l'impératrice à sa gauche.

Les présentations commencent. Le président présente tour à tour les présidents du Sénat et de la Chambre, le président du conseil, les ministres des affaires étrangères et de la marine, le général de Boisdeffre, l'amiral Gervais, le général Tournier, secrétaire général de la présidence, et M. Le Gall, directeur de son cabinet civil; tous s'inclinent profondément. Les six derniers baisent la main de l'impératrice.

Le président du conseil présente le préfet de la Manche, le président du

Le débarquement a Cherbourg (5 octobre 1896).

conseil général, le maire, le sénateur et le député de Cherbourg. De son côté, le ministre de la marine présente le préfet maritime et le général commandant le corps d'armée.

Les présentations terminées, le cortège quitte le salon Louis XVI et pénètre dans le grand hall vitré.

Tous les assistants placés dans les tribunes s'inclinent sur le passage de l'empereur, de l'impératrice et du président de la République.

L'impératrice, qui est au bras du chef de l'État, répond à ces saluts par des inclinations de tête et par de gracieux sourires.

Le préfet maritime met sabre au clair, et toutes les délégations d'officiers des armées de terre et de mer suivent son exemple. La musique des équipages de la flotte joue l'Hymne national russe et la *Marseillaise*.

Quand il passe devant les drapeaux, l'empereur porte la main à son bicorne.

L'empereur, l'impératrice et le président s'arrêtent quelques minutes dans le salon diplomatique, situé à l'autre extrémité du hall. Puis, ils reviennent au salon de réception. De là ils se dirigent vers le débarcadère, où ils s'embarquent sur l'*Élan* pour passer la revue de l'escadre.

LA REVUE NAVALE

L'empereur Nicolas, l'impératrice et le président de la République abordent le *Hoche,* qu'ils doivent visiter, au pied de l'échelle extérieure de la coupée de tribord. Ils sont reçus par le vice-amiral Regnault de Prémesnil, commandant de l'escadre, et par le capitaine de vaisseau Moré qui commande ce cuirassé.

Le pavillon russe est abaissé et remplacé par le pavillon personnel des deux chefs d'État.

Les commandants des bâtiments français sur rade, les officiers de l'état-major général, les officiers aspirants du *Hoche,* sont massés au haut de l'escalier et sur l'arrière du cuirassé. Les hommes de l'équipage qui ne sont pas dans les hunes sont rangés sur le pont. Pendant que la musique joue l'Hymne russe, tout l'équipage pousse les sept hourras réglementaires. La scène est grandiose.

L'empereur et le président de la République passent entre la double haie formée par tous les commandants des navires sur rade.

L'empereur salue militairement.

Tous les bâtiments ont envoyé une escouade de quatre files à bord du vaisseau amiral.

Les deux chefs d'État s'entretiennent quelques instants avec l'amiral de Prémesnil et ils passent les hommes en revue. Puis ils assistent au défilé des fusiliers marins, qui a été effectué avec un entrain et un ensemble remarquables.

L'empereur et le président quittent le *Hoche;* leur départ est salué par une nouvelle salve de trente et un coups de canon.

LE DINER

Le dîner de soixante-treize couverts, offert par le président de la République en l'honneur des souverains russes, a eu lieu à l'arsenal à six heures et demie.

La salle à manger comprend trois tables : la table d'honneur est dressée dans le fond de la salle, sur une estrade haute de vingt centimètres environ. Les deux autres sont perpendiculaires à la table d'honneur.

L'empereur de Russie et le président de la République occupent le centre de la table d'honneur. Le président du Sénat est assis aux côtés du tzar, et le président de la Chambre aux côtés du président de la République.

Le moment des toasts est arrivé : le président de la République se lève ainsi que tous les convives, et il porte d'une voix ferme, en ces termes, la santé des souverains russes :

« C'est avec une grande joie que, accompagné du président du Sénat et du président de la Chambre des députés, j'ai reçu aujourd'hui Votre Majesté Impériale et Sa Majesté l'Impératrice.

« Le président de la République est certain de répondre aux sentiments de la nation en se faisant l'interprète des vœux unanimes qu'elle forme pour la famille impériale, pour la gloire du règne de Votre Majesté et pour le bonheur de la Russie.

« Demain, à Paris, Votre Majesté sentira battre le cœur du peuple français, et l'accueil qui sera fait à l'empereur et à l'impératrice de Russie leur prouvera la sincérité de notre amitié.

« Votre Majesté a voulu arriver en France escortée par une de nos escadres : la marine française lui en est reconnaissante. Elle se rappelle avec orgueil les nombreuses marques de sympathie dont l'entoura votre auguste père et la part qu'il lui a été donné de prendre aux manifestations de Cronstadt et de Toulon.

« En souhaitant à Votre Majesté la bienvenue sur le sol de la République, je lève mon verre en l'honneur de l'empereur et de l'impératrice de Russie. »

Le toast a été écouté dans un religieux silence par tous les assistants.

La musique de la flotte a joué aussitôt l'Hymne russe.

L'empereur Nicolas répond, en excellent français, par le toast suivant :

« Je suis touché de l'accueil sympathique et cordial qui nous a été fait à Cherbourg. J'ai beaucoup admiré l'escadre qui nous a escortés, ainsi que le bateau amiral *le Hoche*.

« En touchant le sol d'une nation amie, je partage les sentiments que vous venez d'exprimer, Monsieur le président.

« Je lève mon verre en l'honneur de la nation, de la flotte française et de ses braves marins, et je remercie M. le président de la République pour les souhaits de bienvenue qu'il vient de nous exprimer. »

L'empereur, en terminant, a choqué son verre avec le président de la République, comme celui-ci l'avait fait à la fin de son toast.

La musique a joué la *Marseillaise,* qui a été écoutée debout, ainsi que l'Hymne russe.

LE DÉPART POUR PARIS

A huit heures vingt, l'empereur et le président sont allés chercher l'impératrice, qui était restée à bord de l'*Étoile polaire.*

Le président de la République a pris congé des souverains à la porte du train impérial, qui était garé à la sortie même du salon diplomatique.

L'empereur a serré affectueusement la main du chef de l'État. Le président de la République a baisé la main de l'impératrice.

A sept heures et demie, une dame d'honneur de l'impératrice, portant dans ses bras la grande-duchesse Olga, traverse le grand hall vitré pour aller prendre place dans le train impérial devant la mener à Paris.

La dame d'honneur est accompagnée par un chambellan et par un officier de l'*Étoile polaire*.

Quand Leurs Majestés sont montées dans leur train, les forts et les batteries ont rendu les honneurs.

Le train impérial est parti à huit heures trente, et le train présidentiel à huit heures quarante.

Les présidents des deux Chambres, les ministres et les autres personnages officiels ont pris place dans le train du président de la République.

Les troupes faisaient la haie le long des deux voies. Elles ont présenté les armes au moment du passage des trains.

LES SOUVERAINS RUSSES A PARIS

Un volume tout entier ne suffirait pas pour raconter le voyage triomphal du tzar Nicolas II et de la tzarine à travers les villes de Cherbourg et de Paris, pour dire les fêtes inoubliables auxquelles ils furent conviés, les vivats dont ils furent acclamés, les discours qu'ils entendirent, les endroits qu'ils visitèrent, les cadeaux qu'ils reçurent. Jamais réception aussi sympathique et aussi grandiose ne fut peut-être faite en France à des souverains étrangers. De longtemps on n'avait entendu de telles acclamations, de pareils témoignages d'allégresse venant de toutes parts, d'une foule en délire, émue autant que les souverains eux-mêmes.

*
* *

C'est par une belle et lumineuse matinée que le tzar et la tzarine ont fait leur entrée à Paris. — Nous n'essayerons pas, certainement, de décrire l'enthousiasme avec lequel, au nom de la patrie unanime, la grande ville a reçu ses glorieux hôtes. Cela serait impossible ; mais ce que nous pouvons dire hardiment, c'est qu'il y avait dans les ovations qui ont retenti sur leur passage toute l'âme d'un peuple, et on peut dire que c'est là un des événements les plus conséquents et les plus considérables de la fin du dix-neuvième siècle.

De Paris à tous les coins de la France, dans les plus petits hameaux, on a pu voir rayonner une magnifique allégresse.

Arrivée des souverains russes a l'Élysée.

Tous se livraient à la joie dans un patriotique élan : c'était l'apothéose de la paix.

Les souverains, à leur arrivée à Paris, se rendirent immédiatement à l'hôtel de l'ambassade, devenu ainsi palais impérial.

Ils furent reçus par l'ambassadeur et M^{mo} de Morenheim, qui leur offrirent, suivant l'usage, le pain et le sel.

L'ÉGLISE RUSSE A PARIS.

Avant de se rendre à l'Élysée pour les présentations officielles, l'empereur et l'impératrice se rendirent à l'église russe pour y entendre un chant d'action de grâces. Ce pèlerinage fut une seconde entrée triomphale dans Paris.

De la rue Saint-Simon, admirablement décorée, à l'église russe, ce fut une ovation continuelle.

Décoration de la rue Saint-Simon.

Le soir même de l'entrée des souverains à Paris, un grand dîner fut donné en leur honneur à l'Élysée.

Au dessert, le président de la République s'exprima en ces termes :

L'accueil qui a salué l'entrée de Votre Majesté à Paris lui a prouvé la sincérité des sentiments dont j'ai tenu à ce qu'elle reçût l'expression en touchant le sol de la République.

La présence de Votre Majesté parmi nous a scellé, aux acclamations de

Le cortège dans les Champs-Élysées.

tout un peuple, les liens qui unissent les deux pays dans une harmonieuse activité et dans une mutuelle confiance en leurs destinées. L'union d'un puissant empire et d'une République laborieuse a pu déjà exercer une action bienfaisante sur la paix du monde. Fortifiée par une fidélité éprouvée, cette union continuera à répandre partout son heureuse influence.

Interprète de la nation tout entière, je renouvelle à Votre Majesté les souhaits que nous formons pour la grandeur de son règne, pour le bonheur de Sa Majesté l'impératrice, pour la prospérité du vaste empire dont les destinées reposent entre les mains de Votre Majesté Impériale.

Qu'il me soit permis d'ajouter combien la France a été touchée de l'empressement avec lequel Sa Majesté l'impératrice a bien voulu se rendre à ses vœux.

LES GRANDS BOULEVARDS LE SOIR DU 6 OCTOBRE 1896.

Son gracieux séjour laissera dans notre pays un ineffaçable souvenir.

Je lève mon verre en l'honneur de Sa Majesté l'empereur Nicolas et de Sa Majesté l'impératrice Alexandra Feodorowna.

L'empereur de Russie répondit à ce toast :

Je suis profondément touché de l'accueil qui nous a été fait, à l'impératrice et à moi, dans cette grande ville de Paris, source de tant de génie, de tant de goût et de tant de lumières.

LA VOITURE DE GALA (6 octobre 1896).

Fidèle à d'inoubliables traditions, je suis venu en France pour saluer en vous, Monsieur le président, le chef d'une nation à laquelle nous unissent des liens si précieux.

Ainsi que vous l'avez dit, cette amitié ne peut avoir par sa constance que la plus heureuse influence.

Je vous prie, Monsieur le président, d'être l'interprète de ces sentiments auprès de la France entière.

En vous remerciant des vœux exprimés pour l'impératrice et pour moi, je bois à la France, et je lève mon verre en l'honneur de M. le président de la République française.

Après le dîner de l'Élysée, une soirée de gala eut lieu à l'Opéra[1]. Les souverains y furent conduits en voiture de gala de l'ancienne cour.

[1]. En 1717, le tzar Pierre le Grand avait assisté à une représentation de l'Opéra.

LE TZAR ET LA TZARINE A L'INSTITUT DE FRANCE

L'une des visites les plus intéressantes des souverains fut celle qu'ils firent à l'Institut de France, dans la deuxième journée de leur présence à Paris.

La salle a manger a l'Ambassade de Russie.

C'est à quatre heures trente-cinq, exactement, que l'empereur et l'impératrice, accompagnés de M. Félix Faure et d'une suite d'une vingtaine de personnes, composée d'officiers d'ordonnance et de dames d'honneur, entrèrent dans la cour de l'Institut.

Une grande marquise, ornée de plantes vertes et de fleurs et garnie de tapis, avait été dressée à la porte du grand escalier, au pied duquel se tiennent le ministre de l'instruction publique, M. Rambaud, entouré de tout le bureau de l'Institut pour l'année 1896 et du haut personnel administratif du palais.

Précédé des huissiers de l'Académie française, le ministre a conduit immédiatement les hôtes illustres au premier étage du bâtiment bien connu de tous ceux qui assiègent le bureau de M. Pingard!

Sur le palier, le bureau de l'Académie, composé de MM. Legouvé, directeur; de Vogüé, chancelier, et Gaston Boissier, secrétaire perpétuel, attendait Leurs Majestés, qui, traversant la galerie des Bustes, puis la salle où ont lieu les séances de l'Académie des sciences, ont enfin pénétré dans la salle des Quarante.

Si l'escalier avait reçu une ornementation sévère, mais somptueuse, de tapis et de tapisseries, en revanche, la salle des séances n'avait reçu aucun ornement. Seuls les portraits de Leurs Majestés avaient été accrochés, au-dessus du bureau, de chaque côté du buste de Villemain, qui souriait.

Les académiciens attendaient debout leurs augustes hôtes, qu'ils saluèrent en silence.

Le bureau s'installe, tandis que l'empereur et l'impératrice s'assoient de chaque côté de M. Félix Faure, sur trois fauteuils de velours vert entièrement semblables à ceux des académiciens.

M. Legouvé dit alors ;

« La séance est ouverte. »

Et, avec cet art parfait de diseur que l'on sait, il récita le souhait de bienvenue que voici :

Sire, Madame,

Il y a près de deux cents ans, Pierre le Grand, au cours de son voyage à Paris, arriva un jour, à l'improviste, au lieu où se réunissaient les membres de l'Académie, s'assit familièrement au milieu d'eux et se mêla à leurs travaux.

Cette visite, si pleine de cordialité, est restée dans nos archives comme un de nos plus précieux souvenirs.

Votre Majesté fait plus encore aujourd'hui : elle ajoute un honneur à un honneur en ne venant pas seule (se tournant vers l'impératrice) : votre présence, Madame, va apporter à nos graves séances quelque chose de bien inaccoutumé,... le charme.

Comment remercier Vos Majestés de daigner prendre place dans cette petite salle? Le meilleur moyen est, ce me semble, de vous donner une idée de ce qui s'y passe, de vous faire assister à une de nos séances ordinaires, de vous montrer les académiciens... à l'ouvrage. L'empereur du Brésil a pris part plus d'une fois à nos discussions philologiques; le grand-duc Constantin a paru s'y plaire; cela nous laisse espérer que Vos Majestés ne regretteront pas trop les quelques moments qu'elles veulent bien nous consacrer, et dont nous sentons tout le prix.

Me sera-t-il permis de le dire? Ce témoignage de sympathie s'adresse non seulement à l'Académie, mais à notre langue nationale elle-même,... qui n'est pas pour vous une langue étrangère, et l'on sent là je ne sais quel désir d'entrer en communication plus intime avec le goût et l'esprit français. Une telle bienveillance nous enhardit; elle nous reporte à votre immortel ancêtre; sa visite se relie pour nous à la vôtre, et, dans notre gratitude, nous osons adresser une prière à Vos Majestés : souffrez que nous fêtions par avance, dans ce jour, le bicentenaire de l'amitié cordiale de la Russie et de la France.

Après cette allocution, M. François Coppée donna lecture des strophes suivantes :

Strophes de M. François Coppée.

A LEURS MAJESTÉS L'EMPEREUR ET L'IMPÉRATRICE DE RUSSIE

Dans cet asile calme où le culte des lettres
Nous fut fidèlement transmis par les vieux maîtres,
Ainsi que le flambeau de l'antique coureur,
A ce foyer, dans cette atmosphère sereine,
Bienvenue à la jeune et belle souveraine !
    Bienvenue au noble empereur !

Votre chère présence est partout acclamée
Par l'imposante voix du peuple et de l'armée,
Émus de sentiments profonds et solennels;
Et, sur la foule heureuse et de respect saisie,
Vous voyez les couleurs de France et de Russie
    Palpiter en plis fraternels.

Tous les vœux des Français vont, Sire, au fils auguste
Du magnanime tzar, d'Alexandre le Juste ;
Car en vous son esprit pacifique est vivant.
Vous, Madame, devant vos yeux purs et sincères,
Dans les groupes charmés, vous entendez les mères
    Vous bénir, vous et votre enfant.

Ici s'éteint le bruit dont un peuple s'enivre.
Nous pouvons seulement vous présenter le livre
Qui garde ce trésor : la langue des aïeux ;
Mais, chez nous, c'est la France encor qui vous accueille,
Et vous lirez le mot « amitié » sur la feuille
    Qu'elle place devant vos yeux.

Puis nous évoquerons notre gloire passée,
Nos devanciers fameux, princes de la pensée,
Corneille, Bossuet, tant d'autres noms si beaux,
Avec l'orgueil de voir nos souvenirs splendides
Honorés pas vous, Sire, ainsi qu'aux Invalides,
    Vous saluez nos vieux drapeaux.

Enfin, bien à regret — l'heure si tôt s'écoule —
Nous vous rendrons tous deux à l'amour de la foule,
Au grand Paris offrant son âme en ses clameurs,
Mais pour vous suivre aussi dans cette ardente fête
Où vous êtes portés, comme a dit un poète,
En triomphe sur tous les cœurs.

A l'exemple de ce qui s'est passé au cours de toutes les visites princières, et tout dernièrement lors de la visite du prince Vladimir, l'empereur et l'impératrice ont été invités à apposer leur signature sur la feuille du procès-verbal de la séance.

Ensuite on fit la lecture d'une notice sur le mot *amitié*, destinée au Dictionnaire, ainsi que de la communication de l'extrait d'un savant et curieux travail de M. d'Haussonville intitulé *Pierre le Grand à Paris en 1717*.

M. d'Haussonville offrit au tzar[1] et à la tzarine un exemplaire richement relié de ce travail.

L'empereur et l'impératrice ayant accepté l'offre de cet exemplaire, M. Legouvé a prononcé la phrase sacramentelle :

« Nous allons passer maintenant à la suite du Dictionnaire. »

Mais avant la discussion il tint à expliquer à Leurs Majestés en

---

[1]. Le voyage de l'empereur de Russie a remis sur le tapis l'origine et le sens de ce titre de *tzar* qui a remplacé celui de grand-duc de Moscovie que portaient les prédécesseurs de Pierre le Grand.

On est généralement d'accord aujourd'hui pour écarter l'idée que le mot *tzar* est une corruption du mot de *César*, qui est devenu le titre générique des empereurs romains et d'où dérive le titre de *kaiser* des empereurs allemands. Il y a contre cette étymologie un fait très caractéristique : c'est que lorsque Pierre le Grand voulut, en 1721, prendre la qualification d'empereur, il éprouva une vive opposition de la part de la cour de Vienne, qui refusait de voir dans le mot *tzar* l'équivalent de la *majesté césarienne*.

Dans la longue énumération des pays et des provinces qui sont sous la domination de l'empereur de Russie, énumération qui précède les actes émanés du souverain, le titre de *tzar* est spécial à certaines contrées : l'empereur est autocrate de toutes les Russies, est le *tzar* de Kasan, *tzar* de Pologne, *tzar* de la Chersonèse Taurique.

Le mot *tzar* n'est que l'équivalent du mot *roi*. C'est un mot qui appartient à la langue esclavonne, et qui se retrouve, avec un sens analogue, dans les antiques langues du Nord. Les étymologistes, gens qui ne doutent de rien, le font remonter encore plus haut. Ils prétendent qu'il dérive de la syllabe *sar* ou *zar*, qui dans les dialectes assyrio-chaldéens désigne le souverain, le chef.

A ce titre le tzar aurait des prédécesseurs qui s'enfoncent bien plus avant dans l'antiquité que les Césars romains. Les Auguste, les Trajan, les Marc-Aurèle, sont des modernes à côté des Salmana-*zar*, des Nabucodona-*sar*, des Nabupala-*zar*, des Balta-*sar*, qui appartiennent aux temps bibliques et dont les titres et les monuments viennent à peine de reparaître au jour.

quoi consistait l'œuvre de conservation, de perfectionnement et de définition de la langue et des mots qu'est le Dictionnaire.

La discussion a porté sur le mot *animer*.

Ont pris part à la discussion : MM. Legouvé, Jules Lemaître, Sardou, Sully-Prudhomme, Claretie et Brunetière.

La discussion s'échauffant un peu, et nos académiciens parlant devant Leurs Majestés avec abandon comme, ou presque, ils auraient parlé entre eux, l'empereur et l'impératrice ont paru vivement intéressés par cette discussion. Ils suivaient attentivement celui qui avait la parole et paraissaient prendre part à la discussion.

Mais l'heure s'avançait. Il était cinq heures cinq. M. Legouvé ne voulut pas abuser de la patience de ses augustes hôtes et déclara la séance levée.

Tout le monde se leva alors, l'empereur et l'impératrice saluèrent, sans dire mot, et se retirèrent, accompagnés par le bureau de l'Académie.

Et les académiciens, restés seuls, se livraient à leurs impressions, lorsque M. de Vogüé rentra dans la salle, où les présentations eurent lieu et où, alors, l'empereur remercia MM. Legouvé, Coppée et d'Haussonville de leurs compliments et de leur travail. Ils serrèrent la main à tous, et à cinq heures dix minutes ils se retiraient.

LA VISITE A NOTRE-DAME DE PARIS ET A LA SAINTE CHAPELLE

Racontons maintenant ce que nous avons vu de la visite des souverains russes à Notre-Dame de Paris et à la sainte Chapelle. L'archevêque avait revêtu, pour la circonstance, le costume officiel que les princes de l'Église prennent pour les réceptions en cour de Rome : la soutane rouge, le rochet de dentelle, la *manteletta* rouge et la mosette de même couleur. Les chanoines étaient en noir, avec le manteau de cérémonie, et portaient, en outre, comme aux réceptions de l'Élysée, la croix et le ruban bleu, insignes officiels du chapitre.

L'arrivée des souverains et du président de la République, à dix heures très précises, est annoncée par le bourdon de Notre-Dame, sonnant à toute volée, et dominant à peine le bruit des acclamations de la foule énorme massée sur la place du Parvis, dans les rues voisines et sur les quais.

M. l'archiprêtre Pousset conduit aussitôt Leurs Majestés vers le cardinal, qui leur souhaite gracieusement la bienvenue et leur présente immédiatement les notabilités du clergé et les membres du conseil de fabrique : M. Hamel, président de l'administration des pompes funèbres; M. Octave Homberg, censeur de la Banque; M. Sabatier, président du conseil de l'ordre des avocats de la cour de cassation.

Pendant ce temps, l'orgue fait entendre l'Hymne russe.

La décoration de la cathédrale est très simple, mais très riche. Les quatre piliers principaux sont ornés de trophées de drapeaux. Dans le sanctuaire on a étendu un magnifique tapis d'Aubusson, donné par Napoléon III, et dans le chœur celui qui, commencé sous Napoléon Ier, fut offert à Notre-Dame par Louis-Philippe à l'occasion du baptême du comte de Paris. Ce tapis mesure cent quatre-vingt-neuf mètres carrés et n'a pas coûté moins de trois cent cinquante mille francs. Au début, il était parsemé d'aigles, qui furent remplacées plus tard par des fleurs de lis. Maintenant il ne porte plus aucun attribut politique, ni impérial ni royal. D'autres tapis, moins précieux, couvrent entièrement le dallage de la basilique depuis le chœur jusqu'à la voiture des souverains.

Tous les lustres de la cathédrale ont été allumés; et cette illumination brillante, contrastant avec le silence de l'immense nef entièrement vide, est du plus saisissant effet.

L'empereur et l'impératrice paraissent vivement impressionnés.

Cependant, le cortège, précédé par deux suisses en grande tenue, s'avance vers le chœur dans l'ordre suivant : la tzarine, ayant à sa droite le président de la République, à sa gauche le tzar et le cardinal. Un peu en avant, M. l'archiprêtre Pousset, tout heureux de faire à Leurs Majestés les honneurs de la cathédrale et très empressé à leur donner toutes les explications nécessaires. Derrière les souverains, les vicaires généraux, les dames d'honneur de l'impératrice, les membres du chapitre, l'ambassadeur et les généraux russes, le général de Boisdeffre, l'amiral Gervais, les officiers d'ordonnance du président.

Quatre prie-Dieu et quatre fauteuils avaient été disposés en face du maître-autel : un prie-Dieu et un fauteuil dans le sanctuaire

La sortie de Notre-Dame (7 octobre 1896).

pour le cardinal Richard; trois prie-Dieu et trois fauteuils sur la même ligne, dans le chœur, pour les souverains et M. Félix Faure. Mais Leurs Majestés n'en ont pas fait usage. Elles ont prié debout, quelques secondes, et le cardinal a agi de même.

Après avoir visité le sanctuaire, le cortège s'est rendu au caveau provisoire de Pasteur. « Voici, a dit l'archevêque au tzar, où repose M. Pasteur, qui fut un grand savant et un grand chrétien. »

Le tzar et la tzarine ont visité ensuite les chapelles absidiales et les tombeaux des archevêques, enfin le trésor de Notre-Dame, et notamment les grandes reliques de la passion, que le curé de la cathédrale avait fait placer, pour la circonstance, dans le magnifique reliquaire où elles ne sont enfermées, d'ordinaire, que pendant la semaine sainte.

L'empereur a particulièrement admiré le splendide ornement rouge et or donné par Napoléon III au moment de son sacre. Cet ornement ne comprend pas moins de vingt-quatre pièces.

« Est-ce qu'il sert encore? a demandé le tzar.

— Une fois par an seulement, Sire, le jour de la Pentecôte, » a répondu le curé de la cathédrale.

Le cardinal fait alors remarquer au tzar que toute l'histoire de France, depuis le treizième siècle, est en quelque manière représentée, dans le trésor de Notre-Dame, par les dons successifs de ses souverains.

Avant de quitter les sacristies, M. l'archiprêtre Pousset offre à Leurs Majestés, au nom du chapitre, des gravures sur satin, enfermées dans un étui de soie blanche, représentant Notre-Dame.

Mais la visite, qui a duré exactement vingt minutes, touche à sa fin. Les souverains s'arrêtent un instant devant l'antique statue de Notre-Dame située à gauche du maître-autel, tout près et en avant du chœur. Le cortège sort de l'église dans le même ordre qu'à l'entrée, tandis que l'orgue joue le *Domine, salvam fac Rempublicam.*

Le tzar et la tzarine serrent la main du cardinal en prenant congé, et remontent en voiture. Quelques instants plus tard, le cardinal réintègre le carrosse qui l'a amené, un carrosse à un seul cheval, mais dont le cocher a arboré une magnifique cocarde. La chose, d'ailleurs, n'est pas allée toute seule. On avait dit au cardinal qu'il devrait absolument, dans une circonstance aussi solennelle, prendre une voiture à deux chevaux, et ce luxe lui semblait en complète opposition avec la simplicité dont il s'est fait une règle invariable. Un haut fonctionnaire, à qui il confia ses scrupules, lui fit savoir qu'il pouvait très bien se contenter de sa voiture ordinaire, à la condition que le cocher eût une cocarde à son chapeau.

L'archevêque résista longtemps, mais il céda devant l'insistance de ses vicaires généraux. Ajoutons que l'unique cheval qui a amené aujourd'hui Mgr Richard à Notre-Dame est un cheval de louage, *Cocotte* ayant été prise de rhumatismes, l'autre jour, pendant qu'elle conduisait son maître, retour de Reims, de la gare à l'archevêché, et n'ayant même pas pu achever le parcours.

Un *Te Deum* a été chanté solennellement, à trois heures, à la cathédrale.

L'immense basilique était absolument comble. L'office, qui se composait du chant des litanies de la sainte Vierge, du *Te Deum* et du salut du saint sacrement, a été présidé par le cardinal Richard, assisté des chanoines Léger et Maffre.

Aucune invitation officielle n'avait été faite pour cette cérémonie, à cause de l'impossibilité où l'on se trouvait d'y inviter le tzar.

**

Le cortège impérial est arrivé déjà à la sainte Chapelle, où malheureusement le spectacle pittoresque de la messe rouge va lui manquer.

La sainte Chapelle est vide. On a seulement tendu les murs des vieilles tapisseries des Gobelins qui, d'ordinaire, ne voient le jour qu'une fois par an, lors de la messe solennelle de rentrée.

Mais quelle lumière délicieuse tombe des vitraux, de ces merveilleux vitraux dont chacun est une admirable œuvre d'art!

M. Rambaud, ministre des beaux-arts, et l'architecte du monument, M. Bœswilwald, attendent Leurs Majestés à la porte de la sainte Chapelle, dont ils vont leur faire les honneurs.

On a disposé sur une table de vieilles estampes, de précieux manuscrits dont quelques-uns relatent la visite de Pierre le Grand au parlement de Paris, en 1717.

M. Omont, de la Bibliothèque nationale, présente l'*Évangéliaire* appartenant à la bibliothèque de Reims, et que M. Rambaud a fait apporter à Paris pour cette solennité.

La foule dans les rues.

C'est, dit la tradition, sur cet antique manuscrit que les rois de France prêtaient serment le jour de leur sacre.

L'*Évangéliaire* est écrit en vieille langue slavonne. L'empereur le feuillette avec intérêt et, après un court examen, déclare en souriant qu'il est très facile de déchiffrer ces vénérables caractères.

On lui présente aussi un parchemin du onzième siècle signé d'une princesse de Russie, Anna Iaroslawna.

L'Église des Invalides.

Les souverains russes, après leur visite à Notre-Dame et à la sainte Chapelle, se rendirent au Palais de justice, au Panthéon et aux Invalides.

La décoration du Panthéon était trop sobre, comme il convenait d'ailleurs à un monument destiné aux grands hommes.

Couronne déposée par le Tzar sur le tombeau de M. Carnot.

Après avoir visité la nef, les souverains s'engagèrent dans les galeries souterraines; en passant, ils s'inclinèrent avec respect devant le tombeau de Victor Hugo, puis se dirigèrent vers celui du président Carnot, qui se trouve dans le caveau dit « des Martyrs de la Patrie » et qui contient aussi les cendres de Lazare Carnot, de la Tour d'Auvergne, le premier grenadier de France, et de Marceau.

A l'entrée du caveau se trouvent les trois fils du président défunt : M. Ernest Carnot, député, le capitaine Sadi Carnot et le sous-lieutenant François Carnot.

Nicolas II s'avança vers eux, leur serra la main ; puis, prenant une superbe gerbe d'achillées et de lilas, il entre dans le caveau et dépose ces fleurs sur le tombeau.

*
* *

Le vieil hôtel des Invalides s'était paré pour la visite impériale comme aux jours de grandes fêtes.

Partout des drapeaux, des trophées, des galions.

Les souverains furent reçus par le ministre de la guerre et le brave général Arnoux, gouverneur de l'hôtel abri de nos gloires.

Ils rendirent une visite dans la crypte où reposent les cendres de Napoléon, de celui qui, pour toutes les nations, fut le grand empereur. Nicolas II, laissant ses compagnons en arrière, s'avança seul au sarcophage et, la tête inclinée, vivement ému, il demeura quelques instants comme abîmé dans une muette contemplation.

Que de souvenirs historiques, que de grandes et héroïques visions durent passer devant ses yeux durant ces quelques minutes ! Tilsitt, Erfurth, la Moskowa, Moscou, l'incendie, la retraite, la neige, le Bérésina, le triomphe et la défaite ! Et ce grand empereur dormant maintenant là d'un éternel sommeil ! Peut-être revinrent alors à la mémoire de l'héritier d'Alexandre Ier ces paroles que le grand conquérant adressait à son aïeul : « Unissons-nous, et nous accomplirons les plus grandes choses des temps modernes. »

VISITE A L'HOTEL DE VILLE.

C'est le mercredi 7 octobre, à cinq heures et demie, qu'eut lieu la réception faite à l'Hôtel de ville aux souverains russes.

La décoration du palais municipal et de ses abords était splendide.

L'avenue Victoire, qui mène à l'Hôtel de ville, était bordée de mâts, décorés de motifs allégoriques.

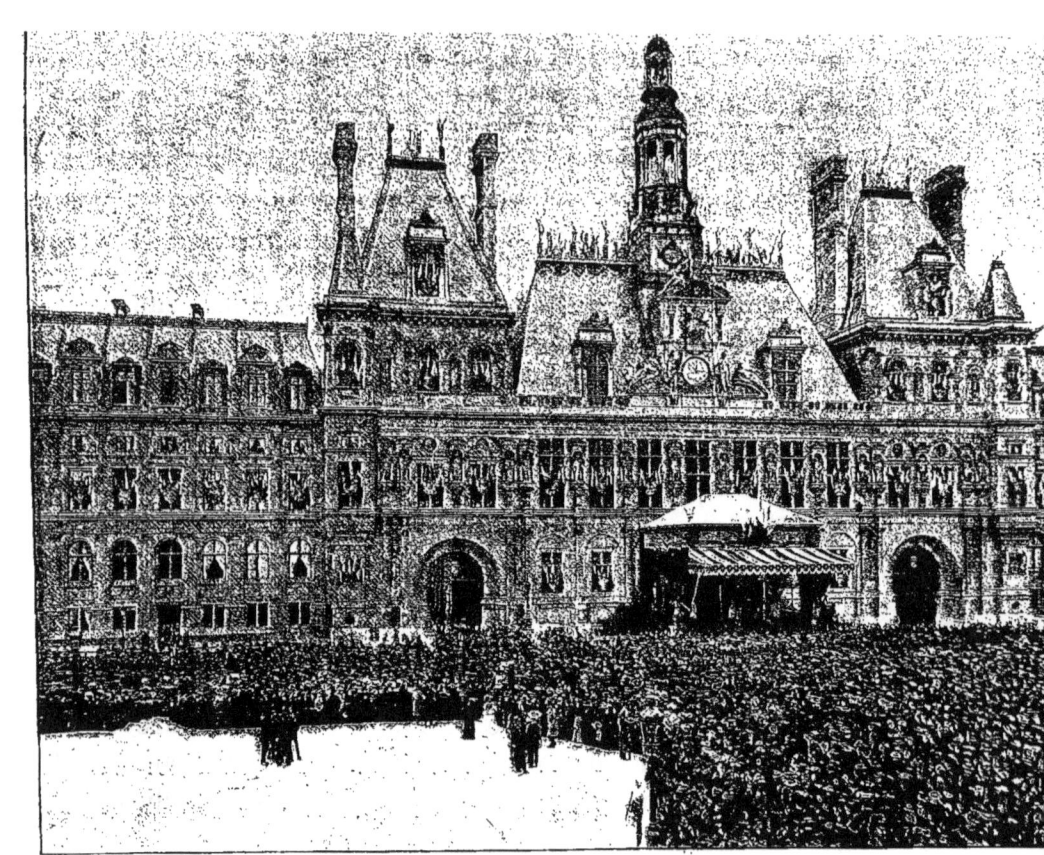

LA RÉCEPTION A L'HÔTEL DE VILLE DE PARIS.

Sur la place on avait construit, au milieu de mâts ornés d'oriflammes, deux colonnades en forme d'exèdre et ornées de guirlandes de fleurs.

Là étaient groupés huit cents choristes qui firent entendre des chants de fête.

L'entrée de l'Hôtel de ville était ornée d'une marquise drapée de damas blanc et bleu.

La cour centrale avait été transformée en salon d'hiver. C'était un véritable parterre de gazon et de fleurs.

Dans l'escalier on avait installé deux grottes où tombaient des cascades.

De l'escalier, on accédait dans la magnifique salle des Cariatides, où se trouve installé pour toujours le vase en jaspe de l'Oural, cadeau adressé en 1895 à la ville de Paris par le tzar Alexandre III.

Là se trouvaient réunis les plus éminents représentants du commerce, de l'industrie, des arts, des sciences et des lettres.

Le tzar et la tzarine furent reçus à cinq heures et demie, au bas de l'escalier extérieur, par le président du conseil municipal, entouré des membres du bureau et assisté du préfet de la Seine.

Le cortège se forme sous la marquise, l'empereur de Russie ayant à sa gauche le président de la République donnant le bras à l'impératrice, et à sa droite le président du conseil municipal, M. Pierre Baudin.

Le cortège pénétra alors dans la salle des Prévôts, où se trouvaient les conseillers municipaux formant la haie.

Au pied de l'escalier d'honneur, le président du conseil municipal prononce les paroles suivantes :

J'ai l'honneur de présenter à Vos Majestés le conseil municipal de Paris et de leur offrir, avec ses souhaits de bienvenue dans cet Hôtel de ville, les vœux que forme la grande cité pour leur bonheur et pour la prospérité de la Russie.

Le peuple de Paris, qui acclame en Votre Majesté, Sire, son hôte et l'allié de la République française, s'est arrêté dans son labeur pour rendre à Votre Majesté et à Sa Majesté l'Impératrice l'hommage que lui commandent ses traditions, l'amour de la patrie et sa foi dans les destinées des deux grandes nations amies.

Le tzar et la tzarine remercièrent.

Amenés dans la salle des Fêtes, l'empereur et l'impératrice

prirent place sur une estrade à droite de l'orchestre, qui exécute l'Hymne russe. Ensuite eut lieu un concert qui fut terminé par la *Marseillaise,* que tout le monde écouta debout.

Le cortège parcourut ensuite la salle des Fêtes dans toute sa

Le cortège se rendant a l'Hôtel de ville (7 octobre 1896).

longueur, et de toutes parts partirent des acclamations en l'honneur des souverains.

L'empereur, profondément touché, dit alors au président du conseil municipal :

« Je suis vraiment ému de l'accueil que je reçois ici. »

Au moment de remonter en voiture, les souverains envoyèrent encore un dernier salut à l'Hôtel de ville.

LA POSE DE LA PREMIÈRE PIERRE DU PONT ALEXANDRE III

On a profité de la venue des souverains russes pour poser la première pierre du *pont Alexandre III*[1], en face des Invalides, pont qui sera établi sur la Seine pour l'Exposition universelle de 1900.

Voici comment s'est passée cette inauguration :

A l'arrivée du tzar et de la tzarine, la musique joue la *Marche lorraine*, puis M. Henry Boucher, ministre du commerce, s'avançant vers l'empereur, prononce les paroles suivantes :

« SIRE,

« La France a voulu dédier à la mémoire de votre auguste père l'un des grands monuments de sa capitale.

« Au nom du gouvernement de la République, je prie Votre Majesté Impériale de vouloir bien consacrer cet hommage en scellant, avec le président de la République, la première pierre du pont Alexandre III qui reliera Paris à l'Exposition de 1900, et d'accorder ainsi à la grande œuvre de civilisation et de paix

---

1. Le *Journal officiel* a publié le texte du décret attribuant au nouveau pont à établir sur la Seine, à l'occasion de l'Exposition universelle de 1900, le nom de « pont Alexandre III ». Il est ainsi conçu :

« Le président de la République française,

« Sur le rapport du ministre du commerce, de l'industrie, des postes et des télégraphes et du ministre des travaux publics,

« Décrète :

« ARTICLE PREMIER. — Le pont qui doit, à l'occasion de l'Exposition universelle de 1900, être établi sur la Seine, en face de l'hôtel des Invalides, prendra le nom de « pont Alexandre III ».

« ART. 2. — Le ministre du commerce, de l'industrie, des postes et des télégraphes et le ministre des travaux publics sont chargés de l'exécution du présent décret, qui sera inséré au *Bulletin des lois* et publié au *Journal officiel* de la République française.

« Fait à Paris, le 4 octobre 1896.

« FÉLIX FAURE. »

« Par le président de la République :
« *Le Ministre du commerce, de l'industrie,
    des postes et des télégraphes,*

« HENRY BOUCHER. »

« *Le Ministre des travaux publics,*

« TURREL. »

que nous inaugurons la haute approbation de Votre Majesté et le gracieux patronage de l'impératrice. »

Les souverains s'inclinent. Le parchemin portant procès-verbal de la cérémonie est déposé sur la petite table derrière laquelle le tzar est assis. En voici le texte :

Le sept octobre mil huit cent quatre-vingt-seize,
Sa Majesté Nicolas II,
Empereur de toutes les Russies, Sa Majesté
L'Impératrice Alexandra Feodorowna
Et Monsieur Félix Faure,
Président de la République française,
Ont posé la première pierre du Pont Alexandre III
Et de l'Exposition universelle de 1900.
Assistaient à la solennité :
M. Loubet, président du Sénat,
M. Brisson, président de la Chambre des députés ;
M. Méline, président du Conseil, ministre de l'agriculture ;

MM.
Darlan, garde des sceaux, ministre de la justice ;
Hanotaux, ministre des affaires étrangères ;
Barthou, ministre de l'intérieur ;
Cochery, ministre des finances ;
Général Billot, ministre de la guerre ;
Amiral Besnard, ministre de la marine ;
Rambaud, ministre de l'instruction publique ;
Turrel, ministre des travaux publics ;
Henry Boucher, ministre du commerce ;
André Lebon, ministre des colonies ;
Delpeuch, sous-secrétaire d'État ;
Picard, commissaire général de l'Exposition universelle de 1900 ;
Bouvard, directeur des services d'architecture de l'Exposition universelle de 1900 ;
Resal, ingénieur en chef des ponts et chaussées.

Signé :

L'empereur, l'impératrice et M. Félix Faure apposent leurs signatures au bas du document, que M. Henry Boucher contresigne. Puis le cortège se dirige vers le vélum, sous lequel la pierre commémorative est posée.

Le duplicata du procès-verbal et les monnaies y sont placés. Puis, les souverains et M. Félix Faure font, à l'aide de la truelle et des marteaux qui leur sont présentés, le simulacre de sceller la pierre, qui est aussitôt poussée vers la grue, soulevée, puis

Le cortège dans l'avenue des Champs-Élysées au retour de la visite au Musée du Louvre
(8 octobre 1896).

descendue, par la trappe ouverte, dans le trou d'où elle ne sortira plus...

A ce moment le spectacle est d'une beauté inoubliable.

Sur les deux berges de la Seine, la foule acclame les souverains, qui se sont avancés jusqu'à l'extrémité de la plate-forme qui domine le quai. Une flotte immobile d'embarcations pavoisées couvre le fleuve. Des orchestres jouent. Et voici que de la rive gauche une barque enguirlandée de fleurs et de drapeaux s'avance seule...

Elle est conduite par douze rameurs vêtus de blanc et coiffés de képis : ce sont des sous-officiers de l'École de Joinville, placés sous les ordres d'un lieutenant-pilote.

Au milieu d'eux, seize jeunes filles, vêtues de robes blanches très simples, sont assises. Ces jeunes filles appartiennent aux

En face du Ministère de la guerre.

familles les plus connues de l'industrie et du commerce parisiens. Elles viennent offrir des fleurs à l'impératrice.

Mais ces fleurs — un bouquet immense d'orchidées — sont offertes d'une façon peu banale... On les a placées dans un vase d'argent ciselé, haut d'un mètre, d'une merveilleuse richesse.

Le vase est de forme ovoïdale; autour de la panse circule une haute frise d'acanthes agrafée sur le devant par un cartouche qu'accostent deux lions. Les anses sont formées par des branchages de laurier; d'énormes cabochons d'agate décorent l'épaule et le pied du vase. Le cartouche central est orné d'un beau camée d'Allard, *la France protectrice des arts,* accompagné de cette inscription.

Robur. — Pax.

Cette œuvre vraiment belle, composée et dessinée par Paul Sedille et exécutée dans l'atelier de Froment-Meurice, est offerte à la souveraine par le Syndicat du commerce et de l'industrie. Elle a été déposée au pied de l'escalier où vont accoster les jeunes filles qui viennent l'offrir.

* *
*

Voici les stances de M. José-Maria de Hérédia, de l'Académie française, qui furent lues par M. Paul Mounet à l'inauguration du pont Alexandre III devant Nicolas II :

Salut à l'Empereur.

STANCES DITES PAR M. PAUL MOUNET, DE LA COMÉDIE FRANÇAISE

Pax et Robur.

Très illustre Empereur, fils d'Alexandre Trois !
La France, pour fêter ta grande bienvenue,
Dans la langue des dieux, par ma voix te salue,
Car le poëte seul peut tutoyer les rois.

Et vous, qui près de lui, Madame, à cette fête
Pouviez seule donner la suprême beauté,
Souffrez que je salue en Votre Majesté
La divine douceur dont votre grâce est faite.

Voici Paris ! Pour vous les acclamations
Montent de la cité riante et pavoisée
Qui, partout, aux palais comme à l'humble croisée,
Unit les trois couleurs de nos deux nations.

Pour vous, Paris en fête, au long du large fleuve
Qui roule dans ses flots les sons et les couleurs,
Gigantesque bouquet de flammes et de fleurs,
Met aux arbres d'automne une floraison neuve.

Et sur le ciel, au loin, ce dôme éblouissant
Garde encor des héros de l'époque lointaine

Où Russes et Français, en un tournoi sans haine,
Prévoyant l'avenir, mêlaient déjà leur sang.

GRAND VASE OFFERT A S. M. L'IMPÉRATRICE.

Sous ses peupliers d'or, la Seine aux belles rives
Vous porte la rumeur de son peuple joyeux ;
Nobles hôtes, vers vous les cœurs suivent les yeux.
La France vous salue avec ses forces vives !

La force accomplira les travaux éclatants
De la paix, et ce pont, jetant une arche immense
Du siècle qui finit à celui qui commence,
Est fait pour relier les peuples et les temps.

Qu'il soit indestructible, hospitalier à l'hôte,
Que le ciment, la pierre et que le métal pur
S'y joignent, et qu'il soit assez large et si sûr
Que les peuples unis y passent côte à côte.

Et quand l'aube du siècle à venir aura lui,
Paris, en un transport d'universelle joie,
Ouvrira fièrement la triomphale voie
Au couple triomphal qu'il acclame aujourd'hui.

Sur la berge historique avant que de descendre,
Si ton généreux cœur aux cœurs français répond,
Médite gravement, rêve devant ce pont.
La France le consacre à ton père Alexandre.

Tel que ton père fut, sois fort et sois humain.
Garde au fourreau l'épée illustrement trempée
Et, guerrier pacifique appuyé sur l'épée,
Tzar, regarde tourner le globe dans ta main.

Le geste impérial en maintient l'équilibre ;
Ton bras doublement fort n'en est point fatigué,
Car Alexandre, avec l'empire, t'a légué
L'honneur d'avoir conquis l'amour d'un peuple libre !

Oui, ton père a lié d'un lien fraternel
La France et la Russie en la même espérance ;
Tzar, écoute aujourd'hui la Russie et la France
Bénir, avec le tien, le saint nom paternel.

Achève donc son œuvre. Héritier de sa gloire,
De ta loyale main prends l'outil vierge encor,
Étale le mortier sous la truelle d'or,
Frappe avec le marteau d'acier, d'or et d'ivoire.

Viens !... Puisse l'avenir t'imposer à jamais
Le surnom glorieux de ton ancêtre Pierre,
Noble empereur qui vas sceller la grande pierre,
Granit inébranlable où siégera la paix !

*
* *

Lors de la pose de la première pierre du pont Alexandre III, nous l'avons dit, seize jeunes filles appartenant au monde du haut commerce parisien traversèrent la Seine dans un bateau délicieusement paré, et, vêtues toutes en blanc, offrirent à l'empereur et à l'impératrice un vase d'argent avec une gerbe d'orchidées.

Chacune de ces jeunes filles a reçu, en janvier 1897, un souvenir de cette cérémonie.

Dans un cadre de thuya, surmonté de la couronne impériale d'or, et avec la date en relief, la photographie de la famille impériale, l'empereur en uniforme du régiment de Préobrajenski, l'impératrice assise et soutenant la grande-duchesse Olga.

Le parc de Versailles.

L'idée d'un tel cadeau est vraiment d'un grand charme et ira au cœur de ces privilégiées.

LA VISITE A VERSAILLES

Après Paris, les souverains russes devaient aller admirer les splendeurs de Versailles. Les souvenirs historiques de cette ville devaient plaire tout particulièrement à la tzarine.

Une grande fête fut donnée dans ce magnifique palais, et à l'entrée du tzar et de la tzarine dans la belle salle du spectacle, tous les assistants, d'un même mouvement, s'inclinèrent, les dames firent la révérence classique et parfaite; puis M. Mounet-Sully, s'avançant de deux pas, lut les vers suivants, que M. Jules Claretie avait eu l'heureuse idée d'écrire pour la circonstance :

I

Il est un beau pays aussi vaste qu'un monde
Où l'horizon lointain semble ne pas finir,
Un pays à l'âme féconde,
Très grand dans le passé, plus grand dans l'avenir.
Blond du blond des épis, blanc du blanc de la neige,
Ses fils, chefs ou soldats, y marchent d'un pied sûr.
Que le sort clément le protège,
Avec ses moissons d'or sur un sol vierge et pur !

II

C'est une terre hospitalière
Qu'aime notre art et qu'il bénit,
Où les serviteurs de Molière
Souvent ont retrouvé leur nid,

Quand la volonté souveraine
Donna complaisamment accès,
Comme au cortège d'une reine,
Aux muses de l'esprit français,

Et d'une indulgente tutelle,
Parmi les théâtres rivaux,
Honora la scène immortelle
De Corneille et de Marivaux.

Quel chapitre de notre histoire
Que d'entendre en toutes saisons
Comme un écho de notre gloire !...
Car Molière avait deux maisons !

Si bien qu'au pays de Pouchkine
De l'idéal classique épris,
S'il vivait, le tendre Racine
Se croirait encore à Paris.

C'est là qu'avec leurs interprètes
Le génie ardent et chercheur
De nos plus modernes poètes
Fut accueilli dans sa fraîcheur.

Pétersbourg prit, pour ses soirées,
Nos auteurs avant le succès,
Et ses louanges désirées
Nous les ont rendus plus français,

C'est ainsi que, sous la fourrure,
Un jour le *Caprice* arriva,
Comme une nouvelle parure,
Des bords amis de la Néva ;

Et Paris mit sur son épaule,
Tout ébloui de le revoir,
Ce joyau revenu du pôle
Qu'il fera rayonner ce soir.

III

Et c'est pourquoi, mêlés aux fêtes solennelles,
Traducteurs passagers des œuvres éternelles,
Pour les poètes morts qui parlent par leurs voix,
Les humbles serviteurs du logis de Molière
S'inclinent tous devant la sereine lumière
Du père d'un grand peuple aux glorieux exploits !

Ici, tout est bonheur ; aujourd'hui tout est joie ;
Molière se ranime, et sa maison flamboie
Au milieu de Paris qui vibre comme un chœur.
C'est du Nord maintenant que nous vient l'espérance,
Et le respect ému de notre chère France
En hymnes radieux jaillit de notre cœur !

Trois femmes, s'avançant tour à tour :

IV

Mlle *Reichemberg.*

Nous qui sommes de simples femmes,
Unissons nos vœux précurseurs
A tout ce fier concert des âmes,
Au nom des mères et des sœurs.

Mme *Blanche Barretta.*

Qu'un bonheur fidèle accompagne,
Dans leur impérial séjour,
Notre hôte illustre et sa compagne
D'un rayon de gloire et d'amour.

Mlle *Bartet.*

Qu'à la sainte et forte Russie,
Sous le clair rayon du ciel bleu,
La France à jamais s'associe
Pour les grandes œuvres de Dieu !

A ce vers heureux que **M.** Mounet-Sully dit avec une grande émotion :

C'est du Nord, aujourd'hui, que nous vient l'espérance !

la salle entière applaudit à tout rompre. L'empereur lui-même, qui jusqu'alors n'avait pas applaudi une seule fois, comme l'exige, paraît-il, l'étiquette officielle, l'empereur lui-même battit des mains.

LA REVUE, LES TOASTS ET LES ADIEUX

LA REVUE ET LES TOASTS

Enfin, le dernier jour des fêtes fut consacré à une grande revue des troupes françaises passée au camp de Châlons :

Au déjeuner militaire qui a suivi la revue, les toasts suivants ont été échangés.

Voici le toast du président de la République :

Votre Majesté va nous quitter après un séjour qui laissera dans les annales de nos deux pays un ineffaçable souvenir.

Comme un sourire d'heureux augure, le charme de la présence de Sa Majesté l'impératrice restera gracieusement lié à cette visite.

A Paris, Vos Majestés ont été acclamées par la nation tout entière. A Cherbourg et à Châlons, elles ont été reçues par ce qui tient le plus au cœur de la France : son armée et sa marine. L'armée française salue ici Votre Majesté. A chacun des fréquents anniversaires de leur glorieux passé, marins et soldats français échangent avec leurs frères de Russie le témoignage de leur cordialité et de leurs vœux.

Aujourd'hui, au nom de l'armée et de la marine françaises, je prie Votre Majesté de recevoir, pour ses armées de terre et de mer, l'affirmation solennelle d'une inaltérable amitié.

Je bois à l'armée et à la marine russe. Je lève mon verre en l'honneur de Sa Majesté l'empereur Nicolas II et de Sa Majesté l'impératrice Alexandra-Feodorowna.

La musique a joué l'Hymne russe.

Le tzar a choqué son verre contre celui du président de la République.

Puis il a répondu en ces termes :

Dans le port de Cherbourg, à notre arrivée, j'ai pu admirer une escadre française. Aujourd'hui, à la veille de quitter votre beau pays, j'ai eu le plaisir du spectacle militaire le plus imposant en assistant à la revue des troupes sur le terrain habituel de leurs exercices.

La France peut être fière de son armée.

Vous avez raison de le dire, Monsieur le président, les deux pays sont liés par une inaltérable amitié. (*Tonnerre de hourras.*) De même, il existe entre nos deux armées un profond sentiment de confraternité d'armes. (*Vives acclamations.*)

Je lève mon verre en l'honneur de vos armées de terre et de mer, et je bois à la santé de Monsieur le président de la République française.

La musique a joué la *Marseillaise*.

A deux reprises, au cours du toast de l'empereur, les Russes présents au déjeuner ont crié : « Hourra ! »

*
* *

On peut dire, en terminant, que les fêtes russes ont laissé un inoubliable souvenir !

Les magnificences de cette mémorable semaine, le faste déployé aux yeux de nos hôtes impériaux, ont laissé derrière eux comme une traînée lumineuse.

Mais on peut affirmer, sans crainte de contradiction, que la revue de Châlons a été comme l'éblouissante apothéose dans laquelle a pu se montrer la plus grande des splendeurs de la France, ses fils unis pour la défense de son sol et de sa liberté.

Nos cœurs ont tressailli de joie et de fierté, à l'attitude digne, martiale et fière de notre armée, de ces soldats pour lesquels la patrie est prête à tout donner !

Nous n'avons pu nous empêcher de ressentir un légitime sentiment d'orgueil de l'heureuse et profonde impression produite par nos corps de première ligne sur l'esprit primitif et éclairé de notre auguste ami !

LES ADIEUX DU TZAR NICOLAS II

Avant de quitter la France, Nicolas II a adressé le télégramme suivant au président de la République :

Pagny-sur-Moselle, 9 octobre 1896, 11 h. 40 soir.

Monsieur le président de la République française, à Paris.

Au moment de traverser la frontière, je tiens à vous exprimer encore une fois, Monsieur le président, combien nous sommes touchés, l'impératrice et moi, de l'accueil chaleureux qui nous a été fait à Paris.

Nous avons senti battre le cœur de ce beau pays de France dans sa belle capitale, et le souvenir de ces quelques jours passés parmi vous restera profondément gravé dans notre cœur.

Je vous prie, Monsieur le président, de vouloir bien faire part de nos sentiments à la France entière.

NICOLAS.

M. Félix Faure avait, de son côté, adressé la dépêche suivante :

Au moment où Vos Majestés quittent la France, je tiens à ce qu'elles reçoivent la nouvelle expression de la joie que nous a causée leur visite.

Les vœux de la République française accompagnent Vos Majestés jusqu'au seuil de leur empire et dans la glorieuse durée de leur règne.

FÉLIX FAURE.

M. Félix Faure communiqua ces deux télégrammes au président du conseil, en le priant de vouloir bien porter celui du tzar à la connaissance du pays.

Il adressa aussi une lettre au ministre de la marine, lettre dans laquelle il disait :

... A Cherbourg, l'escadre du Nord s'est présentée à la revue navale, dans les conditions les plus honorables.

A la revue de Châlons, les troupes de la marine ont dignement figuré à côté des troupes de la guerre.

Au nom du pays, je remercie l'armée de mer.

Veuillez agréer, etc.

FÉLIX FAURE.

* *

Rien de curieux à consulter comme l'opinion d'un certain nombre de personnalités marquantes de la politique, des sciences, des lettres et des arts, sur la signification et la portée du voyage en France de l'empereur de Russie.

Voici quelques-unes de ces opinions :

J'espère et je crois que la visite du tzar à Paris aura un heureux effet pour les relations des deux pays et pour le maintien de la paix générale.

DE BROGLIE,
De l'Académie française.

La tribune présidentielle a la revue de Chalons (9 octobre 1896).

... L'alliance franco-russe a ceci de particulier qu'elle plane au-dessus des parchemins diplomatiques. Elle est l'œuvre de deux peuples, poussés par de communs sentiments d'intérêt et de sympathie à se tendre la main.

. . . .

La forme de gouvernement n'a absolument rien à voir dans l'alliance franco-russe.

Ni la volonté du tzar, ni celle du président de la République n'ont eu à intervenir, c'est la volonté nationale qui a tout fait.

L'alliance des deux peuples n'en est que plus solide et plus durable. On déchire un traité, on ne remonte pas le courant de l'opinion publique.

HENRI ROCHEFORT.

Vous me permettrez de ne pas examiner la signification et la portée du voyage du tzar au point de vue extérieur. Il est trop clair que la présence du souverain à Paris confirme et consolide l'alliance franco-russe. Sur ce point aucun doute n'est possible. Mais ce grand événement me paraît avoir, au point de vue intérieur, une autre portée qu'on n'a peut-être pas suffisamment signalée.

Quel est donc le Français qui pourrait maintenant ne pas reconnaître sans arrière-pensée une forme de gouvernement à laquelle le plus auguste représentant des monarchies absolues donne volontairement un témoignage si manifeste de sa sympathie et de sa bienveillance? Personne désormais n'est plus fondé en France à faire des façons pour accepter la République, lorsque l'empereur de toutes les Russies lui fait l'honneur de venir la visiter et de la saluer chez elle.

Un des principaux résultats du voyage du tzar sera donc de ramener chez nous toute opposition à n'être qu'une opposition constitutionnelle, ce qui sera pour nous un bienfait au moins aussi grand que la certitude où nous sommes de n'être pas isolés en Europe.

ALFRED MÉZIÈRES,
Député; de l'Académie française.

Le voyage du tzar en Prusse et en Angleterre est une politesse de souverain à souverain.

Le voyage du tzar en France est la pantomime d'un traité d'alliance.

AURÉLIEN SCHOLL.

Je ne suis pas un profond politique, et tout ce que je puis vous dire, c'est que je me réjouis avec tous les Français de ce voyage du tzar.

FRANÇOIS COPPÉE,
De l'Académie française,

Dans cette brillante série d'opinions, les arts sont représentés par l'éminent statuaire Rodin :

Comme tous les Français, je suis heureux du voyage de Leurs Majestés l'empereur et l'impératrice de Russie, et l'alliance avec la Russie me semble traditionnelle et heureuse.

A. RODIN.

PARIS ET MOSCOU

Un charmant écrivain, M. Jules Claretie, l'administrateur de la Comédie française, prenant prétexte des fêtes données à Paris en l'honneur de Nicolas II, montrait Moscou et Paris fraternisant :

« Parmi les trois couleurs françaises, le bouton d'or du drapeau russe flotte aux façades des monuments, aux fenêtres pavoisées de Paris. Paris salue de loin le jeune tzar qui a posé hier sur sa tête la lourde couronne des vieux empereurs. Au son des cloches du Kremlin, les cœurs français ont tressailli, et c'est pour nous une fête aussi de la patrie que ces lointaines acclamations dont les échos nous arrivent à travers l'espace. Hier, dans une commune pensée d'affection et d'espoir, Paris et Moscou ont fraternisé.

> Blanche Moscou, la ville aux cent coupoles,
> La ville grande admirée aux deux pôles,
> La ville forte où Dieu s'est fait un fort,
> La ville chaste aux pudiques murailles,
> Qui pour les tiens as de tendres entrailles,
> Pour l'ennemi de longs baisers de mort.

« Qui chante ainsi? C'est un poète mort, un romantique venu de Russie, écrivant dans notre langue, au temps où Hugo était maître, où Musset était jeune : le prince Élim Metschersky, dont la vie fut un roman, la mort un poème, et l'œuvre une œuvre française. C'est lui qui, le premier, chanta les tours aux têtes crénelées, les lourds clochers, les longs bazars emplis de foule, les portes dentelées de Moscou, la ville sainte, montrant les « icones des saints sur son front respecté ». Et je relisais, pendant ces fêtes russes, les vers écrits pour nous, à Paris, par ce poète dont Victor Hugo a dit : « C'était une nature d'exception, il a eu une destinée d'exception, » les vers consacrés par Élim Metschersky à cette Russie qu'il appelait patriotiquement sa chimère, à cette patrie, « son rêve de cristal », qu'il incarnait en une créature idéale et fière,

> Blonde comme du seigle,
> Riante comme un nid,

> Avec des ailes d'aigle
> Et des pieds de granit.

« Les poètes sont des devins. Le prince Élim avait deviné que sa chimère, avec sa parure de glaçons du pôle et sa neige traînant à ses pieds comme un manteau d'hermine, serait, un jour, la Russie pacificatrice des tzars et la Russie évangélique d'un Tolstoï.

> Le Seigneur qui l'inspire
> Lui donne l'avenir.
> Elle vient pour sourire,
> Elle vient pour bénir.
>
> Elle vient, forte et sage,
> Rendre aux peuples cassés
> La sève du jeune âge,
> L'esprit des temps passés.

« Le poète des *Roses noires* et des *Boréales* nous avait ainsi, il y a plus de cinquante-six ans, ouvert sur l'âme russe des perspectives inattendues. Quelques délicats seuls écoutèrent ses vers ; quelques érudits, assez peu nombreux, retinrent son nom. Qu'est-ce qu'une voix étrangère qui chante ? et qui chante quand Hugo écrit, étouffant les autres voix comme le bourdon de Notre-Dame éteindrait les clochettes voisines ? Mais tandis que Paris pavoisait pour célébrer le sacre du tzar, tandis que les drapeaux unis de France et de Russie flottaient au vent de mai, pour la joie, comme ils avaient été naguère crêpés pour le deuil, j'ai rouvert le poète oublié, le poète russe qui était fier de devenir un poète français, et qui rappelait déjà, dans ses vers, après la retraite de Napoléon à travers la plaine blanche, l'attitude de la Russie et l'équité d'Alexandre au lendemain de la victoire.

> Elle a, noble et sereine,
> Pris, dans sa charité,
> Sous son manteau de reine
> Paris ensanglanté,
>
> Et, couvrant sa souffrance
> De consolations,
> Effacé sur la France
> La dent des nations.

« Où repose à présent le prince Élim, Élim Metschersky, le

poète? Dans sa tombe, il a dû frissonner de joie aux sons des cloches du vieux Kremlin, aux clapotements joyeux des jeunes drapeaux à Paris et à Moscou, la ville blanche. Le premier mot d'alliance littéraire, — et c'est par les lettres et par les âmes que se font les accords durables, — c'est peut-être ce prince-poète qui l'a prononcé. »

LES POÉSIES FRANÇAISES EN L'HONNEUR DE NICOLAS II ET DE LA TZARINE

Nombreuses sont les poésies qui ont été faites en France en l'honneur du tzar Nicolas II et de la tzarine et à propos de leur voyage en France. Nous avons choisi les plus belles d'entre elles et nous les publions ici.

VIVAT!
A Leurs Majestés Impériales
Nicolas II et Alexandra Féodorowna.

Vivat! Honneur au tzar! honneur à la tzarine!
Qu'ils soient bénis du Dieu devant qui tout s'incline!
Leurs yeux sont sans détours, leur âme est sans terreur;
La vertu surs leurs fronts met sa double auréole :
Qu'ils soient les bienvenus au vieux pays de Gaule,
La belle impératrice et le jeune empereur!

. . . .

I

Paris s'emplit de chants, de rumeurs, de fanfares;
Paris, de qui les mains ne sont jamais avares,
Sème à profusion les trésors de son goût;
L'immortelle cité s'éveille triomphante,
Et des mille joyaux que son génie invente
Sa magique beauté resplendit tout à coup.

II

Il n'est bruit que de joie et clameurs, que de fête.
Palais, maisons, tout est pavoisé jusqu'au faîte;
Les chemins sont jonchés de rameaux et de fleurs;
Une innombrable foule admire et s'extasie,
Tandis que les drapeaux de France et de Russie
Flottent aux mêmes vents sous les mêmes couleurs.

III

Ah ! Sire, dans ces murs quels transports vous attendent !
En quelle effusion les âmes se répandent !
Comme pour vous déjà les cœurs sont grands ouverts !
Un vent de folle joie y souffle par rafales.
Ah ! quand vous franchirez nos portes triomphales,
Quelle acclamation montera dans les airs !

IV

Cependant Metz en pleurs gémit et nous appelle,
Et Strasbourg la vaillante, obstinément fidèle,
Cache nos trois couleurs aux plis de son nœud noir.
Oui, l'honneur le commande ; oui, la fierté le crie :
Ces Français hors de France ont droit à leur patrie,
Et nul de nous n'a droit d'oublier ce devoir.

V

Nul de nous, grâce à Dieu ! ne songe à s'y soustraire.
Ils mentiront, ceux-là qui diront le contraire !
Aussi, même au milieu de nos joyeux accueils,
Il se peut que parfois, comme un glas, dans l'espace,
Sonnent au loin les noms de Lorraine et d'Alsace,
Involontaire écho d'inoubliables deuils !

VI

Mais que le tzar notre hôte approche et se rassure.
Bien qu'elle soit toujours saignante, la blessure,
Et qu'une même idée obsède nos esprits,
Nous n'irons pas, vaincus dont la douleur s'épanche,
Par des appels de guerre et des cris de revanche
Déshonorer la France et rabaisser Paris.

VII

Honte à qui, sans compter nos soldats et nos armes,
Aux drapeaux étrangers veut essuyer nos larmes,
En supplications transformant nos respects !
Honte aussi, honte à qui, parlant pour notre France,
Voudrait, plus vil encor, abdiquer l'espérance
Et de nos chants d'amour faire un hymne à la paix !

VIII

Non, Sire, n'en croyez ni les fous ni les lâches.
Nos fronts n'ont pas plié sous la lourdeur des tâches ;
Nous n'acceptons pas plus l'oubli que la pitié.

Non ! pour ces rudes cœurs, qu'on nomme le vulgaire,
Vous n'êtes, notre tzar, ni la paix ni la guerre,
Vous êtes ce besoin de l'âme : l'amitié.

IX

L'amitié nécessaire aux peuples comme aux hommes !
Si fiers que nous soyons, tout nombreux que nous sommes,
L'isolement parfois nous faisait froid au cœur ;
Et vous êtes venu, grand, loyal, magnifique,
Sans chercher si c'était royaume ou république,
Tendre à la nation votre main d'empereur.

X

En vain l'Europe hostile a mis sur votre route
Les pièges de la peur, les obstacles du doute ;
Une barrière en vain s'élevait, — même ici : —
Vous avez tout franchi dans votre élan sublime,
Et notre nation, cette fois unanime,
Vous jette éperdument un éternel merci.

XI

Voilà le sens réel de votre apothéose,
Sire. Quiconque veut y trouver autre chose
Méconnaît ce pays généreux à l'excès.
Nos cris n'implorent pas votre aide, et notre ivresse
N'est pas faite d'orgueil banal, mais de tendresse :
Ils vous aiment d'aimer la France, les Français.

. . . .

Vivat ! Honneur au tzar ! Honneur à la tzarine !
Qu'ils soient bénis du Dieu devant qui tout s'incline !
Leurs yeux sont sans détours, leur âme est sans terreur !
La vertu sur leurs fronts met sa double auréole :
Qu'ils soient les bienvenus au vieux pays de Gaule,
La belle impératrice et le jeune empereur !

6 octobre 1896.

Paul Déroulède.

Voici les vers de notre ami Armand Silvestre, inspecteur des Beaux-Arts, dits par Mlle Renée du Minil, de la Comédie française, au commencement d'un concert :

SALUT

I

Paris, la ville auguste, aujourd'hui vous salue,
Hôtes que nous confie un peuple fraternel,

Messagers d'amitié, fils de la race élue
Où le sang rajeunit son ferment éternel !
Car tu portes aux flancs la semence féconde
Des avenirs prochains, calmes et triomphants,
Jeunesse où revivra la gloire du vieux monde,
Russie au large cœur dont voici les enfants !
Que, par delà les mers, sur la terre de France,
Ils trouvent la patrie une seconde fois !
Qu'à nos grands souvenirs mêlant leur espérance,
Le même cri tressaille en nos cœurs, en nos voix :
« L'honneur dans la justice et la paix dans la gloire,
Le triomphe du droit par la force éclatant ! »
— Car voilà la tranquille et sublime victoire
Que nous voulons ensemble et que le monde attend.
Car nos deux nations, vaillantes sentinelles !
Des deux bouts de l'Europe, au même appel jeté,
Sauraient prouver à tous qu'elles portent en elles
Le seul gage de paix et de fraternité !
Que le ciel reste pur ou que l'orage gronde,
Maintenant que le sort a mêlé nos chemins,
Dans nos loyales mains tiendra la paix du monde ;
La justice tiendra dans nos fidèles mains !

II

Paris, la ville aimable, aujourd'hui vous convie,
Hommes aux rudes jours par les flots ballottés,
Héros dont le devoir est plus haut que la vie,
Frères de nos marins dans les immensités.
— L'héroïsme et la mer sont aussi des patries !...
Pour vous charmer, Paris, avec un soin jaloux,
Épuise le trésor de ses coquetteries,
Et ses femmes n'auront de regards que pour vous.
Si nos fleurs n'ont l'éclat de vos roses de givre,
Vos lis de neige, au moins, fleurissent sur leur front,
Et leurs sombres cheveux, où l'air léger s'enivre,
Sur votre épaule, au bal, demain se pencheront.
Ah ! quand vous reprendrez vos rudes traversées,
A la poupe où, mêlés, nos drapeaux ont flotté,
Que le souffle des mers évoque en vos pensées
L'image de Paris, hélas ! trop tôt quitté !

De Paris qui vous aime, et qui, dans sa mémoire,
A votre souvenir mêlera son espoir
De travail dans la paix, de plaisir dans la gloire,
Qui vous dira — non pas : Adieu ! — mais : Au revoir !

AUX DEUX TZARS

On est méchant. La lutte est âpre. Le sang coule.
Où va l'homme, à travers la haine et l'intérêt?
A l'amour. — A travers la guerre, où va la foule?
A la paix. — Dieu, plus tard, dira tout son secret.

La France était frappée, et sa peine profonde.
République vouée aux colères des rois,
Un roi l'aima quand même... Il étonna le monde...
La France te bénit, tzar Alexandre Trois.

Elle pense qu'un noble empereur qui nous aime,
S'il l'ose dire à nous, fils de la liberté,
Est plus simple, plus grand que la Liberté même
Lorsqu'elle lui répond : « Salut, ô Majesté! »

Les libertés et tout l'appareil politique
Sont des moyens confus de marcher à l'amour...
Or, l'amitié d'un tzar et d'une République
Sur l'horizon fait luire un nouveau point du jour.

Les guerres ne sont plus que d'ignobles tueries :
L'amour s'en effrayait, lorsque, d'un mot puissant,
Mettant l'humanité par-dessus les patries,
Tu conjuras la haine et les œuvres de sang.

Tzar! devant le cercueil que la pourpre décore,
Où tu dors souriant, tes deux mains sur ton cœur,
La France fait marcher son drapeau tricolore,
Blessé qui se souvient d'avoir été vainqueur.

Tzar! ta gloire à jamais, dans l'histoire des hommes,
Sera d'avoir, malgré ton nom de majesté,
Vu, compris, affirmé quels apôtres nous sommes,
Et, sachant notre cœur, de l'avoir écouté.

La seule politique avait régné sur terre,
Jusqu'au jour où, penché sur nos peuples amis,
Faisant la part du rêve et la part du mystère,
Tu leur dis que la paix est un bonheur promis.

Et l'on a vu, debout chacun sur son navire,
A Cronstadt, à Toulon, pavillons au soleil,
Nos peuples s'acclamer, s'aimer et se sourire...
Cet amour fut ton œuvre et devint ton conseil.

A Toulon, — le reflet de ce jour nous éclaire,
Et nous plaignons encor ceux qui n'ont pas compris, —

On vit l'avènement de l'âme populaire,
Et le cœur simple entrer au conseil des esprits.

Tu recueillis en toi le sentiment du nombre,
Et tous se sont aimés dans la bonté d'un seul...
Tzar ! c'est pourquoi la France aime à jamais ton ombre,
C'est pourquoi son drapeau vient baiser ton linceul.

Laissons dire l'erreur sceptique, et l'ignorance :
Nous n'avons abdiqué, César, ni nous, ni toi !
Dieu garde ta Russie et protège ma France...
La République t'aime et te respecte, — ô roi !

* *

Ainsi, Nicolas Deux, j'ai béni l'ombre auguste
Devant qui, fils pieux, tu courbes tes genoux ;
Ainsi peuvent s'unir, dans leur amour du juste,
Les princes tels que toi, les peuples tels que nous.

Tzar puissant ! au-dessus de la mêlée humaine,
Où les aveuglements servent les passions,
Il est un Dieu certain qui nous mène et te mène,
Il est un ciel trop haut, que pourtant nous voyons.

Tzar, ce ciel est à tous, comme il n'est à personne,
Promis au serviteur du vrai, du bien, du beau ;
Le plus bas d'entre nous peut voir comme il rayonne :
C'est là que nos drapeaux rencontrent ton drapeau.

Où monte l'aigle seul, l'âme du moins s'élève,
Et nos cœurs et le tien là se sont rencontrés ;
C'est là qu'on voit s'aimer, dans la splendeur du rêve,
Les princes bienfaisants et les peuples sacrés.

De là nous entendrons, mer obscure qui gronde,
La misère pousser son appel déchirant ;
Là, les mêmes pitiés pour les douleurs du monde
Mêlent le cœur du peuple au cœur du tzar très grand.

Comme un ballon qui monte en rejetant le sable,
Là, le cœur, affranchi de la réalité,
S'empare éperdument du ciel insaisissable
Et conquiert l'idéal, pourtant illimité.

Comme il est lumineux, cet éternel espace
Que tous les soldats morts contemplent fixement !
L'aigle y semble perdu ; mais quand l'amour y passe,
La terre reconnaît son rêve au firmament.

C'est là qu'émerveillant d'espoir la terre entière,
A notre liberté ta majesté sourit,
Dans l'idéal sans fin, sans parti, sans frontière,
Dans l'infini tout bleu, libre comme l'esprit.

JEAN AICARD.

ODE A S. M. L'EMPEREUR DE RUSSIE
A L'OCCASION DE SON SACRE

Sire! quand, de partout, les hymnes triomphales
    Retentiront en votre honneur,
Que les voix des canons, puissantes, magistrales,
    Vous salueront comme empereur!

Quand, belle en sa grandeur, votre vaillante armée
    Viendra vous prêter son serment,
Plaçant tout son espoir en votre destinée,
    Votre cœur battra fièrement.

Quand, tout chamarrés d'or, les délégués du monde,
    Admirables ambassadeurs,
Des peuples vous diront l'amitié profonde
    Qui vient se joindre à vos splendeurs :

Alors, ô majesté, gardez bien souvenance
    Qu'il est dans le pays latin
Un peuple qui chérit le vôtre !... Il est de France !
    Et, plein d'espoir, vous tend la main.

Sa foi, comme la vôtre, est juste et rédemptrice ;
    Il fait pour vous ses plus doux vœux,
Pour votre chère épouse, aimable impératrice,
    Pour votre avenir glorieux !

Il veut être avec vous, sans détours, sans mystère,
    Et voir nos deux drapeaux unis,
Afin que, désormais, en tous points, sur la terre,
    Plus ne soit pour nous d'ennemis.

Sire, que Dieu vous donne, en sa grâce infinie,
    Le bonheur que nous souhaitons,
Pour qu'en Europe, enfin, votre sainte Russie
    Soit l'arbitre des nations !

HYACINTHE LIAUTAUD.

Juillet 1896.

UNE MANIFESTATION COSAQUE EN L'HONNEUR DE LA FRANCE

En 1896, M. Poubelle, qui était alors préfet de la Seine, avait reçu de M. Borodine, directeur de la *Gazette militaire de l'Oural*, un compte rendu très émouvant de la dernière fête annuelle des cosaques ouraliens, qui est marquée par de *chaleureuses manifestations en faveur de la France.*

Après les cérémonies auxquelles assistaient tous les corps constitués, civils et militaires, ainsi que tous les élèves des différentes écoles de la ville d'Ouralsk, un grand banquet avait réuni dans la salle des conférences des officiers cosaques les autorités de l'armée, les fonctionnaires civils, les notables commerçants et les députés de tous les bourgs de la région. Au dessert, après les toasts d'usage, l'ataman des cosaques se leva et porta un toast « aux amis de là-bas, aux Français qui, naguère, accueillaient à bras ouverts les marins russes ».

Jamais, dit le compte rendu, les murailles du cercle des officiers n'avaient retenti de plus frénétiques hourras que ceux qui répondirent aux vœux exprimés par l'ataman pour la prospérité de la nation française. Le chant de la *Marseillaise*, exécuté par un chœur de soldats cosaques, fut acclamé... Et quand, sur la demande des convives, l'Hymne national eut été chanté une troisième fois, l'émotion indescriptible empreinte sur les visages prouva que les populations et l'armée de l'Oural sont unies du fond de l'âme avec leur souverain, dans les mêmes sentiments à l'égard des violateurs éventuels de la paix du monde.

Le préfet de la Seine a répondu par la lettre suivante à l'envoi de M. Borodine :

MONSIEUR LE DIRECTEUR,

Je vous suis très reconnaissant d'avoir bien voulu m'envoyer le numéro de la *Gazette militaire de l'Oural* où j'ai pu lire avec plaisir le compte rendu de la dernière fête annuelle des cosaques ouraliens. Je me suis empressé de communiquer aux journaux français le compte rendu de cette fête, qui atteste une fois de plus les sympathies chaleureuses qui unissent nos deux pays.

Les acclamations dont vos compatriotes civils et militaires ont salué le nom de la France et l'hymne national français trouveront un écho dans tous nos cœurs.

Nous éprouvons pour la noble nation russe les mêmes sentiments qui ont inspiré à l'éminent ataman des cosaques de l'Oural son toast à la prospérité de la nation française.

Veuillez agréer, etc.

POUBELLE.

L'ART FRANÇAIS ET LA FAMILLE IMPÉRIALE DE RUSSIE

La famille impériale actuelle de Russie a les sympathies les plus vives pour les arts et les artistes. Le tzar Nicolas II connaît plusieurs ateliers parisiens. On sait le charmant accueil qu'il fit à M. Édouard Detaille, il y a quelques années.

Le grand-duc Alexis raffole des vieilles pièces d'orfèvrerie française et il les recherche avec ardeur.

Il conserve dans son joli palais de Saint-Pétersbourg une délicieuse toilette de femme, en vermeil, qui a été exécutée en 1762 par le célèbre orfèvre parisien François-Thomas Germain.

Il possède aussi dans une vitrine une charmante petite boîte à thé en or fin, délicatement ciselée par Ballin, sur les dessins de Berain. On doit dire que c'est le plus ancien objet d'or fin à l'usage civil fabriqué en France qui existe actuellement[1].

Comme grand amiral, le grand-duc Alexis jouit de l'usufruit de l'admirable surtout de table en argent, de taille gigantesque, représentant une nef supportée par quatre dauphins, que l'impératrice Catherine a donné à l'amirauté en 1780.

Le grand-duc possède en outre une série de sucriers, de plateaux, de soupières, de candélabres, dus aux ciseaux d'Auguste, de Rœttois et autres célèbres orfèvres parisiens.

[1]. Une seule pièce peut lui être comparée : c'est la navette de la comtesse de Toulouse, que possédait le duc d'Aumale.

L'INDUSTRIE FRANÇAISE EN RUSSIE
SOUS NICOLAS II

Un de nos amis et confrères qui s'était rendu en Russie en 1896, et envoyait des correspondances à un grand journal parisien[1], écrivait, au mois de juin de cette année, ces notes si curieuses et si instructives sur l'état actuel de l'industrie française à Moscou :

Dans le cours de mon enquête sur les Français à Moscou, j'ai pu constater, avec une véritable satisfaction, que les plus importants établissements industriels de cette ville se trouvent entre les mains de nos compatriotes.

L'industrie russe n'est pas très ancienne. Il y a quarante ans à peine, la Russie ne possédait que de très rares manufactures et tirait de l'étranger presque tous les objets dont elle avait besoin. Mais le gouvernement de Saint-Pétersbourg, s'étant enfin rendu compte que ce tribut à l'étranger appauvrissait l'empire, commença de sérieux efforts pour créer une industrie nationale. A cet effet, il envoya des agents à l'étranger, afin d'attirer en Russie des contremaîtres capables de diriger des établissements industriels. Ensuite, pour encourager la création de ces établissements, il accorda des primes annuelles aux fondateurs. Certaines fabriques russes reçoivent encore ces subventions, mais depuis plusieurs années le gouvernement n'en accorde plus de nouvelles. En outre, dans les traités de commerce conclus avec les puissances, il s'attacha à frapper de tarifs élevés les objets fabriqués, pour mieux assurer la protection de l'industrie nationale naissante.

Les Français de Moscou furent les premiers à profiter des dispositions bienveillantes du gouvernement russe à l'égard de l'industrie. Plusieurs d'entre eux fondèrent des établissements dont le succès fut rapide et suscita des émules. Aujourd'hui on compte à Moscou quatre grandes fabriques de soieries, cinq fabriques d'indiennes, une fabrique de quincaillerie, une fabrique de parfumerie et une chocolaterie appartenant à des Français. La plupart de ces établissements sont d'une importance colossale. Il est facile de s'en faire une idée en pensant que trois ou quatre d'entre eux emploient chacun plus de quatre mille ouvriers. Tous les postes de l'administration et de contremaîtres sont occupés par des Français. J'ai visité plusieurs de ces ruches industrieuses, et j'ai été vraiment émerveillé de leur organisation et de leur fonctionnement. La fabrique Giraud, la plus importante de toutes, celle dont le propriétaire a traité la mission du général de Boisdeffre, m'a surtout frappé, et je crois de mon devoir de donner ici un court résumé de ma visite à cet établissement, qui est pour ainsi dire un modèle.

---

1. L'Éclair, 12 juin 1896.

Scènes de la vie en Russie. — Retour de chasse

UN GRAND ÉTABLISSEMENT FRANÇAIS

La fabrique Giraud se trouve à l'extrémité est de la ville, dans le quartier de Kaminovski. Lorsque l'*izwodschik* qui m'avait amené à prix d'or dans ce coin reculé de Moscou s'arrêta devant la porte principale, je fus aussitôt étonné par la masse imposante de l'usine. A travers une série de vastes cours bordées d'immenses bâtiments à quatre étages, on me conduisit auprès du propriétaire. M. Giraud, qui se trouvait dans le bureau de l'ingénieur, m'accueillit de la façon la plus sympathique et mit à ma disposition M. Barbe, très distingué ingénieur, pour me faire visiter l'usine.

Mon intention n'est point ici de décrire les divers ateliers de l'usine qui, pourvus des derniers perfectionnements et des meilleures machines, fabriquent dans d'excellentes conditions des soieries et des velours à bon marché. La seule différence que pourrait présenter cet établissement avec nos fabriques de soieries en France, c'est qu'il comprend à la fois des ateliers de dévidage, moulinage, tissage, teinture, gaufrage et apprêts. En un mot, ici comme dans les autres manufactures françaises de soieries à Moscou, on trouve réunies toutes les branches de la fabrication, qui, chez nous, font souvent l'objet de spécialités pour plusieurs maisons.

Mais le côté vraiment original et intéressant de l'usine Giraud, c'est le personnel. Ainsi que je l'ai déjà dit, des contremaîtres français sortis des meilleurs établissements de Lyon et de Saint-Étienne sont à la tête des divers ateliers et ont chacun sous leurs ordres des centaines d'ouvrières ou d'ouvriers. Au moulinage, au dévidage et au tissage, on emploie principalement des ouvrières, tandis que pour les travaux, plus durs, de la teinture et des apprêts les hommes sont indispensables. M. Giraud tend cependant à éliminer le plus possible l'élément masculin pour le remplacer par des femmes, parce que ces dernières sont plus soumises.

Or, la soumission et la discipline sont absolument indispensables en Russie, où la plupart des établissements industriels logent et nourrissent leurs ouvriers et ouvrières. Cela oblige, comme on le pense bien, à des installations et organisations qui doublent l'importance matérielle de ces établissements.

Les dortoirs du personnel de la maison Giraud se trouvent au troisième et au quatrième étage des bâtiments occupés dans le bas par les ateliers. En entrant dans ces immenses salles, qui contiennent chacune de quatre à cinq cents lits, on est agréablement surpris par l'ordre et la propreté qui y règnent. D'immenses châlits en fer supportent toute une rangée de couchettes. Chaque couchette forme une sorte de boxe séparée des voisines par une plaque de fer de cinquante centimètres de hauteur. A l'une des extrémités de chaque dortoir se trouvent deux ou trois longues tables encombrées de samovars pour faire le thé.

Le thé joue, comme on sait, un grand rôle dans la vie des Russes. Aucun des *moujiks* qui travaillent dans la fabrique n'y resterait une journée entière si on lui refusait cette boisson. Aussi se garde-t-on de leur imposer cette privation. Trois fois par jour l'eau bouillante coule à flots par de nombreux robinets dans la cour, et les ouvriers et ouvrières viennent remplir leurs samovars et peuvent ensuite confectionner tout à leur aise leur boisson favorite.

De nombreuses images saintes tapissent les murs des dortoirs. Chaque ouvrier a la sienne et vient y faire ses courtes dévotions à chaque interruption de travail.

En sortant des dortoirs, mon aimable guide me conduisit aux réfectoires. C'était précisément l'heure du repas de midi. Ce fut pour moi un spectacle curieux que de voir des centaines de moujiks mangeant dans un silence presque religieux l'abondante nourriture qui leur était servie...

L'ALLIANCE FRANCO-RUSSE AU POINT DE VUE FINANCIER

Au point de vue financier, « l'alliance franco-russe a ceci de particulier qu'elle unit deux peuples dont chacun apporte à l'autre ce qui lui manquait. La France, précisément parce qu'elle est arrivée à un certain état de civilisation, a une natalité faible et de grandes ressources financières ; la Russie, qui s'augmente de dix-sept millions d'âmes en huit ans, était à la merci de la bourse de Berlin.

Elles ont enfin mis en commun leurs ressources si diverses. Se doute-t-on de ce que peut réaliser avec l'argent français un pays qui, comme la Russie, est inépuisable en forces naturelles de tout ordre ; où la conscription des chevaux, en 1882, a donné l'existence de 19,674,273 chevaux, dont 6,371,642 aptes au service de guerre ? Les capitaux français trouveront dans un tel pays un excellent placement ; et, en outre, ils y enfanteront des merveilles.

Depuis 1887, année où la Russie s'est affranchie de la dépendance financière de Berlin, six ou sept emprunts russes se sont succédé sur le marché français.

Veut-on savoir combien la France a prêté à la Russie? Tout près de trois milliards et demi[1]. A la vérité, cet argent a presque été uniquement employé à la conversion des anciens emprunts ; la Russie a simplement changé de créancier, s'est tirée des mains du Shylock prussien ; mais désormais tout emprunt russe

---

1. S. Skalkovki, *les Ministres des finances de la Russie*, Paris, 1891.

en France ajoutera quelque chose à la mise en valeur économique de la Russie, à l'accroissement de son état militaire, aidera à mettre sur pied des régiments[1]...

LE VOYAGE EN RUSSIE ET L'ALLIANCE FRANCO-RUSSE
(1897)

A la suite de la visite faite en France par le tzar Nicolas II et la tzarine, il fut résolu, pour cimenter encore davantage l'union des deux peuples, que le président de la République française, accompagné d'une brillante suite, irait à son tour rendre visite à l'empereur et à l'impératrice de Russie.

Ce voyage chez le peuple ami eut lieu en août 1897.

Mercredi matin 18 août, le président quittait Paris pour se rendre à Dunkerque[2], où il s'embarquait dans l'après-midi à bord de l'aviso *l'Élan,* qui devait le conduire en rade où se trouvait le *Pothuau,* qui devait le conduire en Russie.

Il arriva en rade de Cronstadt le 23 août à onze heures et demie du matin.

Nicolas II avait voulu que la réception fût presque fraternelle,

1. A. Rambaud.
2. Le passage à Dunkerque du premier chef d'État français se rendant en Russie est marqué par une sorte de coïncidence assez curieuse : c'est, en effet, à Dunkerque que débarqua le premier tzar de Russie venant en France. Dans l'histoire des relations franco-russes, Dunkerque aura ainsi une place toute spéciale. On sait qu'une inscription, gravée sur une plaque de marbre, fait la gloire de l'hôtel où est descendu Pierre Ier que les histoires ont appelé Pierre le Grand.

Cette inscription est ainsi conçue :

LE TZAR PIERRE LE GRAND
A séjourné dans cet hôtel
Du 21 au 23 avril 1717.

Et, pour rappeler, à côté de cet heureux événement, le départ de M. Félix Faure pour la Russie, sur la façade de la sous-préfecture a été apposée une autre plaque. Elle est à droite de l'entrée et porte l'inscription :

LE PRÉSIDENT FÉLIX FAURE, SE RENDANT EN RUSSIE, EST PARTI DE CET HÔTEL
POUR S'EMBARQUER LE 18 AOUT 1897.

c'est lui qui avait voulu aller, en rade de Cronstadt[1] à la rencontre du président de la République française.

M. Félix Faure.

Lorsque M. Félix Faure, après avoir gravi l'escalier du yacht

. Ce port de Cronstadt, à peu près inconnu, il y a quelques années encore, de beau-
p de Français, est, on le sait, une des principales places fortes du gouvernement
érial russe. Le peu de profondeur de la rade rend son approche difficile, et la
ltiplicité des défenses dont la ville est entourée le fait considérer par la plupart des
tégistes comme à peu près imprenable. Bâtie sur une île rocheuse qui couvre
abouchure de la Néva, Cronstadt est à la fois une forteresse, un port militaire et
port marchand. En avant de la ville et des ports, un fort s'élève sur un rocher
commande la passe. Cette passe, au sud de l'île, est la seule que puissent suivre
vaisseaux dont le tirant d'eau dépasse cinq brasses, des bancs de sable embar-
ant les approches sur tout autre point; aussi est-elle couverte de puissantes bat-
es où plus de six cents pièces croiseraient leurs feux sur les vaisseaux ennemis
auraient eu la chance de ne pas s'échouer sur les hauts-fonds. Depuis Pierre le
nd, qui fonda la place en 1710, tous les tzars qui se sont succédé sur le trône
Russie ont eu à cœur d'entretenir et d'augmenter les défenses de Cronstadt.

impérial, mit le pied sur le pont de l'*Alexandria*, Nicolas II qui se tenait à la porte de son salon, dans la modeste et sombre tenue de capitaine de vaisseau, la tunique barrée du grand cordon rouge de la Légion d'honneur, ouvrit les bras dans un geste plein de franchise et d'affection, et à deux reprises il donna l'accolade à celui qui venait en Russie au nom de la France. En même temps, l'ordre était donné de laisser au sommet du grand mât, côte à côte avec le pavillon personnel de l'empereur[1], le pavillon personnel du président.

Lorsque l'*Alexandria* eut accosté au débarcadère de Péterhof, l'empereur s'effaça, pour le débarquement, derrière le président de la République française. Avec la même simplicité affable, souriante, Nicolas II lui présenta les grands-ducs, ses oncles et ses cousins, lui fit passer la revue des marins de l'équipage de la garde chargé de former la compagnie d'honneur[2], pendant

---

1. Jaune avec l'aigle noir à double tête.

2. Parmi les régiments de l'armée russe que le président de la République a salués à Péterhof, à Saint-Pétersbourg et à la revue du camp de Krasnoé-Selo, il en est, particulièrement dans la garde impériale, qui, par leur passé, par leur recrutement spécial ou par quelque amusante originalité, méritent d'attirer notre attention. Certains petits faits concernant ces troupes russes sont généralement peu connus. Ils ne peuvent manquer d'intéresser nos lecteurs.

Le *régiment Préobrajenski* (fier d'arborer sur ses drapeaux l'image de la Transfiguration : *Preobrajenie*) compte au nombre des plus anciens de l'armée. Il fut créé par Pierre le Grand et recruté, à l'origine, parmi les anciens compagnons de jeu du fondateur de la dynastie des Romanof. On affecte à ce régiment les hommes les plus grands de l'empire des tzars, et sa première compagnie peut être qualifiée, sans exagération, de « compagnie de géants ». On y rencontre des chasseurs d'ours sibériens d'une stature et d'une corpulence colossales.

Depuis Pierre le Grand, le souverain régnant est le chef de ce beau régiment, et l'on sait que le tzar actuel aime beaucoup revêtir l'uniforme sévère de colonel de Préobrajenski.

Les corps de la garde ont à leur tête les grands-ducs. Actuellement, au-dessous du chef honoraire, le grand-duc Constantinovitch commande le régiment de Préobrajenski.

Le *régiment Pawlowski* occupe, lui aussi, un rang à part dans les corps de la garde. Seul de toute l'armée, il s'honore de porter comme coiffure le haut bonnet de grenadier de la fin du siècle dernier, en forme de mitre, avec toute la partie antérieure métallique, coiffure de parade que les hommes exhibent d'ailleurs seulement dans les grandes cérémonies et les jours de revue.

Les *chevaliers-gardes*, colosses à la large poitrine recouverte de la cuirasse étincelante, coiffés du casque que surmonte le double aigle impérial, rappellent, par leur stature imposante et leur uniforme éclatant, les beaux cent-gardes.

Près d'eux, les cosaques de l'empereur — haut bonnet d'astrakan, longue tunique écarlate, cartouchières métalliques rehaussées de broderies sur la poitrine, sabre circassien battant la cuisse — font belle figure et évoquent aux yeux du

ue la musique de l'équipage de la garde jouait la *Marseillaise*, uis l'Hymne russe, fit ensuite défiler devant lui la compagnie 'honneur, s'assit à sa gauche dans la voiture qui le conduisait u palais de Péterhof, en passant devant une longue rangée de es admirables cosaques de la suite, à la longue tunique d'un ouge éclatant.

Le palais qui a été mis par l'empereur Nicolas II à la disposi- on du président de la République est celui de Péterhof, bâti ar Pierre le Grand sur le modèle de celui de Versailles, restauré,

SAINT-PÉTERSBOURG. — MARCHAND DE JOUETS.

grandi et embelli par Nicolas Ier. Le site de Péterhof est un des lus beaux tableaux naturels qu'offre la Russie. Une falaise peu evée domine la mer, qui commence à l'extrémité du parc, envi- on à un tiers de lieue au-dessous du palais, lequel est bâti au ord de cette petite falaise coupée presque à pic. En cet endroit ierre le Grand fit pratiquer de magnifiques rampes; on descend e terrasse en terrasse jusque dans le parc, rempli de bosquets ajestueux par l'épaisseur de leur ombre et leur étendue. Ce arc est orné de jets d'eau et de cascades artificielles dans le oût de celles de Versailles, et il est assez varié, pour un jardin essiné à la manière de Le Nôtre[1]. Il s'y trouve certains points

ectateur les plaines de l'Oural et du Volga et les steppes sans limites sur lesquels tend le pouvoir du « tzar blanc », souverain de toutes les Russies.
1. En traçant les jardins de Péterhof, l'architecte Leblond n'oublia point les ensei-

élevés d'où l'on découvre la mer, les côtes de Finlande, l'arsenal de la marine russe, l'île de Cronstadt avec ses remparts de granit à fleur d'eau, et plus loin, à neuf lieues vers la droite, Pétersbourg la blanche ville, qui, avec ses amas de palais aux toits peints, ses îles, ses temples et ses colonnes plâtrées, ses clochers pareils à des minarets, ressemble, vers le soir, à une forêt de sapins, dont les pyramides argentées seraient illuminées par un incendie.

Comme à Versailles, la fantaisie des autocrates russes a élevé autour du grand château des cottages, des rendez-vous de chasse et d'amour, des maisons mystérieuses, cachées aux regards par d'épais ombrages qui furent souvent préférés à Péterhof, solennel et froid. Nous citerons *Monplaisir*, tout près de la *Fontaine d'Adam*, que Pierre le Grand fit construire dans le goût hollandais, dont la cuisine renferme de la vaisselle d'étain dans laquelle l'impératrice Élisabeth ne dédaigna point de préparer quelquefois elle-même le repas de ses invités.

A l'est, la Ferme, dont l'intérieur est décoré de tableaux d'Horace Vernet, de Bellangé, de Charles Muller, avec un joli jardin empli de statuettes, de bustes et de vases. Plus loin, un château de style gothique, qui porte le chiffre de l'impératrice Féodorowna, le *château anglais* bâti par Guarengui, la *villa Renella*, les *écuries impériales*, le *manège*, le *château de Babigon* aux deux étages entourés de portiques, le premier d'ordre corinthien, le second d'ordre dorique ; les colonnes sont d'un seul bloc de granit noir, et les chapiteaux en marbre blanc.

L'eau est plus abondante. Il est vrai que, malgré le nom de Marly donné à un étang, Pierre le Grand eut plutôt besoin de refouler l'eau qui transformait en marais ces parages. Aussi les cascades sont partout, les fontaines dorées à profusion, et correspondant au principal balcon du palais ; un canal s'enfonce en

gnements de Le Nôtre. Ce ne sont que des bassins, cascades, fontaines, grottes d'un effet parfois singulier. Armand Silvestre en fut abasourdi. « On dirait, a-t-il écrit, que la postérité de Midas a été imprudemment lâchée dans la sérénité du bois sacré. L'effet est surtout choquant quand les grandes eaux ne marchent pas. Ces fantômes font presque peur ; mais quand, vers trois heures, les bassins se remplissent et les jets d'eau montent en gerbes,... la lumière inconstante quitte les flancs nus des déesses pour accrocher des arcs-en-ciel aux gouttelettes innombrables semées dans l'air,... et vraiment les yeux sont charmés, en même temps qu'une fraîcheur délicieuse remplit les poumons. »

ligne droite dans le parc vers la mer, à une grande distance. Cette perspective est d'un effet magique.

Arrivons maintenant au palais. Le bâtiment principal a trois étages; il est relié aux ailes par des galeries.

Construit en granit et marbre, il s'offre à la vue avec les tons dominants du blanc et du rouge; le toit est en fer, et les dômes sont dorés.

Les grands appartements occupent le premier étage. On entre d'abord dans la salle des Portraits : tableaux représentant les jeunes filles et femmes de toutes les contrées de la Russie sous le règne de Catherine II.

Si l'on prend à droite, on traverse la *chambre chinoise,* dont les murs et les meubles sont en laque noire de Chine rehaussés d'or; la *salle de réception;* la *chambre du Divan,* avec deux beaux portraits de l'impératrice Élisabeth, le cabinet de toilette de l'impératrice Alexandra Féodorowna, qui contient une armoire incrustée d'écaille et de bronze doré; la salle des *Étendards,* tendue de soie jaune; une autre salle de réception tendue de soie rouge, la salle à manger, les superbes appartements de la reine Olga, onze pièces meublées dans le style moderne; la salle de la *Couronne,* où était conservée, du temps de Paul Ier, la couronne de l'ordre de Malte; le cabinet de Pierre le Grand, tout en chêne sculpté. Si l'on prend à gauche de la première salle des Portraits, on pénètre dans une autre chambre chinoise, copie de la première, salle de réception en stuc blanc avec cinq lustres de cristal de roche; la salle des Dames du palais, blanche, avec de riches dorures; salle de Pierre le Grand, ornée de tapisseries des Gobelins; salle des *Gardes* et salle des *Marchands.*

Au rez-de-chaussée sont les *salles prussiennes,* ainsi nommées parce qu'elles furent habitées par des princes de Prusse.

Sous le château, Élisabeth fit construire, en 1763, une belle grotte de coquillages. Telle est, sommairement décrite, la résidence du président de la République.

Péterhof est, chaque année, le théâtre d'une cérémonie touchante : le jour de la fête de l'impératrice, la foule peut entrer librement dans le palais, et tous, humbles et grands, sont admis au même titre à faire leur cour à la souveraine et accueillis par elle avec une égale faveur. Ce jour-là, tous les moyens de transport que possède la capitale, trains, voitures, bateaux, servent à conduire la foule vers le Versailles de Pierre le Grand.

*
* *

Le séjour de M. Faure en Russie fut un véritable enchantement, une succession de cordiales présentations, de fêtes spendides, de réceptions enthousiastes, soit à Péterhof, soit à Saint-Pétersbourg[1].

Rappelons en quelques mots les principales cérémonies.

Le 23 août, un dîner de gala était offert au président par l'empereur et l'impératrice.

Le 24 août, M. Félix Faure se rendait à Saint-Pétersbourg[2]. Là aussi la réception fut magnifique et empreinte d'une grande joie.

---

1. On ne se fait guère l'idée que Saint-Pétersbourg, qui est devenue une des villes les plus célèbres du monde, est d'origine presque récente. Elle fut fondée par Pierre le Grand le 10 juillet 1703, jour où le tzar, après avoir occupé la forteresse suédoise de Nyenschanz, jeta les fondements de la cathédrale des Saints-Pierre-et Paul et d'une forteresse en terre qu'il nomma Pétersbourg. Cette partie de la ville porte aujourd'hui le nom de « quartier de Pétersbourg ». En 1705, Pierre le Grand fit élever l'ancien palais de l'Amirauté, et, en 1712, il érigea solennellement la jeune cité en capitale de l'empire. En 1732, on commença à bâtir le palais d'Hiver, qui fut pris pour centre de la ville lors de l'élaboration du plan général en 1738. Le développement suivit une marche régulière sous Élisabeth, surtout sous Catherine II.

A la mort d'Alexandre Ier, la capitale était déjà peuplée de quatre cent vingt mille habitants. En 1824, elle fut fortement endommagée par une terrible inondation, que Pouchkine immortalisa dans son poème *le Cavalier d'airain*. Saint-Pétersbourg a vu, en sa qualité de capitale, la plupart des événements de premier ordre qui marquent l'histoire moderne de la Russie.

Saint-Pétersbourg reste surtout la ville des palais princiers, qui sont pour la plupart splendides et luxueux. Toute une série de palais s'étendent à l'est du palais d'Hiver, le long de la rive gauche de la grande Néva, pour finir au palais de Tauride, dont les anciennes richesses en peintures, en statues et en œuvres d'art de toutes sortes ont été transférées au palais d'Hiver.

2. Il y était reçu par le grand-duc Vladimir.

Le grand-duc Vladimir Alexandrovitch est commandant en chef de la première circonscription militaire russe, et c'est en cette qualité qu'il a reçu le président de la République visitant Saint-Pétersbourg, la seconde capitale de Nicolas II. Comme son frère le grand-duc Alexis, il aime beaucoup la France et il a été fort souvent l'hôte des Parisiens. Il affectionne Paris pour l'urbanité exquise de ses mœurs.

Le grand-duc Alexis, amiral de la flotte russe, avec une grande barbe blonde, a la physionomie d'un homme d'État qui ne serait soldat qu'à ses moments perdus. Le grand-duc Vladimir, commandant général de la première circonscription de l'armée de terre, a le visage d'un rude marin de la mer Baltique. Il porte de gros favoris châtains et des cheveux en brosse; il a le regard sévère et la bouche infiniment douce. L'empreinte de la race slave est sur toute sa personne. Il doit y avoir

Une des premières visites du président fut pour le tombeau d'Alexandre III à la cathédrale Saint-Pierre-et-Saint-Paul. Il s'arrêta quelques minutes, au milieu d'un silence religieux, devant le

Saint-Pétersbourg. — Marchand de pantoufles.

tombeau, et, prenant dans une boîte portée par un second maître de la marine française une branche d'olivier en or, il la déposa respectueusement sur le marbre.

dans les palais impériaux de Russie, parmi les portraits des premiers tzars, des physionomies offrant avec la sienne une ressemblance frappante.

Pendant son séjour à Saint-Pétersbourg, M. Félix Faure voulut se rendre à la maison que le tzar Pierre le Grand fit bâtir en 1703 au bord de la Néva, pendant la construction de Saint-Pétersbourg, et qui est l'objet de la plus grande vénération de la part des Russes.

Elle comprend simplement un vestibule, deux chambres et un cabinet.

Conduit par un pope, M. Félix Faure a d'abord visité la chambre transformée en chapelle où les Russes viennent se prosterner; puis il a examiné rapidement les objets faits par Pierre le Grand, une chaise, un escabeau, etc.; il a traversé le jardin aboutissant à un petit ponton sur la Néva.

Le tzar, venu sur un bateau, était là depuis quelques minutes; les embarcations attendaient. L'empereur et le président de la République ont pris place sur une chaloupe à l'extrémité de laquelle flottaient des drapeaux russes et français.

Cette chaloupe les a conduits de l'autre côté de la Néva, large en cet endroit de six cents mètres, afin de procéder à la pose de la première pierre du pont Troïtsky.

Par une flatteuse attention, l'empereur, qui avait gardé de la fête du pont Alexandre III, à Paris, un souvenir particulièrement ému, voulut qu'une cérémonie analogue se passât, et décida qu'on poserait, à l'occasion de la visite présidentielle, la première pierre du pont Troïtsky, en souvenir du vingt-neuvième anniversaire du mariage de feu Alexandre III avec l'impératrice Marie Féodorowna.

Racontons, d'après un témoin, comment se passa cette cérémonie.

« Autour d'une tente d'aspect très original étaient réunis les membres du conseil de l'empire, les ministres, les sénateurs, les curateurs honoraires, les conseillers municipaux, d'autres hauts personnages, et le clergé, ayant à sa tête le métropolite de Saint-Pétersbourg, Palladius.

« Mais au bruit du canon de la forteresse se mêlent les accords de l'Hymne national, et l'empereur, portant l'uniforme de colonel de régiment finlandais, débarque de canot avec le président, M. Hanotaux, le comte de Montebello, les grands-ducs Wladimir, Alexis, Michel Nicolaievitch. Deux autres canots ont déposé au débarcadère les autres grands-ducs et les suites impériale et présidentielle.

« Le tzar s'avance, ayant à sa droite M. Félix Faure, et à sa gauche le maire, M. Ratkow-Rojnow.

Saint Pétersbourg. — Marchands fripiers.

« Le président se dirige vers le métropolite Palladius et le salue respectueusement. Aussitôt ont commencé les prières préliminaires, suivies de la cérémonie traditionnelle de la pose de la première pierre, accomplie au milieu du profond recueillement de l'assistance, impressionnée par la solennité de la situation et la majesté des chants religieux orthodoxes.

« Le président a frappé le premier les trois coups de marteau symboliques, puis l'empereur et les grands-ducs ont déposé chacun des pièces de monnaie. Sur une pierre en marbre, on a gravé leurs noms en lettres d'or.

« Le métropolite a prié pour le tzar et ensuite, fait presque sans précédent, pour le président de la République et le peuple français.

« La foule a fait une ovation enthousiaste au tzar et au président en poussant des hourras et des cris de : « Vive la France ! »

« Depuis l'arrivée des hôtes français, la foule est en proie à une profonde émotion. Le tableau devient encore plus imposant quand ont éclaté les hymnes nationaux des deux pays. »

. . . .

Le président visite ensuite un établissement industriel français, les *usines de la Société franco-russe*.

Puis, après la réception diplomatique, qui s'est passée selon les règles du protocole, le président Faure a reçu au palais d'Hiver les délégations de la noblesse, de la corporation des marchands de Saint-Pétersbourg, de Novgorod, de Cronstadt, de Moscou, etc., et de nombreuses communes et villes de l'intérieur, qui lui ont présenté leurs félicitations les plus chaleureuses avec l'hommage de riches cadeaux.

En présentant la municipalité de Saint-Pétersbourg, le maire, M. Ratkof-Rojnow, s'exprime ainsi :

Le peuple russe a été profondément touché de la réception faite à nos souverains par Paris.
Aujourd'hui, nous espérons que l'accueil que vous trouverez en Russie sera l'expression cordiale de la profonde estime que la nation entière porte à la France.
Soyez le bienvenu dans ce pays ami. Partout vous lirez, vous entendrez : « Vive la France ! Vive Paris, source du génie, du goût, de la lumière ! »
J'ai l'honneur de vous offrir, selon l'usage, le pain et le sel, sur ce plat où vous trouverez les armes de la France, de la Russie, de Saint-Pétersbourg, de Toulon, de Cronstadt, emblème de l'amitié, garantie de la paix.

M. Ratkof-Rojnow termina en énumérant les cadeaux offerts par la ville de Saint-Pétersbourg, parmi lesquels figure un album de vues de Pétersbourg richement relié, en argent émaillé de style byzantin.

Rappellerons-nous aussi la visite que le président a faite à l'hôpital français de Saint-Pétersbourg?

« Près du pont Nicolas, a dit un témoin de cette visite, un arc de triomphe monumental, drapé de rouge et soutenu par des colonnes aux armes de France et de Russie, disparaît en quelque sorte sous les drapeaux et les feuillages.

« Au bruit d'acclamations formidables, M. Félix Faure arrive à l'endroit où doit avoir lieu la pose de la première pierre du nouvel hôpital français[1].

« Cette partie de la journée du président de la République à Saint-Pétersbourg n'a pas été la moins touchante.

« Toute la colonie française se trouvait là, et c'est presque en territoire français que la cérémonie s'est déroulée.

« L'hôpital-refuge est fondé depuis 1829. C'est à l'aide du don généreux de Mme de Barante que cet établissement a été ouvert. Après des débuts assez modestes et grâce à l'initiative de tous les ambassadeurs qui se sont succédé à Saint-Pétersbourg, c'est un des établissements charitables les plus prospères fondés par des Français à l'étranger.

« Il compte aujourd'hui cinquante lits, qui sont tous occupés, et dont les titulaires sont là, rangés dans la cour d'honneur, pour recevoir M. Félix Faure.

« Les membres du conseil d'administration de l'hôpital, ayant à leur tête M. de Castillon, doyen de la colonie française, attendent dans le grand vestibule.

« Après les présentations d'usage faites par le consul de France, M. Félix Faure se rend à la tribune qui est élevée tout au fond, en face de la première pierre du nouvel hôpital, dont la pose va être simulée par M. Félix Faure.

« L'opération se fait avec le cérémonial d'usage. Le procès-verbal de la pose de la pierre, les pièces de monnaie françaises

---

1. Il y a des Français un peu partout en Russie. S'ils ne s'y rencontrent pas en quantités compactes, on en trouve de petites colonies dans toutes les villes.

La plus importante est celle de Moscou. Après elle viennent Pétersbourg et Odessa.

Ce n'est pas par le nombre qu'elles s'imposent, mais par les exemples qu'elles donnent et la considération dont elles jouissent. Elles sont mêlées à toutes les œuvres de l'esprit, de l'art et de la bienfaisance. Il n'y a pas un hôpital, un refuge, une école, une fête de charité, une collecte, qui ne compte sur leur participation.

et russes sont placées dans une boîte, et le président de la République frappe les quelques coups de maillet qui constituent la partie matérielle de la cérémonie.

« Cela fait, le président parcourt rapidement les salles de la maison de refuge, où des compliments gentiment tournés lui sont récités par les pupilles de la France; puis il se retire, accompagné par les acclamations de tous les Français qui se trouvent réunis là. »

Dans la soirée, un banquet eut lieu à l'ambassade de France.

A l'issue de ce banquet, le président reçut les délégués des députations des colonies françaises.

Les délégués de Cronstadt furent particulièrement nombreux.

« Je n'oublierai pas, dit M. Faure, Cronstadt, auquel des souvenirs précieux nous rattachent. » C'est la première ville russe que le président de la République a vue dans le voyage qu'il a fait.

La manifestation de la ville de Novgorod fut très touchante. M. Metamime, président de la Domna, offrit à M. Félix Faure la reproduction en or de la vieille icone qui protège la plus ancienne capitale de la Russie. Il dit en remettant cette image : « Il est dans les traditions russes d'offrir seulement cette image à ceux auxquels nous voulons du bien : c'est vous dire si, en vous faisant ce présent, nous souhaitons de tout cœur du bien à la France et à son président. »

M. Faure répondit : « J'accepte avec gratitude cette image, qui est à mes yeux l'attestation des sentiments pour la France de la vieille et sainte Russie. »

Rappelons aussi qu'un gala eut lieu au théâtre, au milieu d'une gigantesque ovation[1].

[1]. A propos du gala qui a eu lieu au théâtre de Saint-Pétersbourg en l'honneur de M. Félix Faure, disons quelques mots de la *musique russe*, dont la valeur nationale s'affirme avec tant d'éclat, et particulièrement de Glinka, le premier des compositeurs de la Russie. Glinka, on le sait, est l'auteur de *la Vie pour le tzar*, le plus populaire et le plus significatif des opéras russes, et dont un acte a été représenté à Pétersbourg en présence du président de la République.

La musique dramatique russe est née au dix-huitième siècle. On peut dire qu'elle est aussi le résultat du voyage de Pierre le Grand en France. On compta d'abord quelques compositeurs nationaux, tels que Wolkoff, Alabieff et les frères Titoff. Puis les idées françaises s'emparèrent du théâtre russe. Un de nos compositeurs les mieux doués, Boïeldieu, fut même appelé à Saint-Pétersbourg et y écrivit deux partitions : *Aline, reine de Golconde*, et *les Voitures brisées*. C'est avec Cavos, mort

MUSIQUE ET DANSE RUSSES, D'APRÈS LE TABLEAU DE GÉRÔME.

Le 25 août, une grande revue était donnée en l'honneur du président au camp de Krasnoe-Sélo[1].

Mais le fait le plus important du voyage est bien la dernière journée des fêtes officielles, le 26 août.

Au déjeuner offert aux souverains russes à bord du *Pothuau*, eut lieu la *proclamation solennelle de l'alliance entre la France et la Russie*.

A la fin du déjeuner, les deux toasts suivants furent prononcés :

Toast du président de la République.

Je remercie Votre Majesté Impériale et Sa Majesté l'Impératrice d'avoir si gracieusement accepté de venir passer quelques instants sur un des bateaux de notre flotte. J'en suis d'autant plus heureux qu'il m'est ainsi possible de leur dire, à l'ombre de nos couleurs, combien je suis touché de l'hospitalité qu'elles nous ont offerte et jusqu'à quel point nous sommes reconnaissants au peuple russe de l'accueil grandiose qu'il a fait au président de la République française.

Votre Majesté a voulu arriver en France escortée par les marins russes

---

en 1840, que la musique russe s'émancipe enfin de l'imitation étrangère. Cavos ne laissa pas moins de seize opéras, de six ballets et de six ouvertures destinées à accompagner des drames nationaux. Dans toutes ces productions, il fit preuve des plus hautes qualités et prépara la voie à Glinka et à Rubinstein.

Glinka, lui, est le *grand initiateur*, le *véritable père de l'école russe*. L'usage habile du chant populaire, la finesse et l'originalité du sentiment harmonique, l'élégance et le pittoresque de l'orchestration, voilà les principaux caractères de ce maître, que les nouveaux compositeurs de la Russie ne se font pas faute d'imiter.

La *Vie pour le tzar* représente l'association de la poésie, de la musique et du patriotisme russes. C'est vraiment une œuvre maîtresse et typique, quelque chose d'analogue à ce que fut, pour notre théâtre, le *Cid* de Corneille.

Le livret de l'opéra fut écrit pour Glinka par le baron Rosen.

1. Donnons quelques renseignements sur le célèbre camp de Krasnoe-Sélo.

Krasnoe-Sélo est bâtie sur une colline boisée, à vingt-quatre verstes de Saint-Pétersbourg. On va au camp en vingt minutes environ, en voiture, par une route qui coupe des prairies verdoyantes, que sillonnent en tous sens des troïkas, des calèches attelées de quatre chevaux, des voitures de louage, des chars à bancs, des équipages de toute sorte.

A Krasnoe-Sélo sont établis une villa impériale, le grand quartier impérial et l'étatmajor général.

Le camp proprement dit est placé dans le voisinage du village, en demi-cercle, autour de trois grands lacs, en bas d'un plateau. La cavalerie est répartie, pour la plupart, entre les villages voisins.

Une aile du camp s'appuie au village et va jusqu'au lac de Duderhof, où se termine ce qu'on nomme le grand camp.

Entre les deux ailes s'étend une vallée qui contient le manège, l'établissement de bains, le théâtre et la gare.

A gauche de cette dernière est établi un petit campement cosaque. Cette troupe, dénommée convoi impérial, est chargée du service d'escorte.

et français ; c'est au milieu d'eux qu'avec une profonde émotion je salue la Russie avant mon départ.

La marine française et la marine russe peuvent être fières de la part qu'elles ont prise dès le premier jour dans les grands événements qui ont fondé l'intime amitié de la France et de la Russie ; elles ont rapproché des mains qui se tendaient et permis à deux nations amies et alliées, guidées par un idéal commun de civilisation, de droit et de justice, de s'unir fraternellement dans la plus sincère et la plus loyale des étreintes.

Je lève mon verre en l'honneur de Votre Majesté, de Sa Majesté l'Impératrice. Au moment de me séparer d'Elles, je les prie de recevoir les vœux ardents que je forme pour leur bonheur et celui de la famille impériale.

Au nom de la France, je bois à la grandeur de la Russie.

Toast de l'Empereur.

Les paroles que vous venez de m'adresser, Monsieur le président, trouvent un vif écho dans mon cœur et répondent entièrement aux sentiments qui m'animent ainsi que la Russie entière.

Je suis heureux de voir que votre séjour parmi nous crée un nouveau lien entre nos deux nations amies et alliées[1], *également résolues à contribuer par toute leur puissance au maintien de la paix du monde, dans un esprit de droit et d'équité.*

Encore une fois, laissez-moi vous remercier de votre visite, Monsieur le président, et vider mon verre en votre honneur et à la prospérité de la France !

Ces deux toasts ont produit une impression grave et profonde, qui donne à la scène que nous venons de raconter sa haute, puissante et définitive signification.

Des témoins de ces toasts ont raconté que les officiers russes et français pleuraient en l'entendant, que plusieurs se jetèrent dans les bras l'un de l'autre en s'embrassant. L'émotion était à son comble : les officiers russes étreignaient à les briser les mains de nos officiers, en les appelant *braves camarades !*

---

1. Le mot d'*alliance* avait déjà été expressément prononcé en 1848 par l'empereur Nicolas Ier. Au général Le Flô, qui avait été envoyé à Saint-Pétersbourg comme représentant de la République française et qui lui parlait de la possibilité d'une entente entre la Russie et la France, Nicolas Ier avait répondu, qu'« en effet les deux nations se trouvaient en excellente condition pour conclure une *alliance* réciproque, que leurs intérêts étaient les mêmes et que leur union serait la plus sûre garantie de la paix et de l'ordre en Europe. » Car, ajoutait-il, « personne ne bougera et ne pourra rien en Europe tant que la Russie et la France seront unies et se donneront la main. »

*
* *

Après le déjeuner, l'empereur et l'impératrice ont conduit M. Faure sur le cuirassé *Russia*, qui est un bâtiment monstre à cinq cheminées, le plus beau de la flotte russe, et qui a été construit en 1896. C'est le type modèle des derniers perfectionnements de l'art naval. Le président le visita avec un vif intérêt.

Le canot impérial reconduisit les deux chefs d'État et la tzarine Alexandra Feodorowna sur le yacht *Alexandria*. M. Félix Faure, sur ce bâtiment, prit congé de Leurs Majestés en les remerciant en termes émus de leur haute et chaleureuse hospitalité ; il baisa respectueusement les mains de l'impératrice et donna l'accolade à l'empereur.

La flotte française appareilla vers six heures, au bruit des salves des forts de Cronstadt et des hourras des marins russes. La pluie empêcha les embarcations privées, venues pour dire adieu à la flotte française, d'être aussi nombreuses que pour l'arrivée, mais les ovations furent non moins enthousiastes.

Il était cinq heures lorsque M. Félix Faure quitta le yacht impérial et prit place dans la chaloupe qui devait le ramener à bord du *Pothuau*.

Enfin, les vaisseaux français s'ébranlèrent, salués d'acclamations enthousiastes, puis peu à peu l'escadre française disparut à l'horizon, escortée par sept torpilleurs russes.

A son retour en France, en débarquant à Dunkerque, dans la matinée du 31 août, le président de la République avait adressé à l'empereur de Russie la dépêche suivante :

Dunkerque, 31 août, 11 h. du m.
*A Sa Majesté l'empereur Nicolas II, aux grandes manœuvres,
par Varsovie.*

Au moment où je touche au sol de la France, ma première pensée est pour Votre Majesté, pour Sa Majesté l'impératrice et pour la nation russe tout entière.

L'accueil magnifique et cordial qui a été fait au président de la République provoque dans la France entière un sentiment d'émotion et de joie.

Il laissera dans nos cœurs un souvenir ineffaçable.

Je prie Votre Majesté d'agréer de nouveau l'expression de mes remerciements et des vœux que je forme pour son bonheur, pour celui de l'impératrice et de la famille impériale, pour la grandeur et la prospérité de la Russie.

Félix Faure.

L'empereur de Russie répondit à ces souhaits par le télégramme suivant :

Varsovie, 31 août.

Monsieur Félix Faure, président de la République française, Paris.

L'impératrice et moi, nous vous sommes bien reconnaissants des bonnes paroles que vous venez de nous faire parvenir. C'est avec plaisir que nous garderons le souvenir de la visite du président de la République rendue à la Russie, dont le cœur a encore une fois battu à l'unisson avec celui de la France.

NICOLAS.

ENFANT VENDANT LE « SBITÈNE » ET DES CROQUETINS

A Paris, la réception que le peuple a faite au président de la République le 31 août, à 6 heures du soir, a été vraiment belle.

Paris était vraiment le cœur de la France. Il avait l'honneur insigne de la représenter, et il recevait en son nom le président de la République. Ç'a été un véritable triomphe. Le pays semblait se féliciter lui-même et célébrer son accroissement de force, de sécurité et de prestige, en la personne de celui qui l'a dignement incarné devant la *nation amie et alliée*.

Ce fut une belle fête que cette fête de la paix[1] où tous les

---

1. Rappelons qu'à la place de l'Opéra, M. Félix Faure fut reçu par les représen-

citoyens étaient unis dans une joie commune, celle que l'amour de la patrie inspire, où toute la nation vibre dans une même allégresse. Dans la soirée du 31 août, comme à la réception de l'amiral Avellan et de ses marins, comme à la réception de Nicolas II et de la tzarine, tous les Français se sentaient frères et heureux. Partout on jouait, on applaudissait l'hymne national russe[1].

Ajoutons que sur tous les points de la France on a fêté avec enthousiasme le retour du président de la République et la lune nouvelle de l'*Alliance franco-russe*.

* * *

Le voyage que M. Félix Faure a accompli en Russie a excité la verve des poètes et des chansonniers.

tants du commerce et de l'industrie de Paris. M. Expert-Bezançon lut au président l'adresse suivante :

« Monsieur le Président,

« Tous les Français ressentent une même joie patriotique en présence des hommages qui vous ont été rendus en Russie et de la consécration solennelle d'une alliance faite pour assurer la paix.

« Le commerce et l'industrie vous témoignent toute leur gratitude.

« Nous nous réjouissons surtout à la pensée que tous nos concitoyens bénéficieront des heureux effets d'une prospérité que nous avons le droit d'espérer.

« La paix est notre vœu le plus cher. Elle nous permettra d'accomplir l'œuvre de 1900. »

1. C'est au général Alexis Lvof, excellent musicien et artiste dans l'âme, que la Russie est redevable de son hymne national.

Au cours d'un voyage fait en 1833 en Prusse et en Autriche, l'empereur Nicolas Ier avait été fort affecté de ne pouvoir entendre jouer par les musiques militaires de ses nobles hôtes un air national russe.

A son retour dans sa capitale, il chargea le général Lvof de trouver quelque chose de particulier et de spécial qui comblât cette lacune.

Passant successivement en revue l'hymne anglais, si plein de grandeur et d'originalité, l'hymne autrichien de Haydn, si majestueux, si touchant, Lvof s'arrêta enfin à une composition qui réunit ces trois caractères et pût convenir au caractère pieux et énergique à la fois et un peu mélancolique du peuple russe.

Le 23 novembre 1833, le général Lvof porta au tzar son œuvre originale.

Nicolas Ier fit d'abord exécuter le chant par les artistes de sa chapelle impériale, puis le fit jouer à grand orchestre.

L'effet produit sur les auditeurs fut prodigieux.

Satisfait de ce minutieux examen, le tzar se tourna vers l'auteur et s'écria, *en français* : *C'est superbe!*

Le 4 novembre suivant, un ukase décrétait l'adoption de l'hymne de Lvof comme chant national.

En témoignage de sa haute satisfaction, l'empereur offrit au général une superbe tabatière ornée de diamants, et ordonna que désormais les premiers mots de l'hymne national : *Bojé tsaria khrani*, seraient la devise de la famille Lvof.

Au milieu des *hourras* retentissants, la foule a fait résonner les bords de la Néva de refrains touchants ou de saluts chaleureux.

C'est le barde populaire M. Constantin Chichlo qui a célébré

Saint-Pétersbourg. — Nonnes.

ainsi l'arrivée du président de la République française et l'entrée des vaisseaux français dans les eaux russes :

Soyez les bienvenus, nous vous attendons avec un amour fraternel sur les rives de la Néva. C'est avec des caresses, des saluts, avec le pain et le sel que nous recevons nos amis.

Notre capitale s'est considérablement embellie. Sa parure et sa gaieté ont leur raison d'être : qui ne se réjouit en voyant son ami?

Et non seulement dans la capitale, mais dans la Russie entière chacun regarde ce jour comme un jour de fête. La gaieté éclate sur les visages et dans les chansons. Voici nos amis qui viennent nous visiter.

Grande est la signification des alliances cordiales. Chacun en Russie célèbre l'arrivée de l'élu des Français, le président Félix Faure.

Chacun répète que la France est depuis longtemps l'amie de la Russie, qu'elles ont conclu l'alliance pour l'éternité, que le Russe et le Français ont décidé d'agir ensemble et comme un seul homme;

Que cette alliance est la tête de l'univers, qu'aucune puissance au monde n'est plus forte qu'elle, et qu'elle a décidé que la paix doit régner en Europe et que tout le monde doit la respecter.

Aussi, chers visiteurs et chers amis, acceptez de la Russie le pain et le sel qu'elle vous offre de tout son cœur pour votre amitié.

En ce jour joyeux, en ce jour solennel, on n'entend partout que ce cri :

Hourra pour le tzar orthodoxe!

Hourra pour l'élu des Français!

Tout bon Russe aime le cœur des Français.

Tout bon Français aime les Russes.

Vive l'alliance cordiale! Hourra pour l'alliance franco-russe!

Ce cri retentit au loin. Nulle barrière ne l'arrête. Bien qu'on ne le pousse qu'en cet endroit, le monde entier est obligé de l'entendre.

C'est encore l'aveugle Téberniaïeff qui a célébré en termes éloquents et passionnés l'amour du paysan russe pour le paysan français; c'est Sasonoff, c'est Doubronine qui, dans leurs vers, ont chanté les gloires de la France et de la Russie.

On n'a sans doute pas oublié le général russe de Pogojeff, qui, il y a deux ans, est venu à Paris pour offrir à la France une épée qu'il avait trouvée dans les montagnes du Caucase. Le général vient d'écrire l'*Alliance franco-russe*.

ALLIANCE FRANCO-RUSSE

Allons, enfants de la patrie,
Quand le jour de gloire arrivera,
Avec vous sera toute la Russie,
Et le bon Dieu nous gardera!

Quand le jour fatal de la guerre
Va éclater, nous serrerons nos bataillons,
Et bras dessus, bras dessous, nous marcherons
Contre tout le monde entier!

Pour être bon militaire,
Il faut avoir le cœur franc
Et la main forte;
Et avancer, quoi que n'importe!

Moi! je suis un vieux militaire,
Un général russe en retraite,

J'aime la France — cette contrée héroïque —
De tout mon cœur russe-patriotique !

Je vous le répète, — je suis général en retraite,
Mais quand le jour de gloire arrivera,
Je prendrai le sabre de mon père
Et la bénédiction de ma mère[1],
Et je marcherai à la tête de nos bataillons unis.

Nos amis à l'éternité !
Nous avons l'unique corps et l'unique âme,
Nous brûlons de la même flamme,
Et nous crions : « Vive la France ! Vive la Russie ! »
Car l'union fait la force suprême (bis).

EUGÈNE DE POGOJEFF,
Général russe en retraite,
ancien maréchal de la noblesse
du gouvernement de Kalouga,
du district Lichvin.

Ceci est très touchant, n'est-il pas vrai[2] ?

Voici maintenant des vers qui ont paru dans un journal russe, le *Fouet* :

Salut au chef très vénéré
Que la France a mis à sa tête :
Il est l'hôte si désiré ;
Voyez, la Russie est en fête.
Heureuse de voir s'accomplir
Cet événement mémorable,
Qui fait hautement ressortir
L'union ferme, inaltérable,
Où s'exprime le sentiment

---

1. *Var.* Et la permission de mon empereur.
2. D'autre part, un des héros de la guerre de Serbie, le général Komaroff, qui est le propriétaire du *Sviet*, journal populaire russe, a dit à notre confrère Henry Lapauze :

« Oui, le peuple est avec nous, et on sent battre son cœur toutes les fois qu'il s'agit d'une manifestation de sympathie entre les deux pays. On vous dira que le peuple russe fait ce qu'on veut qu'il fasse : n'en croyez rien. Il suit, lui aussi, ses inclinations naturelles, et celles-ci le portent vers la France, qu'il sait être une nation généreuse et grande, forte aussi.

« Le voyage à Saint-Pétersbourg du chef de l'État aura un résultat immédiat, et qui n'est pas indifférent à la cause que nous soutenons ; il fera mieux connaître la France au peuple russe, lequel, ayant pris contact, en quelque sorte, avec la France même, lui restera d'autant plus attaché que désormais il le sera à quelque chose de tangible pour lui.

« Nous savons à merveille que M. F. Faure nous apporte en venant le cœur de la France. Quand il rentrera à Paris, il vous apportera le cœur de la Russie battant à l'unisson du vôtre. »

> De deux grands peuples pacifiques,
> La Russie offre au président
> Le pain et le sel symboliques.

A Paris, de nouvelles chansons franco-russes s'imprimèrent aussi et se chantèrent. Un auteur populaire, Antonin Louis, sur un air populaire russe, le *Camamiskaïa,* a écrit quatre strophes pleines de sentiment.

D'autres chansonniers s'inspirèrent des refrains du Caveau. Il y eut aussi des pièces enluminées de gravures d'Épinal.

Sur les couvertures de certaines brochures on vit des mains entre-croisées tenant des drapeaux aux couleurs de France et de Russie ; sur d'autres, les portraits de Nicolas II et de M. Félix Faure tournés l'un vers l'autre en se souriant ; en un mot, mille petits riens qui témoignent de l'amitié des deux peuples.

*
* *

Disons en terminant qu'on va envoyer de Paris au tzar Nicolas II un album intitulé l'*Album des départements,* sur chaque page duquel un artiste a résumé la vie, les légendes, l'histoire et les sites de sa région.

A l'art du peintre on y a aussi joint l'art du poète ; c'est ainsi que dans la page consacrée au département de l'*Aube*, on voit, à côté d'un exquis dessin à la plume représentant une jolie vue de Troyes, cet adorable sonnet du poète Henri Chantavoine :

> *Bonum vinum lætificat cor*
> *hominum.*
>
> Le vin pétille et rit dans la coupe fragile[1],
> Le joli vin de mousse et d'or, le vin charmant,
> Qui rend les yeux plus clairs et le cœur plus aimant
> Et fait mousser l'esprit dans la parole agile.
>
> Le cep en est venu du pays de Virgile,
> Mais le sol champenois a nourri le sarment,
> Et le soleil de France a chauffé doucement
> La feuille et le raisin sur les coteaux d'argile.

---

1. « Le vin de Champagne ! N'a-t-il pas joué son rôle dans l'alliance franco-russe ? N'est-ce pas en levant leurs verres remplis de ce vin joli, de ce vin léger, de mousse et d'or, que le tzar et que Félix Faure ont proclamé, à la face du monde, l'existence du traité qui unit les deux nations amies?... » (Gaston Méry.)

Nous l'avons déjà bu, nous le boirons encor,
Le joli vin, le vin léger, de mousse et d'or.
Son bouchon sautera par-dessus l'Allemagne,

Et, comme des amis fraternels et joyeux,
— De la grande Russie à la bonne Champagne, —
Nous viderons la coupe en nous cherchant des yeux !

Ajoutons qu'à l'occasion de l'arrivée des souverains russes à Cherbourg, le 5 octobre 1896, le ministre de la marine, au nom de la flotte française, offrira à S. M. Nicolas II une médaille commémorative, œuvre du graveur Vernon, que nous avons pu voir à la Monnaie, où elle subit en ce moment les recuits préliminaires de la frappe.

Du module de soixante-dix millimètres, cette médaille présente sur le côté face une Gallia de profil qui tend les bras vers un navire franchissant à l'horizon la digue de Cherbourg. A côté d'elle, un petit génie hisse à un mât de pavillon le drapeau à l'aigle impériale du tzar. On lit cette simple date : *Cherbourg, 5 octobre 1896.*

Au revers, un tertre portant une ancre, un canon de marine, une pile d'obus, et sur lequel flottent accouplés les deux drapeaux de France et de Russie ; puis l'horizon, s'étendant à la ville et à la rade de Cherbourg, avec le port du commerce, la jetée et la digue. Au-dessus, cette inscription :

GALLIA

RUSSORUM

IMPERATORI ET CLASSI

HOSPITIBUS

AMICISSIMIS

SALUTEM

Il suffit d'avoir nommé Vernon, l'auteur de cette médaille, pour dire ce que vaut l'œuvre, quelles sont sa finesse et sa beauté.

APPENDICE

APPENDICE

FRANÇAIS EN RUSSIE

Sous Pierre le Grand, nous trouvons un assez fort contingent de Français venant aider au développement militaire de la Russie; ce furent : de Brazas, Villeneuve-Trans, Cailleau (un ancien cordelier), qui devinrent officiers dans l'armée russe; Lepinau, Lambert, Coulons, de Collonges, qui construisaient des forteresses; Villebois, qui devint amiral; Saint-Hilaire, qui fonda une académie de marine.

* * *

Avec l'impératrice Élisabeth on retrouve l'influence française partout. Sous son règne, il y a un théâtre français. Élisabeth charge Voltaire d'écrire l'*Histoire de Pierre le Grand;* Trédiakouski traduit le *Télémaque;* Kniajunio s'attache à Molière et à Regnard.

A l'Académie des beaux-arts, qui avait été bâtie par l'architecte français Vallin de la Mothe, l'impératrice Élisabeth appela des artistes français. Le peintre François Tocqué vint lui faire son portrait. Elle charge les peintres Lagrenée et Lelorrain de former des élèves peintres russes, et le sculpteur Gillet de faire des sculpteurs russes.

A l'Académie française, l'impératrice appela aussi des savants français : Louis Nicolas, qui y professa l'astronomie pendant vingt ans; les deux Delisle.

Ce fut un favori de l'impératrice, Ivan Chouvaloff, un fervent de la civilisation française, qui fonda la première université russe, à Moscou, puis celles de Saint-Pétersbourg et de Batourine, et l'Académie des beaux-arts de Saint-Pétersbourg.

Les *instituteurs français* eurent une influence considérable pour la transformation morale et intellectuelle de la Russie. Ces *outchitéli* tinrent une grande place dans l'éducation.

Durant sa jeunesse, passée en Allemagne, Catherine II eut pour institutrice une Française, Mlle Gardel. A la fondation du célèbre Institut de Smolna, destiné aux jeunes filles de l'aristocratie russe, elle en confia la direction à une Française, Mme Lafond. L'impératrice donna Laharpe pour gouverneur à ses petits-fils Alexandre, Nicolas, Constantin. Il n'y avait pas une grande maison russe qui n'eût son *outchitéli* ou *instituteur français*.

Parmi les professeurs du futur Alexandre II figure un Français, Gille. Chez les Strogonof il y avait Romme, le futur montagnard; chez les Panek, il y avait Binchotte.

A l'époque de l'émigration, ce fut une armée fort grande d'abbés, de moines, de nobles, qui devinrent éducateurs.

A l'époque de l'invasion française, ce furent des prisonniers de la Grande Armée, des officiers et même des tambours, qui devinrent *outchitéli*.

Charpentier fut l'auteur de la première grammaire russe publiée en français.

Pendant son professorat, le Français Levesque prépare sa grande *Histoire de Russie*.

« Ces outchitéli, écrit Masson, ont contribué à policer la Russie, puisqu'ils l'ont instruite en détail, homme après homme. Ce sont les seuls personnages dont le ministère ait été d'y prêcher la philosophie, la morale et la vertu, en y répandant quelques lumières... C'était, sans excepter les académiciens, la seule classe de gens, en Russie, qui cultivât un peu les sciences et la littérature. »

***

Rappelons un fait qui a son importance, et qui cependant est peu connu : c'est celui de la *colonisation* des steppes occupés jadis et ravagés en même temps par les Tatars et appelés la *Nouvelle-Russie*. Cette colonisation est l'œuvre de Français, et une belle œuvre, car là s'est fondée une population de six millions d'habitants. Ce fut le cardinal Richelieu qui tira Odessa du néant, créa les quais et les ports[1], qui ouvrit le lycée *Richelieu;* célèbre établissement d'instruction. C'est un Français, Laugeron, qui aida encore à la transformation d'Odessa; un Français, Raincourt, qui fonda Sébastopol ou Sévastopol; un Français, le marquis de Traversay, qui fonda Nicolaïev. Les premiers professeurs de l'université de Kharkof furent des Français : Jeudy-Dugon, Belin de Ballu, Paquis de Sauvigny, Delavigne; les premiers professeurs du lycée Richelieu furent des Français : Viard, Laurent, Nicolle, Gillet, Bouin, Raflide.

Les premières fouilles archéologiques faites en Crimée furent exécutées par un Français, Paul Dubruc, ancien soldat du corps de Condé.

*
* *

L'influence de la France sur la Russie a été surtout intellectuelle et morale, et c'est en cela qu'elle se différencie des influences allemandes et hollandaises, qui ont été surtout matérielles. Les Allemands et les Hollandais ont apporté en Russie des militaires, des laboureurs, des ingénieurs, des employés; la France y a apporté surtout des idées moralisatrices, des idées de liberté, d'égalité, de dignité humaine, « celle qui a fait l'émancipation des paysans ».

*
* *

Le 15 mai 1891, une exposition exclusivement française fut ouverte à Moscou. Sa clôture eut lieu le 18 octobre de la même année.

Elle avait été spécialement autorisée par un ukase impérial, en date du 20 avril 1890, et installée dans le palais qui avait servi à l'exposition russe de 1882.

Cette entreprise, quoique d'initiative privée, avait pris un caractère national et patriotique.

Le classement général des produits se divisait en neuf groupes, à savoir :

---

1. Les Russes lui ont aussi élevé une statue par reconnaissance.

1ᵉʳ groupe : œuvres d'art.
2° — éducation, enseignement.
3° — mobiliers.
4° — tissus, vêtements.
5° — industries extractives.
6° — outillages, industries mécaniques, électricité.
7° — produits alimentaires.
8° — agriculture, viticulture.
9° — horticulture.

Ce fut le tzar lui-même qui décida du succès des efforts des organisateurs de l'exposition française par la visite qu'il y fit le 30 mai.

« Vers deux heures, a écrit M. Flourens, emportés par une troïka attelée de chevaux noirs, et conduite par l'empereur lui-même, l'empereur et l'impératrice, « lui, l'image de la bonté « dans la force ; elle, l'idéal du charme féminin sous le dia- « dème, » entrèrent dans l'exposition française.

« Leurs Majestés étaient suivies par la grande-duchesse, Keïne, l'aînée de leurs filles ; LL. AA. II. le grand-duc Serge, gouverneur de Moscou ; la grande-duchesse Élisabeth et une brillante escorte. Alexandre III avait amené, en outre, avec lui, le général Vannoski, ministre de la guerre, et le comte de Dournowo, ministre de l'intérieur. La présence des deux ministres donnait à la visite de Leurs Majestés un caractère de solennité officielle qu'il y a intérêt à ne pas méconnaître.

« L'empereur et l'impératrice, qui venaient d'arriver à Moscou, où ils étaient réclamés de toutes parts par l'enthousiaste amour de leurs sujets, sollicités par les soins paternels qu'ils donnent aux grands établissements publics d'instruction et de bienfaisance qu'ils patronnent dans cette dernière capitale de l'empire, ont consacré, le jour même de leur arrivée, leur première visite et leur après-midi tout entière à notre exposition.

« Leurs Majestés ne se sont retirées qu'après avoir prodigué à nos exposants les plus gracieux encouragements et montré, par le choix de nombreuses acquisitions qui sont allées à Gatchina perpétuer le souvenir de notre exposition, combien leur étaient agréables les produits de notre art et de notre industrie.

« Elles ont accepté, avec une noble simplicité, jusqu'aux humbles présents, jusqu'aux fleurs que les femmes les plus modestes de nos collaborateurs, des ouvriers employés à l'exposition, ont voulu offrir à l'impératrice.

« Le soir, l'empereur retenait à dîner, au palais du Kremlin, les membres, présents à Moscou, du comité supérieur de l'exposition et les principaux exposants.

« Dans le cercle qui, d'après l'usage suivi à la cour de Russie, fut tenu après le dîner, Leurs Majestés savaient trouver pour chacun un sourire aimable et quelques paroles de bienveillant intérêt.

« Les augustes souverains donnaient ainsi un éclatant témoignage de leur désir de renforcer encore les rapports amicaux des deux pays.

« Leur visite était plus qu'un acte de courtoisie ou de curiosité, c'était un grand acte politique. Alexandre III affirmait solennellement ses sympathies pour le sentiment qui avait poussé les plus notables représentants de l'industrie et de l'art français à répondre à l'appel des promoteurs de l'exposition. Sa Majesté Impériale voulait sans doute répondre aux prétentions de cette fameuse *ligue de la paix* dont les conséquences onéreuses pèsent si lourdement sur l'Europe. Elle montrait que la sécurité, le progrès, la prospérité industrielle, commerciale, ne seraient garanties que par l'alliance franco-russe. »

LA COLONIE FRANÇAISE DE MOSCOU

La colonie française de Moscou se compose d'environ deux mille membres. Dans ce chiffre il y a environ cinq cents chefs de famille. La majorité de cette colonie se compose de patrons, employés supérieurs, et contremaîtres d'usines ou de grandes maisons de commerce françaises.

« En réalité, c'est une élite, écrivait, il n'y a pas longtemps, le représentant d'un grand journal parisien envoyé à Moscou[1]. Par leur honnêteté commerciale et leur loyauté, les Français ont su se créer à Moscou une situation tout à fait hors de pair. Ils

---

1. L'*Éclair*, 4 juin 1896.

y jouissent de la plus grande considération au point de vue des affaires, mais il est à peine besoin de dire qu'au point de vue politique ils n'ont aucune influence. D'ailleurs, à quelques exceptions près, les Français se fréquentent surtout entre eux, et n'entretiennent que de très rares relations avec la société russe, très fermée.

« Il est certain que les industriels et commerçants français établis à Moscou tiennent la tête du marché de cette ville. Ils font tout leur possible pour propager les produits français. Mais les fabricants de la mère patrie ne les secondent pas suffisamment. C'est ainsi que pour les expéditions à destination de Moscou, au lieu de s'en tenir à la vieille routine du coûteux transport par voie de terre, il y aurait intérêt à faire usage du transport par mer. Les produits français devraient entrer en Russie par le port de Revel. De là jusqu'à Moscou, les frais seraient très faibles, à cause des tarifs peu élevés des chemins de fer en Russie. En employant ce système avantageux de transport, on pourrait commencer à réaliser une sérieuse économie, qui permettrait de faire mieux concurrence aux produits allemands ; car ici encore les Allemands sont nos principaux adversaires.

« D'ailleurs, ce n'est pas tout à fait à cause de leur cherté que les produits français ne trouvent pas un plus grand débouché à Moscou, mais bien parce que nos fabricants ne prennent pas des mesures sérieuses pour faire connaître leur marchandise. Ils envoient des représentants qui, n'ayant pour la plupart qu'une connaissance très imparfaite de la langue russe, sont obligés de prendre des interprètes. Ces derniers cherchent à gagner le plus d'argent possible, et, au lieu d'activer la marche des affaires, les font traîner en longueur.

« A ce point de vue, les manufacturiers allemands ont fait preuve de plus d'habileté. Ils ont créé à Moscou des comptoirs où ils ont envoyé des jeunes gens connaissant parfaitement le russe, et sont devenus ainsi les maîtres des importations en Russie. »

Il est facile de se rendre compte de la supériorité des Allemands à cet égard, en parcourant la rue Meschtenki, la plus importante du marché de gros. On y rencontre au moins trois cents comptoirs allemands, cinquante comptoirs anglais et un seul français. Ces comptoirs constituent une sorte d'exposition permanente des objets les plus divers. Avant de conclure la moindre opération, les gros acheteurs russes ont l'habitude de rendre visite à ces comptoirs. Ils font ensuite leurs commandes.

Il est donc évident que pour vendre leurs produits en Russie, nos manufacturiers devraient se conformer aux usages de ce pays et créer de leur côté des comptoirs d'exposition, avec des employés français suffisamment capables. Il existe déjà dans notre colonie, à Moscou, des éléments pour former les bases de cette nouvelle organisation.

Il serait à désirer qu'un sérieux essai fût entrepris dans ce sens, car les besoins des consommateurs augmentent de plus en plus en Russie, et les fabricants indigènes seront pendant longtemps dans l'impossibilité de leur donner satisfaction.

Pour contribuer encore davantage au développement du commerce français, notre colonie de Moscou aurait besoin de recevoir un fort contingent de nouvelles recrues. De l'avis de toutes les personnes consultées, beaucoup de jeunes gens français intelligents pourraient trouver à Moscou immédiatement de l'occupation et un vaste champ fertile à leur activité.

Ce qui engage le plus à recommander l'émigration de nos compatriotes à Moscou, c'est que la colonie est bien restée française et que les sentiments patriotiques y règnent plus que partout ailleurs. Tous les jeunes gens tiennent à honneur de remplir leurs devoirs militaires. Beaucoup d'entre eux, nés à Moscou, voient pour la première fois la France lorsqu'ils vont prendre du service.

IMPRESSIONS RUSSES PAR UN FRANÇAIS
UN HOTEL DE MISÉREUX A MOSCOU

Un Français, M. Jules Legras, qui a beaucoup voyagé en Russie et habite Moscou, a fait des études intéressantes sur les habitants pauvres de la grande cité russe. Il a même attiré l'attention sur ce côté curieux.

Il est des coins, a-t-il écrit, où le dénuement et la souffrance sont poignants; parmi ceux qui ont attiré l'attention des philanthropes russes, je voudrais vous signaler la *Maison Ragojine*, dans la ruelle *Mijvéliésni*.

C'est près de la rivière encore, mais cette fois dans un quartier central et commercial, à deux pas du *pont de pierre* sous lequel la Moskova glisse paresseusement, avant d'atteindre les assises de la colline où se dresse le Kremlin. Presque au bout de notre ruelle, on aperçoit, sur une plate-forme bien dégagée, une grosse église massive toute neuve, toute blanche, avec une énorme calotte dorée : c'est le *Temple du Christ Sauveur*, action de grâces en pierre et en marbre qui perpétue à jamais le souvenir de la libération du territoire en 1812. Or, à l'ombre de ces splendeurs, dans une ruelle vague et de mauvaise mine, une cité grouillante s'est tapie entre quatre murs ; son nom officiel est *Maison Ragogine,* et son surnom, *le fort de Séréjnikof.* C'est une grande bâtisse lépreuse, aussi mal construite que mal entretenue : l'air et le jour n'y pénètrent qu'à de rares instants. Ce n'est plus une espèce de work-house privé comme le *Kitrovi Rinok :* c'est seulement une cité de misère, un immense et immonde hôtel qui serait vide tout le jour, si les infirmes, les malades et les tout petits enfants n'y montaient une lamentable garde. Des ouvriers surtout l'habitent, hommes et femmes, puis aussi des mendiants, des vagabonds.

La maison est divisée en une infinité de longues chambres faites presque toutes sur le même modèle ; dans chacune d'elles on a établi un certain nombre de stalles ou de boxes, au moyen de cloisons qui s'élèvent à mi-hauteur ; ces boxes ouvrent toutes sur un couloir latéral : c'est, en plus grand, la disposition des dortoirs dans beaucoup de nos établissements d'instruction. Chacune des chambres est louée en entier par un homme ou par une femme, qui, de son côté, s'occupe de sous-louer les boxes. Celui ou celle qui, à son tour, a pris en location une de ces chambrettes, comprenant pour tout ameublement deux planches fixées au mur pour servir de lit, se garde bien de gaspiller pareil trésor : chaque boxe est sous-louée par planche ou par coin. Puis, c'est le tour du corridor, que l'on débite en tranches et où les pauvres s'allongent pêle-mêle sur le plancher troué par les rats. L'industriel qui afferme une chambre tout entière paye, en général, de quatre à dix-neuf roubles par mois (de 12 à 60 fr.), et gagne par les sous-locations environ vingt pour cent de sa mise de fonds ; c'est assez pour payer le loyer et parfois même l'entretien d'une famille... Le prix d'une chambrette-boxe varie de trois à cinq roubles (9 à 15 fr.) ; celui d'une planche à lit, de un à deux roubles et demi (3 à 8 fr.) ; quant aux coins et aux places du corridor, on ne les paye guère que trois ou quatre francs par mois ; c'est beaucoup trop encore. Comme il est naturel, cette chaîne de sous-locations a pour effet de rendre les coins beaucoup plus chers, en proportion, que les appartements entiers ; ici, comme toujours, c'est le pauvre qui paye le plus.

L'intérieur de ces chambres est d'une repoussante saleté : il y fait sombre tout le jour, et l'air n'y est renouvelé que par le battement de la porte. Une atmosphère empestée, irrespirable pour tout autre que pour les constitutions robustes habituées par degrés à se passer d'air pur, vous suffoque en entrant : il faut un violent effort sur soi-même pour ne pas reculer. Une lampe pendue au mur éclaire de larges plaques d'humidité qui peu à peu ont pénétré le plâtre ; le plafond est également traversé d'eau renversée par les locataires de l'étage supérieur ; sur le plancher, enfin, voici, par places, des trous creusés par la dent fine des rats. Des centaines de taches rouge sombre marbrent la muraille et les cloisons jusqu'à hauteur d'homme. Dans

Saint-Pétersbourg. — Mendiant.

les angles et autour du rond que la lampe projette au plafond, d'étranges épaisseurs noirâtres s'entrevoient : ce sont des milliers de blattes, de prussiens, comme dit le peuple en Russie, de ces insectes frileux qui envahissent les murailles chaudes, et que les paysans épargnent, là-bas, parce que leur présence — triste ironie! — amène le bonheur au foyer.

. . . .

Les malades se meurent d'inanition dans leur coin : les voisins, si pauvres eux-mêmes, ne peuvent faire grand'chose pour les soutenir. Voici une vieille femme de soixante-dix ans qui vit de charité : elle s'est démis le pied il y a quelques jours et attend patiemment, dans l'ombre et la puanteur de son coin de chambre, l'heure où elle pourra se dresser et aller manger. Elle n'est pas hébétée comme sa voisine, la paralytique : elle cause. On l'a mariée jadis, à treize ou quatorze ans, à un soldat qu'elle a dû suivre dans ses déplacements et à qui elle a donné dix fils. Trois ont été tués sous les murs de Sébastopol, puis les sept autres, en une semaine de malheur, ont été emportés par une fièvre maligne, sur la mer Noire. Le coup a été si rude qu'elle est restée plus d'un an à l'hôpital; relevée, elle s'est mise à voyager avec Dieu : c'est-à-dire qu'elle a fait vœu d'aller à pied et jusqu'à sa mort de lieu saint en lieu saint, vivant à la grâce de Dieu. Elle a ainsi vu Kiev, Jérusalem, la Grèce, tous les couvents renommés de la Russie; et, patiemment, elle attend à cette heure que son pied guérisse...

Nous avons vu au *Kitrovi Rinok* de curieux et singuliers syndicats. Ce sont ici les cordonniers qui semblent peiner le plus durement. Ils sont aussi rangés par équipes. S'ils travaillent sans relâche, ne s'accordant que cinq heures de sommeil et une nourriture rudimentaire, ils peuvent, au bout du mois, toucher sept ou huit roubles (20 à 25 fr.). Aussi les voit-on, l'été, se disperser, attendre au coin des rues et sur les places des pratiques de passage : un talon, une semelle, se sont détachés de la botte du client, ou bien c'est une fissure qu'il s'agit de boucher. Le client se déchausse, laissant voir sa jambe et son pied emmaillotés de chiffons sales, et, assis par terre ou sur une borne à côté du savetier, il attend, en devisant, que l'accident soit réparé.

Il faudrait citer encore les blanchisseuses, qui vont en journée, se levant vers deux heures du matin et travaillant jusqu'à dix heures du soir en maison bourgeoise, pour gagner vingt-cinq ou trente sous; il en faudrait citer bien d'autres encore, mais la place nous manque ici pour compléter ces notes sur les miséreux moscovites.

Mais de quoi vivent-ils, ces pauvres êtres entassés dans les taudis de la *Maison Ragojine*? Pour consommer de la viande, de la vraie viande, il faut pouvoir prendre pension auprès de la loge : or, cela coûtera au moins de vingt à vingt-cinq francs par mois. C'est bon pour les richards. Il est, heureusement, des tables d'hôte plus accessibles. Les plus courues fournissent de la soupe aux choux (les fameux *chchi* de la cuisine russe); dans une énorme marmite, on a déposé une tête de bœuf, quelques choux et beaucoup d'eau; quand on sert la pitance ainsi confectionnée, on la trouve additionnée d'innombrables points noirs qui sont des mouches et des blattes. Cette soupe savoureuse se vend près de deux sous la portion : je crois qu'on a le droit d'en recommander. Mais deux sous, c'est encore un bon prix : ceux qui ne disposent pas de pareille somme achètent, à la livre, aux mendiants leurs voisins, les débris de toute sorte que ceux-ci ont recueillis ou littéralement disputés aux chiens, au cours de leur tournée. Ces débris passent au séchoir : ils se conservent mieux ainsi. Quand on veut s'en servir, il suffit d'y mettre de l'eau et de recuire le tout...

Pardonnez-moi ces détails, ne croyez pas surtout que je pousse au noir. Les maisons dont je vous ai parlé sont bien connues du public moscovite. De temps à autre un courant de charité y passe noblement, tendrement, évangéliquement, puis, le vice, la malchance, font dans ce taudis des centaines de nouvelles victimes. Mais le Russe sait porter le poids de la misère; il se plaint rarement; il faut, pour se faire une idée de son caractère et de sa tournure d'esprit, l'approcher à ces heures de privations inouïes et d'incessantes souffrances; son regard en dit plus et émeut en nous plus de pitié active que tous les livres et toutes les déclamations de nos prêcheurs de socialisme...

FIN

TABLE DES MATIÈRES

	Pages.
Préface	1
Introduction	5

PREMIÈRE PARTIE
Les relations de la Russie et de la France.

Les origines et les débuts de l'alliance franco-russe	7
Les relations franco-russes pendant les seizième et dix-septième siècles	12
Pierre le Grand et la France	18
Le récit de Saint-Simon	22
L'impératrice Élisabeth et la France	32
Catherine II et la France	34
Un prince français au service de la Russie	40
Le marquis de Traversay amiral russe	41
La reine Caroline et Paul Ier	43

DEUXIÈME PARTIE
Russes et Français au commencement du dix-neuvième siècle.

Russes et Français sous Napoléon Ier	47
Tilsitt	49
La campagne de Russie	54
Une anecdote de la campagne de Russie	64
Alexandre Ier et la France	64

TROISIÈME PARTIE
Russes et Français pendant la Restauration et sous le second empire.

Requête des habitants de Givet en faveur des Russes	69
Le duc de Richelieu partisan d'une alliance russe	70
Une vision de Chateaubriand	72
Russes et Français à Navarin	74
Un souvenir de Navarin	75
Jugement d'un général russe sur les Français de la Restauration	76

Russes et Français sous Napoléon III.

Souvenirs de la guerre de Crimée	78

	Pages.
Une escadre russe à Toulon en 1857	87
Alexandre II et son fils à Paris en 1867	89

QUATRIÈME PARTIE
La Russie et la France après 1870.

Les précurseurs de l'alliance	95
Alexandre III et la France	97
Alexandre III, l'Allemagne et la France	99
Souvenirs de Cronstadt (1891)	105
Alexandre III à Copenhague	111
En 1892	112

Les marins russes en France.

Les marins russes à Toulon	113
Les marins russes à Paris	116
Les marins russes en province	127
A Toulon	129

Les témoignages de sympathie.

Échange de télégrammes	135
Les cadeaux	138
La ville de Reims et les marins russes	141
L'album de la tzarine	144
La Lorraine et l'alliance franco-russe	145
Les femmes de France et le Livre d'or	147
La poésie franco-russe	149
La chanson de la soie. (J. Aicard.)	149
Le rameau de Palestine. (De Forgemol de Boisquénard.)	150
Les beaux vaisseaux. (Jacques Redelsperger.)	151
Myosotis. (M. de Talleyrand-Périgord.)	152
La chanson franco-russe	154
La Marseillaise franco-russe	154
La fauvette franco-russe	156
Une anecdote	158
Les souvenirs de la jeunesse russe à la jeunesse française	159

La mort d'Alexandre III.

Les funérailles, à Saint-Pétersbourg	171
A Paris	174
Dans les départements	174
Alexandre III et le message de son fils Nicolas II	179
Souvenir de 1895	181
Un souvenir de 1896	183

CINQUIÈME PARTIE
Le tzar Nicolas II.

La jeunesse de Nicolas II	185

Le couronnement de Nicolas II.

La mission française au couronnement	188
Poésies françaises	191

TABLE DES MATIÈRES

	Pages
Slavo Rossii! (P. Déroulède.)	191
Aux cloches du Kremlin. (Fr. Coppée.)	193
Récits de témoins français	193
Le couronnement	193
Une revue	194

Nicolas II et la tzarine en France.

L'arrivée de Nicolas II et de la tzarine en France	197
A Cherbourg	198
Arrivée de l'*Étoile polaire*	198
Le débarquement et les réceptions	199
La revue navale	202
Le dîner	202
Le départ pour Paris	203
Les souverains russes à Paris	204
Le tzar et la tzarine à l'Institut de France	211
La visite à Notre-Dame de Paris et à la sainte Chapelle	215
Visite à l'Hôtel de ville	224
La pose de la première pierre du pont Alexandre III	228
La visite à Versailles	233
La revue, les toasts et les adieux	238
La revue et les toasts	238
Les adieux du tzar Nicolas II	239
Paris et Moscou	243
Les poésies françaises en l'honneur de Nicolas II et de la tzarine	245
Vivat! (P. Déroulède.)	245
Salut. (A. Silvestre)	247
Aux deux tzars. (J. Aicard)	249
Ode à S. M. l'empereur de Russie. (H. Liautaud.)	251
Une manifestation cosaque en l'honneur de la France	252
L'art français et la famille impériale de Russie	253
L'industrie française en Russie sons Nicolas II	255
Un grand établissement français	256
L'alliance franco-russe au point de vue financier	257
Le voyage en Russie et l'alliance franco-russe (1897)	258

APPENDICE

Français en Russie	285
La colonie française de Moscou	289
Impressions russes par un Français	291

SOCIÉTÉ ANONYME D'IMPRIMERIE DE VILLEFRANCHE-DE-ROUERGUE
Jules Bardoux, Directeur.

Librairie CH. DELAGRAVE, 15, rue Soufflot, Paris.

Volumes illustrés, format in-8° jésus

Chaque volume, broché . . **10 fr.** — Avec reliure toile, fers spéciaux, tranche dorée . . **13 fr.**

Les Pirates de Venise, par Louis de Caters, illustrations de Ed. Zier.

Les Marins de la Garde, par J. Lemaire, illustrations de Job.

Le Lion de Camors, épisode des guerres de la Chouannerie (1795-1804), par L. de Caters, illustrations de Girardet.

Les Apprentis de l'Armurier, par Arthur Dourliac, illustrations de A. Moreau.

Futurs Chevaliers, par N. Balleyguier, illustrations de Ed. Zier.

Mademoiselle de Fierlys, par F. Dillaye, illustrations de J. Girardet.

La Chasse au Mouflon, ou *Petit Voyage philosophique en Corse*, par E. Bergerat, avec 43 gravures hors texte, d'après des photographies et 50 dessins de Mme Bergerat.

Le Vœu de Nadia, par H. Gréville, illustrations de A. Marie.

Volumes illustrés, format grand in-8° pittoresque

Brochés, **3 fr. 90.** — Reliés percaline, fers spéciaux, tr. jaspée, **5 fr. 75.** — tr. dorée **6 fr. 25**

Russes et Français, par Bournand, avec nombreuses illustrations.

La Ligue de Souabe, par V. Hauff, illustrations de A. Closs, traduction de A. Lavallé.

Les Sièges célèbres, nombreux plans, portraits, etc., par le C^t Azibert.

La Guerre, par Carlo du Monge, suivie du **Secret du fer,** par Prothus de Viville et des **Lansquenets,** par E. d'Hervilly, illustrations de Poirson, Atalaya, Rochling.

Le Tonkin, par R. Dumoulin, illustrations de Dick de Lonlay.

A la recherche de la pierre philosophale, par Ed. Leblanc, illust. de Besnier.

Voyage scientifique autour de ma chambre, par A. Mangin, illustrations de Lix, A. Marie, Rouyer, etc.

La Comédie des Animaux, par Méry, illustrations de Bombled, Kirchner, Ed. Morin, Specht, etc.

L'Afrique pittoresque, par V. Tissot, illustrations de De Bar, Kirchner, etc.

www.ingramcontent.com/pod-product-compliance
Lightning Source LLC
Chambersburg PA
CBHW071517160426
43196CB00010B/1555